1925–1930

NAUM SLUTZKY:
ANHÄNGER 1925

ANNI ALBERS:
WANDBEHANG NR. 175 1925

WALTER GROPIUS:
BAUHAUSGEBÄUDE DESSAU 1925/26

WALTER GROPIUS:
MEISTERHÄUSER DESSAU 1925/26

LÁSZLÓ MOHOLY-NAGY:
BAUHAUSBALKONE IN DESSAU 1926

MARIANNE BRANDT,
HANS PRZYREMBEL:
DECKENLEUCHTE 1926

MARCEL BREUER:
KLEIDERSCHRANK TI 113 1926/27

MARCEL BREUER:
»WASSILY-SESSEL« B3 1927

GUNTA STÖLZL:
SCHLITZGOBELIN »ROT-GRÜN« 1927/28

MARIANNE BRANDT, HIN BREDENDIECK:
KANDEMLEUCHTEN 1928

HERBERT BAYER:
ZEITSCHRIFT »BAUHAUS« 1928

LÁSZLÓ MOHOLY-NAGY:
BAUHAUSBÜCHER 1929

WALTER PETERHANS:
FOTO »TOTER HASE« 1929

PAUL KLEE:
VERMESSENE FELDER 1929

JOSEF ALBERS:
ARMLEHNSTUHL TI 244 1929

1930–1935

HIN BREDENDIECK, HERMANN GAUTEL:
ARBEITSHOCKER 1930

JOOST SCHMIDT:
TITELBLATT PROSPEKT FÜR DIE STADT DESSAU 1930/31

JOOST SCHMIDT:
KATALOG FÜR BAUHAUSTAPETEN 1931

OSKAR SCHLEMMER:
DIE BAUHAUSTREPPE 1932

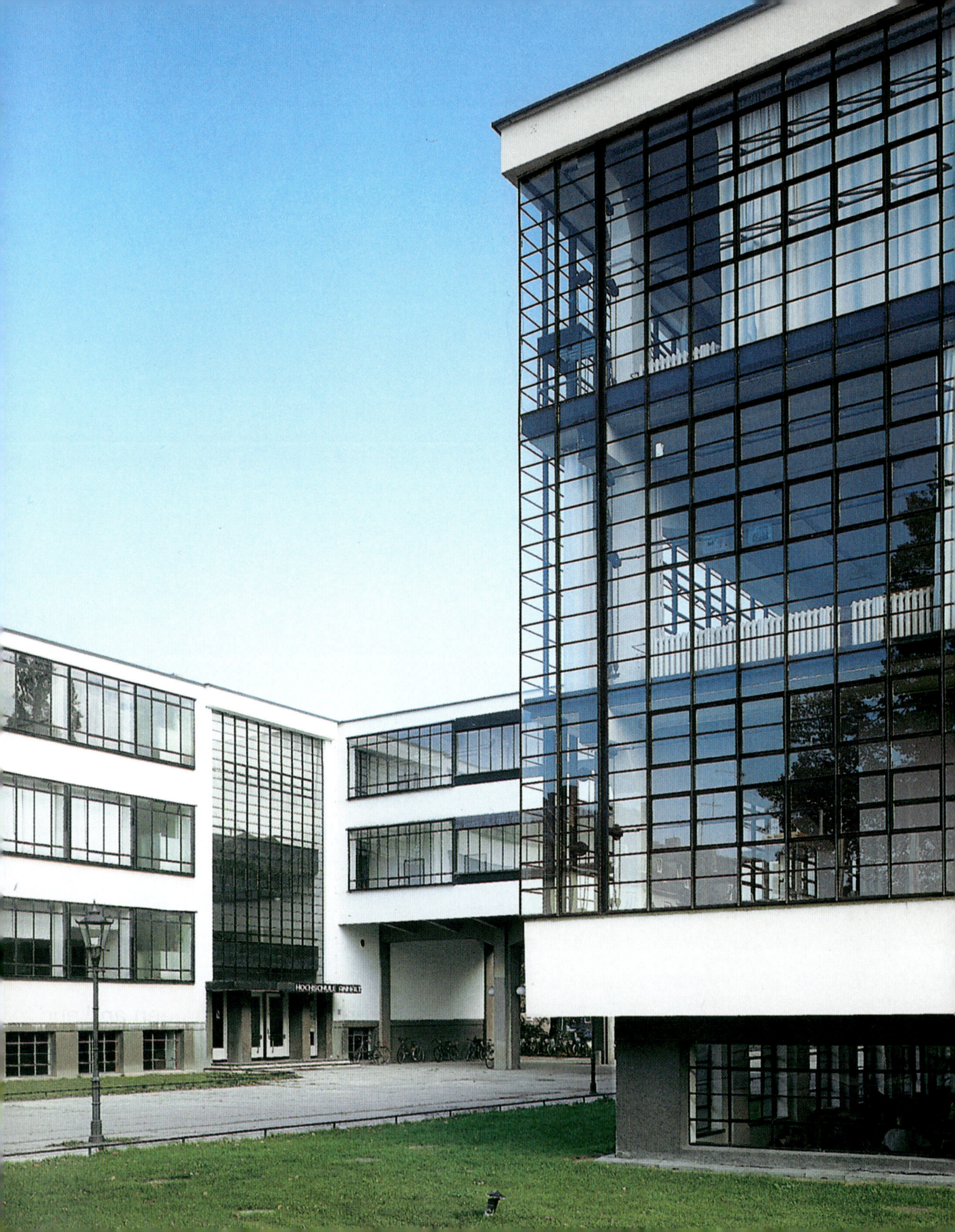

50 BAUHAUS-IKONEN,

DIE MAN KENNEN SOLLTE

Josef Straßer

PRESTEL
München · London · New York

INHALT

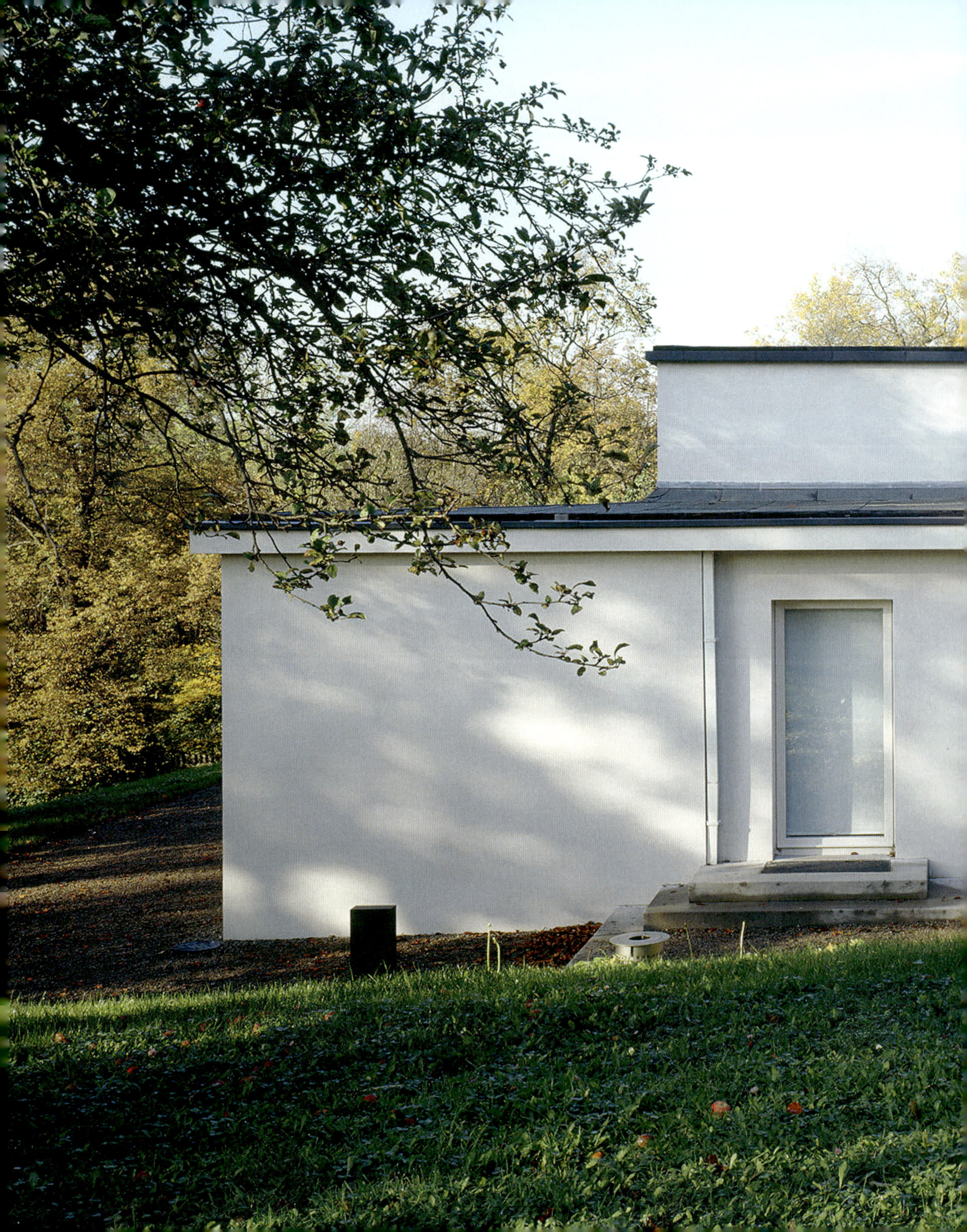

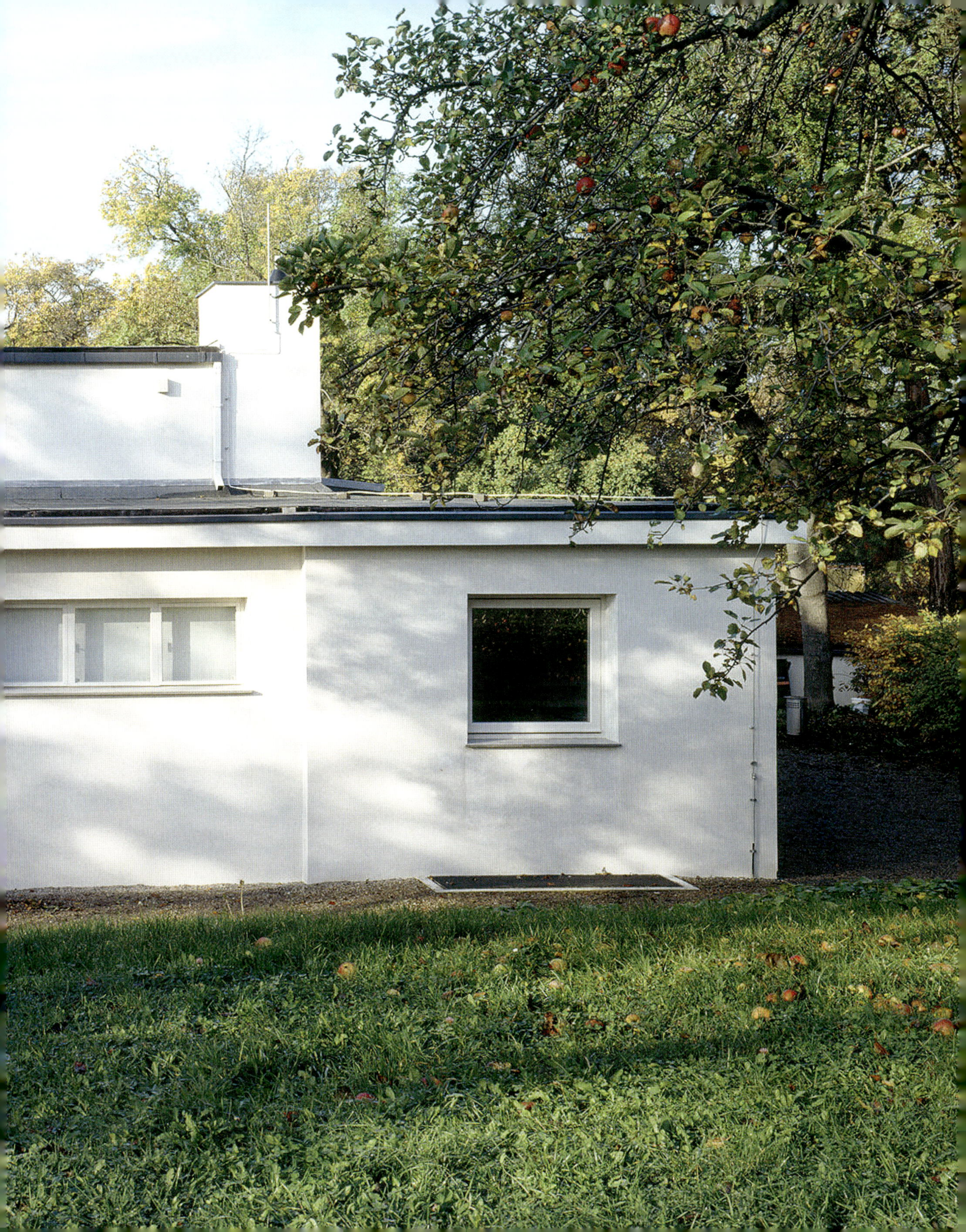

EINFÜHRUNG

Mit dem Staatlichen Bauhaus in Weimar entstand nicht nur eine der frühesten, sondern zugleich eine der bedeutendsten und erfolgreichsten Hochschulen für Kunst und Design. Gedanklich an die Lebensreformbewegungen der Jahrhundertwende anknüpfend, ging das Bauhaus aus dem Zusammenschluss der bis 1914 von Henry van de Velde geleiteten Kunstgewerbeschule und der Hochschule für Bildende Kunst in Weimar hervor. Als Direktor berief man im April 1919 den Berliner Architekten Walter Gropius, der bereits zuvor mit seinen antiakademischen Vorschlägen ein neues, zeitgemäßes Programm der Schule zu entwickeln versucht hatte.

In seinem berühmten Manifest verkündete Gropius 1919 neben Lehrprogramm und Aufnahmebedingungen die Intentionen des Bauhauses: »Das Endziel aller bildnerischen Tätigkeit ist der Bau!« Wie in einer mittelalterlichen Bauhütte sollten Architekten, Künstler und Handwerker gemeinsam arbeiten und dadurch ein neues Gesamtkunstwerk, den »Bau der Zukunft« schaffen. Nicht umsonst verwendete man Lyonel Feiningers höchst modern anmutende gotische Kathedrale als Illustration für das Manifest. Im Zentrum der Überlegungen stand jedoch nicht die Vergangenheit, sondern die Zukunft, in der die Verbindung von Kunst und Handwerk zu vorbildlichen Gegenständen, Bauten und Räumen für eine künftig humanere Gesellschaft führen sollte. Dieser Synthesegedanke mit dem übergeordneten Ziel eines gemeinsam zu errichtenden »Baues« auf Grundlage des Handwerks war das eigentlich Neue am Bauhaus.

Gropius versuchte dieses Ziel über die Umstrukturierung des Lehrkörpers gegenüber traditionellen Kunstakademien zu erreichen. Statt herkömmlicher ›Professoren‹ leiteten nun ›Meister‹ die Ausbildung. Die entscheidende Veränderung bestand in der 1920 eingeführten Aufteilung in ›Meister der Form‹ und ›Meister des Handwerks‹ – also in Künstler und Handwerker, die gleichzeitig die Schüler ausbildeten. Damit sollte, so Gropius, »die hochmütige Mauer zwischen Handwerkern und Künstlern« fallen.

Am 21. April 1919 öffnete das Bauhaus als erste reformierte Kunstschule nach dem Krieg die Pforten und begann mit der Umsetzung dieses neuartigen und ehrgeizigen Programms. Angemeldet hatten sich dafür etwa 150 Schüler, fast die Hälfte davon Frauen.

Grundlage der Bauhaus-Pädagogik war der sogenannte Vorkurs, eine der wichtigsten Innovationen innerhalb der von Gropius neu eingeführten Lehrstruktur. Entwickelt wurde der Vorkurs von dem Maler und Kunstpädagogen Johannes Itten, der 1923 nach einem Machtkampf mit Gropius aus dem Bauhaus ausschied. Nach einer gründlichen Revision führten Josef Albers und László Moholy-Nagy den Vorkurs fort.

Die Studierenden hatten im Vorkurs die Möglichkeit, ihre eigenen schöpferischen Möglichkeiten experimentell zu erproben, sich mit der Beschaffenheit von Materialien sowie den Eigenschaften von Farben und Formen und damit den elementaren Prinzipien der Gestaltung vertraut zu machen. Erst nach erfolgreich absolviertem Vorkurs – ab dem Wintersemester 1920/21 wurde dieser Pflicht – konnte man sich für eine bestimmte Richtung entscheiden.

Zunächst gab es Werkstätten für Glas, Keramik, Metall, Textil, Tischlerei, Wandmalerei, Holz- und Steinbildhauerei sowie eine Bühnenwerkstatt, eine graphische Druckerei und eine Buchbinderei. Mit dem 1925 erfolgten Umzug nach Dessau veränderte sich manches, so wurden etwa Glas und Keramik abgeschafft. Später kamen weitere Bereiche hinzu, beispielsweise Reklame, Fotografie, Architektur und freie Kunst, andere fasste man als Ausbauwerkstatt (Metall, Tischlerei und Wandmalerei) zusammen. Die Bühne dagegen wurde nach Schlemmers Weggang aufgelöst. Unter Mies van der Rohe als Direktor gab es ab 1930 nur noch fünf Werkstattbereiche: Bau- und Ausbau, Reklame, Foto, Weberei und Bildende Kunst.

Diese Werkstätten wurden sowohl von einem Künstler, dem ›Meister der Form‹, als auch von einem ›Meister des Handwerks‹ geleitet, um so manuelle und künstlerische Fähigkeiten der Studierenden gleichermaßen zu fördern. Dabei hatte Gropius die im Manifest angekündigte Lehre, die ursprünglich in einen zeichnerischen, handwerklichen und wissenschaftlich-theoretischen Teil untergliedert war, ab 1920 in eine zweiteilige Werk- und Formlehre umstrukturiert. Während die Werklehre den handwerklich-technischen Unterricht bildete, ersetzte die Formlehre den in anderen Kunstschulen üblichen Unterricht in historischen Stilen oder das Zeichnen nach antiken Gipsabgüssen und Ornamenten. Durch die Berufung so bedeutender Künstler wie Wassily Kandinsky, Lyonel Feininger, Paul Klee, Johannes Itten oder Oskar Schlemmer, um nur einige anzuführen, gewann die Schule rasch an Bedeutung.

Ein wesentlicher Teil des Reformkonzeptes von Walter Gropius war die Meisterlehre. Die Schüler hießen jetzt Lehrlinge und unterzeichneten einen Lehrvertrag mit der Handwerkskammer. Nach dreijähriger Werkstattlehre und bestandener Gesellenprüfung konnten sie zum Jungmeister aufsteigen – ein Ausbildungsmodell, das Gropius von der Handwerkerausbildung übernommen hatte und das er 1926 erweiterte, indem er den Diplom-Abschluss einführte und damit allerdings gleichzeitig den handwerklichen Abschluss relativierte. Die Übergänge waren fließend, da beides gleichzeitig erworben werden konnte. Insgesamt wurden neben den handwerklichen Abschlüssen 133 Diplome ausgegeben.

Innerhalb der 14 Jahre von der Gründung bis zur Schließung des Bauhauses lassen sich verschiedene Phasen unterscheiden. Bereits 1922 zeichnete sich ein erster Wandel in der Entwicklung des Bauhauses ab. Unter dem Einfluss der niederländischen ›De Stijl‹-Bewegung, allen voran Theo van Doesburgs, der sich 1921 in der Nähe des Bauhauses niedergelassen hatte, scheint die expressionistische Gründungsphase des Bauhauses mit ihrem Mittelalterkult allmählich an Überzeugungskraft verloren zu haben. Statt ›Kunst und Handwerk‹ lautete der neue Leitgedanke nun ›Kunst und Technik – eine neue Einheit‹. Damit präsentierte sich das Bauhaus 1923 in jener legendären Leistungsschau, für die nicht nur das Direktorenzimmer von Walter Gropius und das Haus am Horn entstanden, sondern ein Großteil der heute so berühmten Objekte, die eine Vorstellung vom Wohnen der Zukunft vermitteln sollten. Doch trotz des Erfolges dieser

Ausstellung zwang wenig später der politische Druck das Bauhaus dazu, Weimar zu verlassen und 1925 nach Dessau überzusiedeln.

Die staatliche Kunstschule wandelte sich damit zu einer kommunalen Institution. Mit dem in Dessau 1925/26 erfolgten Neubau des Bauhaus-Gebäudes und der Meisterhäuser konsolidierte sich die Schule weiter, rückte aber auch immer weiter von der einstigen Verbindung von Kunst und Handwerk ab. Symptomatisch dafür war beispielsweise auch die Abschaffung der kunsthandwerklichen Werkstätten für Keramik und Glas. Aus dem Bauhaus entstand immer mehr eine Lehr- und Produktionsstätte, die Modelle und Prototypen für die Industrie mit dem Ziel entwarf, funktionale und preiswerte Produkte für breite Bevölkerungskreise zu schaffen. In Dessau entwickelte Marcel Breuer – inzwischen zum Jungmeister aufgestiegen – die ersten Stahlrohrmöbel, mit denen ihm der Durchbruch zu funktionsgerechten und für die industrielle Serienproduktion geeigneten Möbeln gelang. Typisierung, Normierung und Massenproduktion wurden zum Leitbild erhoben, ohne die sozialen Bedingungen zu vernachlässigen.

Verantwortlich für die dadurch bestimmte weitere Entwicklung war vor allem der Schweizer Architekt Hannes Meyer, der 1927 von Walter Gropius zum Leiter der neu eingerichteten Baulehre berufen worden war. Meyer löste noch im folgenden Jahr Gropius als Direktor des Bauhauses ab. Ursache für den vorzeitigen Rücktritt von Walter Gropius waren wohl die kulminierenden wirtschaftlich-organisatorischen Probleme, die aus den extrem knappen finanziellen Mitteln des Bauhauses resultierten. Mit Gropius verließen auch so renommierte Meister wie Marcel Breuer, Herbert Bayer, László Moholy-Nagy und Lyonel Feininger das Bauhaus, kurz danach auch Oskar Schlemmer und Paul Klee. Dadurch erfolgte eine deutliche Zäsur in der Geschichte des Bauhauses, die sich in einer letzten Phase ihrem Ende näherte.

Für den neuen Direktor Hannes Meyer ergab sich andererseits die Möglichkeit, über Neuberufungen, darunter der Architekt Wolfgang Hilbersheimer und der Fotograf Walter Peterhans, den Kurs des Bauhauses nach seinen Vorstellungen zu verändern. Zugleich begann er die innere Struktur zu reformieren, indem er verschiedene Bereiche zusammenfasste, andere erweiterte, neue, wie die Fotografie, einführte, die Grundausbildung ausweitete, die finanzielle Basis der Werkstätten neu organisierte und vieles mehr. Die Werkstättenproduktion veränderte Meyer durch die Einführung des ›Standardprodukts‹. Dies galt es so zu entwickeln, dass es für breite Bevölkerungsschichten erschwinglich würde. Ausgangspunkt dafür war die wissenschaftliche Ermittlung der Bedürfnisse und nicht die »formalistische«, womit eine Ablehnung der Gropius-Ästhetik gemeint war. Mit dem Schlagwort ›Volksbedarf statt Luxusbedarf‹ trat Hannes Meyer vehement für die soziale Bestimmung von Architektur und Design ein.

Das technikorientierte Menschenbild wurde bei ihm durch ein sozial-biologisches abgelöst. Für ihn war Bauen ein biologischer Vorgang und kein ästhetischer Prozess. Die Kunst spielte beim Entwurf keine Rolle. Mit diesen widersprüchlichen Theorien bereitete er unter anderem den Nährboden für Konflikte, die sich durch sein öffentliches Bekenntnis zum Marxismus noch verstärkten. Mit Meyer erfolgte neben der ›Verwissenschaftlichung‹ der Gestaltung auch eine Politisierung des Bauhauses, die zunehmend auf Widerstände stieß und schließlich zur Entlassung Meyers führte.

Als seinen Nachfolger berief man 1930 den Architekten Ludwig Mies van der Rohe, der eine sehr eigenständige Position innerhalb der architektonischen Avantgarde einnahm und dies auch auf die Konzeption seiner Bauhausarbeit übertrug: »Wir befassen uns in der Hauptsache mit Gestaltungsfragen, die durch die Entwicklung der Technik und der Industrie gegeben sind. Ich halte gerade die Bearbeitung dieser Fragen für kulturell sehr wichtig.« Mies van der Rohe definierte das Bauhaus von der Architektur aus, während Gropius die Architektur zum »Endziel« des langen Weges erklärt hatte. Mit seiner Umstrukturierung grenzte sich Mies deutlich gegen Gropius und Meyer ab. Unter ihm wurde die Arbeit in den Werkstätten immer mehr der Architektur untergeordnet, die sich zum favorisierten Ausbildungszweig entwickelte. Mies van der Rohe versuchte auch, der unter Meyer stark geförderten Politisierung des Bauhauses entgegenzuwirken, doch konnte er in seiner kurzen Amtszeit daran kaum noch etwas ändern. Bereits 1932 schlossen die Nationalsozialisten das Bauhaus in Dessau. Mies van der Rohe versuchte, das Bauhaus in Berlin als unabhängiges Institut fortzuführen – vergeblich! 1933 erfolgte dann unter dem Druck der Nationalsozialisten kurz nach deren ›Machtergreifung‹ die Selbstauflösung des Bauhauses und damit das Ende einer Schule, die das Design und die Designausbildung des 20. Jahrhunderts grundlegend geprägt hatte.

Viele Bauhäusler emigrierten nach England und in die USA, wo die Idee des Bauhauses nicht nur fortlebte, sondern durch die Gründung des New Bauhaus in Chicago und das Wirken der Bauhäusler an den Hochschulen weiterentwickelt wurde. In Deutschland trat nach dem Zweiten Weltkrieg die Hochschule für Gestaltung in Ulm das Erbe des Bauhauses an.

Auch heute noch ist das Bauhaus ein Mythos, wenngleich ein umstrittener, der für die Rationalisierung und Modernisierung der Lebenswelt steht, für die Moderne schlechthin, aber auch für die negativen Folgen dieser Moderne, etwa für die ›Unwirtlichkeit unserer Städte‹. Darüber hinaus ist das Bauhaus weltweit zu einem Begriff, ja Schlagwort geworden, dessen Wirkungsgeschichte noch lange nicht zu Ende ist.

01

LYONEL FEININGER

Bauhaus-Manifest

»Das Endziel aller bildnerischen Tätigkeit ist der Bau«, beginnt das *Bauhaus-Manifest* von Walter Gropius. Bauen war für ihn eine gesellschaftliche, geistige und symbolische Tätigkeit. Kein Bauwerk steht mehr für diese Haltung als die gotische Kathedrale.

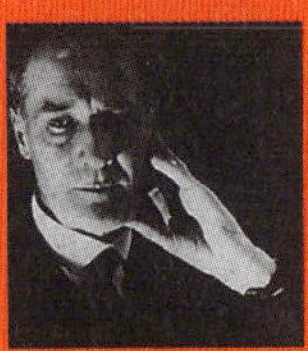

1871 am 17. Juli in New York geboren
1887 Studium an der Kunstgewerbeschule in Hamburg
1888–94 mit Unterbrechungen Studium an der Kunstakademie in Berlin
1894–1910 Karikaturen für Zeitungen und Zeitschriften
1901 Heirat mit der Konzertpianistin Clara Fürst
1908–19 Berlin
1913 Atelier in Weimar
1919 Berufung an das Bauhaus; Formmeister der Druckerei bis 1925
1926 Meister am Bauhaus ohne Lehrverpflichtung
1929–31 Atelier in Halle
1933–36 in Berlin
1936 Reise in die USA
1937 Übersiedelung nach New York
1944 erste große Retrospektive im Museum of Modern Art in New York
1947 Wahl zum Präsidenten der Federation of American Painters and Sculptors
1956 am 13. Januar in New York gestorben

Die expressionistische Kathedrale Feiningers weist drei Türme mit sternförmigen Spitzen auf, von denen Strahlenbündel in verschiedene Richtungen ausgehen. Die drei Spitzen stehen für die Architektur, das Handwerk und die Künste. Selbstverständlich nahm dabei die Architektur die zentrale und zugleich höchste Spitze ein. Das Primat der Architektur stand außer Frage. Die Architekturlehre sollte deshalb auch im Mittelpunkt der Ausbildung stehen. Ihr hatten die anderen Künste und Gewerke zuzuarbeiten.

Doch wie so häufig klafften zwischen Vision und Wirklichkeit Welten. So visionär der Holzschnitt Feiningers erscheint, so weit weg war er von der Realität. Denn die Ausbildung von Architekten spielte in den Anfangsjahren des Weimarer Bauhauses so gut wie keine Rolle.

Zwar konnte Gropius 1923 im Rahmen der Bauhaus-Ausstellung die von ihm zusammengestellte *Internationale Architekturausstellung* zeigen – die erste Präsentation moderner Architektur in den Zwanzigerjahren –, eine als Bauhaus-Ausbildung angekündigte Architekturlehre einzurichten, gelang jedoch erst nach dem Umzug des Bauhauses nach Dessau.

Zwei Fassungen – ein Ziel

Noch bevor Lyonel Feininger als erster von Walter Gropius im Frühjahr 1919 berufener Lehrer am neu gegründeten Bauhaus seine Tätigkeit aufnahm, fiel ihm die Aufgabe zu, eine programmatische Illustration für das *Bauhaus-Manifest* zu liefern. Feininger, dessen graphisches Schaffen gerade einen ersten Höhepunkt erreicht hatte, sah sich mit unerwarteten Schwierigkeiten konfrontiert. Eine erste Fassung seines Holzschnittes stellte ihn nicht zufrieden und wurde nach mehreren Überarbeitungen verworfen. Für die zweite Fassung änderte er dann das Format und erklärte Gropius im Begleitschreiben: »Für mich war es schwer, sofort mich von dem Zwange zu befreien den der erste Entwurf auf mich ausübte. Das werden Sie verstehen; das ist, im künstlerischen Schaffen, immer eine besonders schwierige Sache. Ein Gutes hatte dieses Intermezzo: Ich habe gelernt, künftighin verdammt vorsichtig mit dem Format zu sein, ehe ich eine solche Arbeit in Angriff nehme.«

Diese zweite Fassung, ein deutlich vergrößerter Holzschnitt, diente schließlich als Vorlage für das zum Druck verwendete Zinkklischee. Feiningers berühmte Kathedrale auf dem Deckblatt des Bauhaus-Manifests ist somit keine Originalgraphik, wie bisher zumeist angenommen, sondern lediglich die Reproduktion des Holzschnitts – dessen programmatische Bedeutung jedoch davon unberührt bleibt.

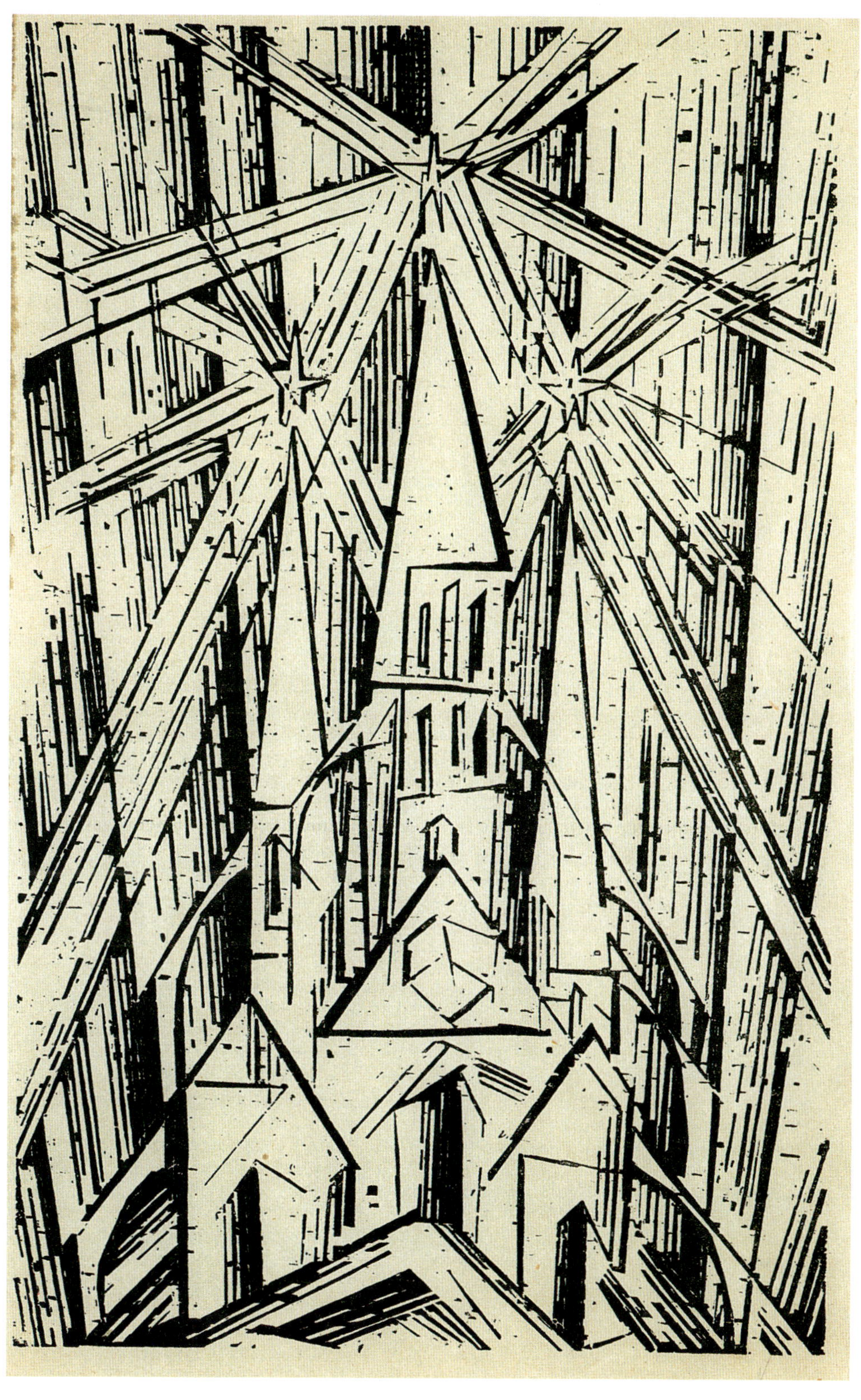

Deckblatt des Bauhaus-Manifests, 1919, Reproduktion (Zinkätzung) nach einem Holzschnitt, 30,5 x 18,7 cm (32 x 19,8 cm), Bauhaus-Archiv, Berlin

PROGRAMM

DES

STAATLICHEN BAUHAUSES IN WEIMAR

Das Staatliche Bauhaus in Weimar ist durch Vereinigung der ehemaligen Großherzoglich Sächsischen Hochschule für bildende Kunst mit der ehemaligen Großherzoglich Sächsischen Kunstgewerbeschule unter Neuangliederung einer Abteilung für Baukunst entstanden.

Ziele des Bauhauses.

Das Bauhaus erstrebt die Sammlung alles künstlerischen Schaffens zur Einheit, die Wiedervereinigung aller werkkünstlerischen Disziplinen — Bildhauerei, Malerei, Kunstgewerbe und Handwerk — zu einer neuen Baukunst als deren unablösliche Bestandteile. Das letzte, wenn auch ferne Ziel des Bauhauses ist das Einheitskunstwerk — der große Bau —, in dem es keine Grenze gibt zwischen monumentaler und dekorativer Kunst.

Das Bauhaus will Architekten, Maler und Bildhauer aller Grade je nach ihren Fähigkeiten zu tüchtigen Handwerkern oder selbständig schaffenden Künstlern erziehen und eine Arbeitsgemeinschaft führender und werdender Werkkünstler gründen, die Bauwerke in ihrer Gesamtheit — Rohbau, Ausbau, Ausschmückung und Einrichtung — aus gleich geartetem Geist heraus einheitlich zu gestalten weiß.

Grundsätze des Bauhauses.

Kunst entsteht oberhalb aller Methoden, sie ist an sich nicht lehrbar, wohl aber das Handwerk. Architekten, Maler, Bildhauer sind Handwerker im Ursinn des Wortes, deshalb wird als unerläßliche Grundlage für alles bildnerische Schaffen die gründliche handwerkliche Ausbildung aller ~~Studierenden~~ in Werkstätten und auf Probier- und Werkplätzen gefordert. ~~Die eigenen Werkstätten sollen allmählich ausgebaut, mit fremden Werkstätten Lehrverträge abgeschlossen werden.~~

Die Schule ist die Dienerin der Werkstatt, sie wird eines Tages in ihr aufgehen. Deshalb nicht Lehrer und Schüler im Bauhaus, sondern Meister Gesellen und Lehrlinge.

Die Art der Lehre entspringt dem Wesen der Werkstatt:

- Organisches Gestalten aus handwerklichem Können entwickelt.
- Vermeidung alles Starren; Bevorzugung des Schöpferischen; Freiheit der Individualität, aber strenges Studium.
- Zunftgemäße Meister- und Gesellenproben vor dem Meisterrat des Bauhauses oder vor fremden Meistern.
- Mitarbeit der Studierenden an den Arbeiten der Meister.
- Auftragsvermittlung auch an Studierende.
- Gemeinsame Planung umfangreicher utopischer Bauentwürfe — Volks- und Kultbauten — mit weitgestecktem Ziel. Mitarbeit aller Meister und Studierenden — Architekten, Maler, Bildhauer — an diesen Entwürfen mit dem Ziel allmählichen Einklangs aller zum Bau gehörigen Glieder und Teile.

Ständige Fühlung mit Führern der Handwerke und Industrien im Lande.

Fühlung mit dem öffentlichen Leben, mit dem Volke durch Ausstellungen und andere Veranstaltungen.

Neue Versuche im Ausstellungswesen zur Lösung des Problems, Bild und Plastik im architektonischen Rahmen zu zeigen.

Pflege freundschaftlichen Verkehrs zwischen Meistern und Studierenden außerhalb der Arbeit; dabei Theater, Vorträge, Dichtkunst, Musik, Kostümfeste. Aufbau eines heiteren Zeremoniells bei diesen Zusammenkünften.

Bauhaus-Manifest/Programm des Staatlichen Bauhauses in Weimar, 1919, Bauhaus-Archiv, Berlin

Umfang der Lehre.

Die Lehre im Bauhaus umfaßt alle praktischen und wissenschaftlichen Gebiete des bildnerischen Schaffens.

A. Baukunst,
B. Malerei,
C. Bildhauerei

einschließlich aller handwerklichen Zweiggebiete.

Die Studierenden werden sowol handwerklich (1) wie zeichnerisch-malerisch (2) und wissenschaftlich-theoretisch (3) ausgebildet.

1. Die handwerkliche Ausbildung — sei es in eigenen allmählich zu ergänzenden, oder fremden durch Lehrvertrag verpflichteten Werkstätten — erstreckt sich auf:
   a) Bildhauer, Steinmetzen, Stukkatöre, Holzbildhauer, Keramiker, Gipsgießer,
   b) Schmiede, Schlosser, Gießer, her,
   c) Tischler,
   d) Dekorationsmaler, Glasmaler, Mosaiker, Emallöre,
   e) Radierer, Holzschneider, Lithographen, Kunstdrucker, Ziselöre,
   f) Weber.

Die handwerkliche Ausbildung bildet das Fundament der Lehre im Bauhause. Jeder Studierende soll ein Handwerk erlernen.

2. Die zeichnerische und malerische Ausbildung erstreckt sich auf:
   a) Freies Skizzieren aus dem Gedächtnis und der Fantasie,
   b) Zeichnen und Malen nach Köpfen, Akten und Tieren,
   c) Zeichnen und Malen von Landschaften, Figuren, Pflanzen und Stilleben,
   d) Komponieren,
   e) Ausführen von Wandbildern, Tafelbildern und Bilderschreinen,
   f) Entwerfen von Ornamenten,
   g) Schriftzeichnen,
   h) Konstruktions- und Projektionszeichnen,
   i) Entwerfen von Außen-, Garten- und Innenarchitekturen,
   k) Entwerfen von Möbeln und Gebrauchsgegenständen.
3. Die wissenschaftlich-theoretische Ausbildung erstreckt sich auf:
   a) Kunstgeschichte — nicht im Sinne von Stilgeschichte vorgetragen, sondern zur lebendigen Erkenntnis historischer Arbeitsweisen und Techniken,
   b) Materialkunde,
   c) Anatomie — am lebenden Modell,
   d) physikalische und chemische Farbenlehre,
   e) rationelles Malverfahren,
   f) Grundbegriffe von Buchführung, Vertragsabschlüssen, Verdingungen,
   g) allgemein interessante Einzelvorträge aus allen Gebieten der Kunst und Wissenschaft.

Einteilung der Lehre.

Die Ausbildung ist in drei Lehrgänge eingeteilt:

I. Lehrgang für Lehrlinge,
II. „ „ Gesellen,
III. „ „ Jungmeister.

Die Einzelausbildung bleibt dem Ermessen der einzelnen Meister im Rahmen des allgemeinen Programms und des in jedem Semester neu aufzustellenden Arbeitsverteilungsplanes überlassen.

Um den Studierenden eine möglichst vielseitige, umfassende technische und künstlerische Ausbildung zuteil werden zu lassen, wird der Arbeitsverteilungsplan zeitlich so eingeteilt, daß jeder angehende Architekt, Maler oder Bildhauer auch an einem Teil der anderen Lehrgänge teilnehmen kann.

Aufnahme.

Aufgenommen wird jede unbescholtene Person ohne Rücksicht auf Alter und Geschlecht, deren Vorbildung vom Meisterrat des Bauhauses als ausreichend erachtet wird, und soweit es der Raum zuläßt. Das Lehrgeld beträgt jährlich 180 Mark (es soll mit steigendem Verdienst des Bauhauses allmählich ganz verschwinden). Außerdem ist eine einmalige Aufnahmegebühr von 20 Mark zu zahlen. Ausländer zahlen den doppelten Betrag. Anfragen sind an das Sekretariat des Staatlichen Bauhauses in Weimar zu richten.

APRIL 1919.

Die Leitung des
Staatlichen Bauhauses in Weimar:
Walter Gropius.

02

JOHANNES ITTEN

Farbenkugel

Johannes Itten war zweifellos eine der schillerndsten Figuren des frühen Bauhauses. Er entwickelte den berühmten Vorkurs und wirkte durch sein Charisma prägend auf eine große Zahl der Studierenden. Mit der von ihm entwickelten Farbenlehre setzte er Maßstäbe

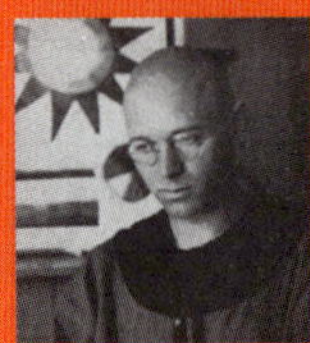

1888 am 11. November in Südern-Linden (Berner Oberland) geboren
1904–08 Lehramtseminar Bern
1909 Besuch der Ecole des Beaux-Arts in Genf
1910–12 mathematisch-naturwissenschaftliches Studium an der Universität Bern
1913–16 Studium an der Kunstakademie Stuttgart bei Adolf Hölzel
1917 Gründung einer privaten Kunstschule in Wien
1919 Berufung an das Bauhaus; Leiter des Vorkurses bis 1923
1921/22 Formmeister der Metallwerkstatt, der Werkstatt für Holz- und Steinbildhauerei sowie der Tischlerei
1923 Übersiedelung in die Schweiz
1926 Gründung der Modernen Kunstschule Johannes Itten in Berlin
1932–38 Direktor der Höheren Fachschule für Textile Flächenkunst in Krefeld
1938–53 Direktor der Kunstgewerbeschule und des Kunstgewerbemuseums Zürich
1967 am 25. März in Zürich gestorben

Bereits 1916 eröffnete Johannes Itten in Wien eine private Kunstschule. Der Musik und der Malerei gleichermaßen zugetan, fand Itten schon bald Zugang zum Kreis um Alma Mahler, die damals mit Walter Gropius, dem späteren Direktor des Bauhauses, verheiratet war. Durch diesen Kontakt kam die Berufung Ittens an das Bauhaus zustande.

Am Bauhaus begründete Johannes Itten gemeinsam mit Gertrud Grunow den berühmten Vorkurs, der die traditionelle künstlerische Ausbildung revolutionierte. Itten leitete zunächst auch mehrere Werkstätten, ab 1921 jedoch nur noch die für Metall sowie die für Wand- und Glasmalerei. Für das frühe Bauhaus war Johannes Itten neben Walter Gropius die zentrale Persönlichkeit, die in sich Pädagogik, Ästhetik und Esoterik vereinte. Mit seinem Charisma und seiner Orientierung an persischen, indischen und chinesischen Philosophien sowie an der Mazdaznan-Lehre zog er viele Studierende in seinen Bann, schuf sich aber auch Feinde. In seinem Denken wie in seinem Unterricht manifestierte sich ein ganzheitliches Welt- und Menschenbild, das die geistigen, emotionalen und nicht zuletzt körperlichen Bedürfnisse des Menschen einzubeziehen versuchte.

Ittens Pädagogik fand zunächst durchaus Gropius' Zustimmung. Beide Männer wollten neue Wege gehen, beide wollten die einengenden akademischen Traditionen der Künstlerausbildung verlassen. In der Folge kam es allerdings zum Konflikt. Gropius irritierte der in seinen Augen zunehmende Hang der Studentengruppe um Itten zum Sektiererischen, ja zum Fanatismus. Itten wiederum störte Gropius' zunehmende Orientierung an den Bedürfnissen der Industrie, was 1923 schließlich zu Ittens spektakulärem Austritt aus dem Bauhaus führte.

Begründer einer neuen Farbenlehre

Johannes Itten legte während seiner Zeit am Bauhaus das Fundament für seine neue Farbenlehre. Eine wichtige Vorarbeit zu seinem grundlegenden, jedoch erst 1961 erschienenem Buch *Kunst der Farbe* war der unter dem Thema ›Analysen alter Meister‹ abgehaltene Vorkurs am Bauhaus. Dieser wurde zusammen mit der *Farbenkugel in 7 Lichtstufen und 12 Tönen* in der Publikation Utopia von 1921 veröffentlicht.

Eine zum Stern auseinandergefaltete Kugel zeigt zwölf Farbtöne und die Auswirkungen der Zumischung von Schwarz und Weiß. Auch im Farbstern ist der ursprüngliche Farbkreis noch erhalten. Er befindet sich dort, wo der Stern seine Strahlen öffnet. Von ihm ausgehend erfolgen jeweils drei Abstufungen zu Weiß im Zentrum des Sterns und zu Schwarz an den Spitzen.

Im Mittelpunkt der Lehre Ittens, die sich in weiten Teilen auf die wenig bekannten Untersuchungen Adolf Hölzels bezieht, stand zunächst das Erkennen und Gestalten von Farbkontrasten und der Farbbeziehungen untereinander. Er beschreibt auch Ausdruck und Wirkung der Farben. In seiner »expressiven Farbenlehre« geht Itten dazu über, einzelnen Farben bestimmte Charaktere und abstrakte geometrische Formen zuzuordnen. Die von ihm untersuchten Kontrastarten spielen auch heute noch in den verschiedenen Bereichen von Design, Kunst und Architektur eine nicht zu unterschätzende Rolle.

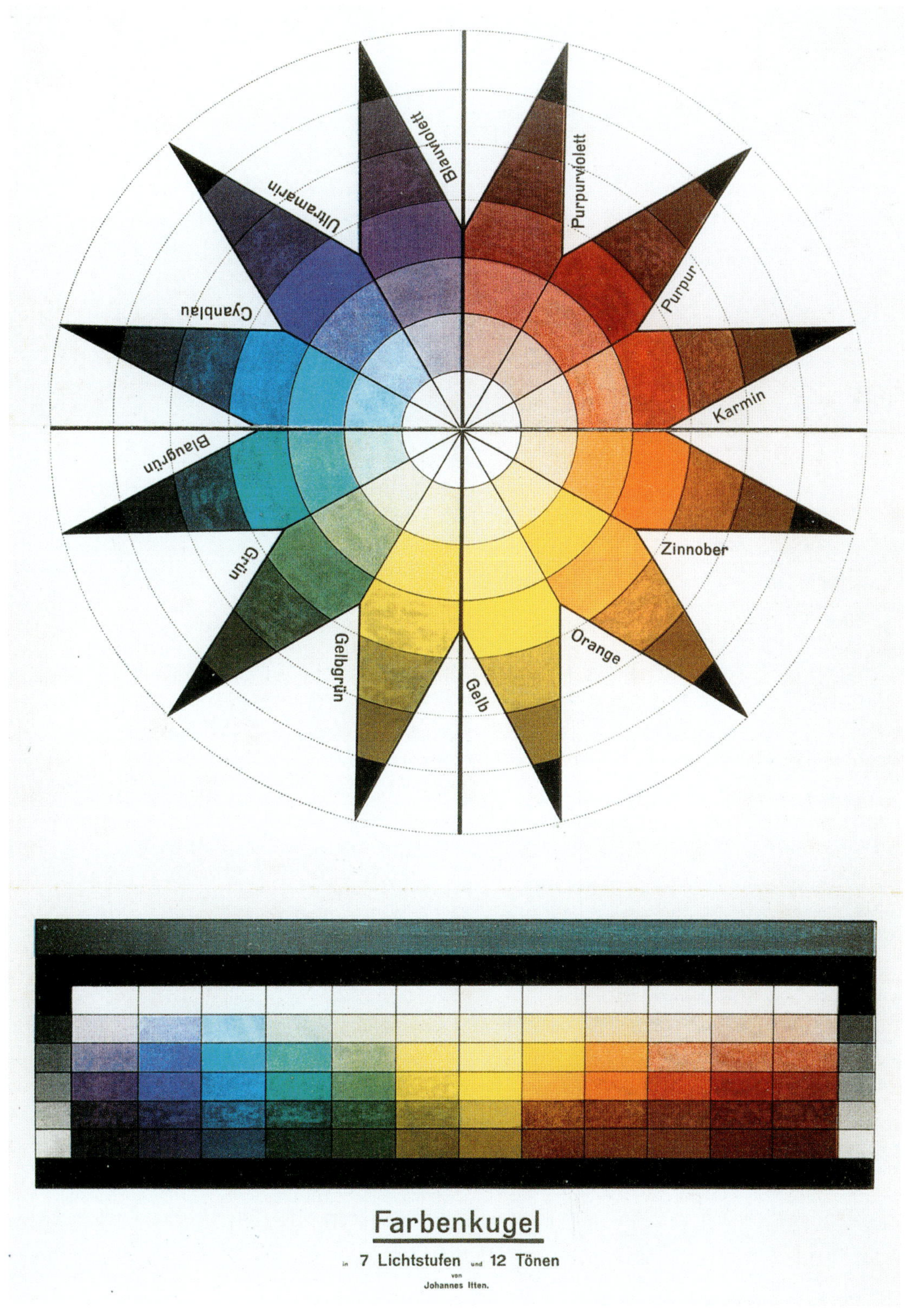

Farbenkugel in 7 Lichtstufen und 12 Tönen, 1921, Lithographie, 47 x 32 cm, Bauhaus-Archiv, Berlin

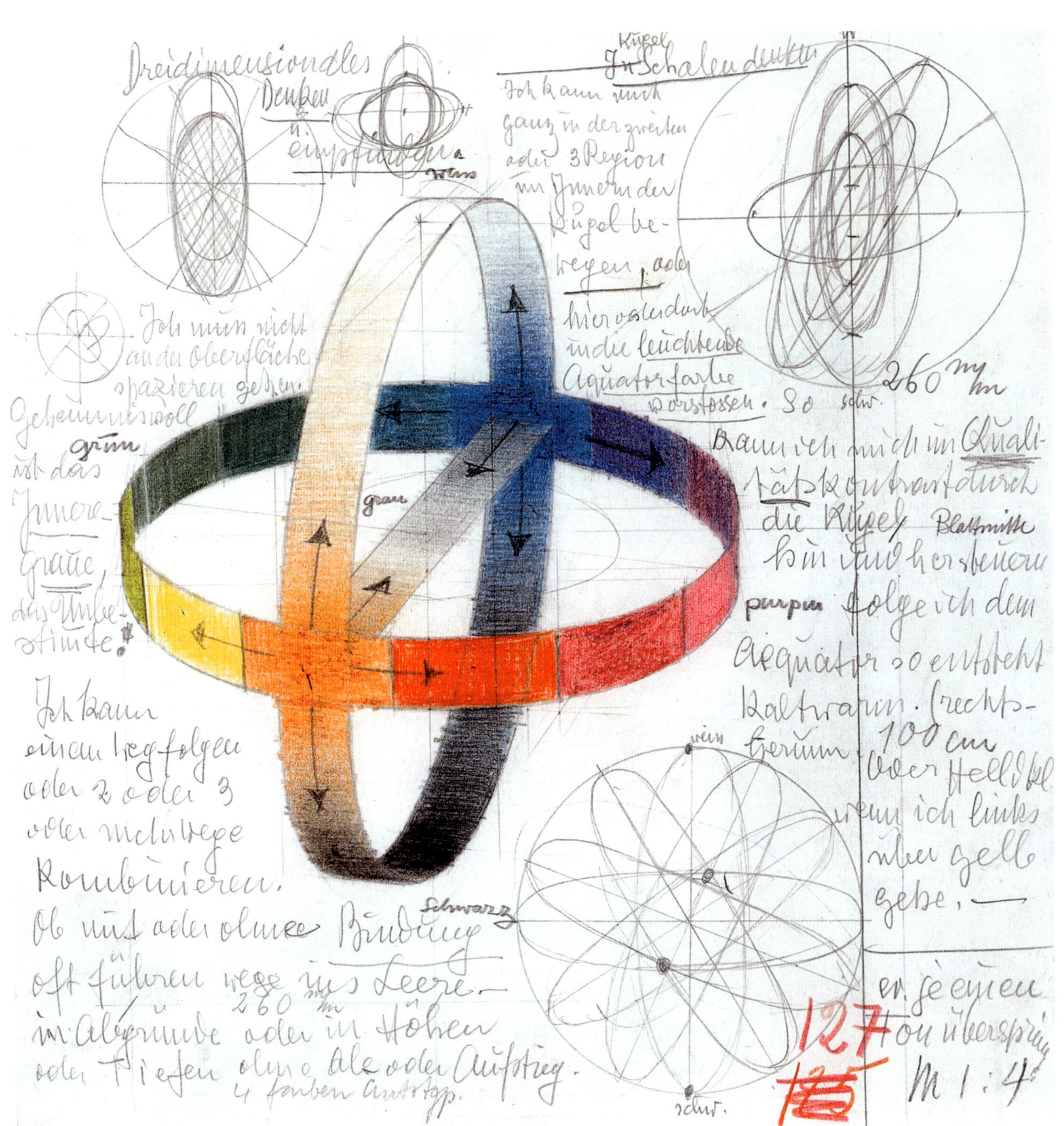

Farbkugel bandräumlich, 1990/20, Graphit und Farbstift auf Papier, 22,6 x 22 cm, Itten-Archiv, Zürich

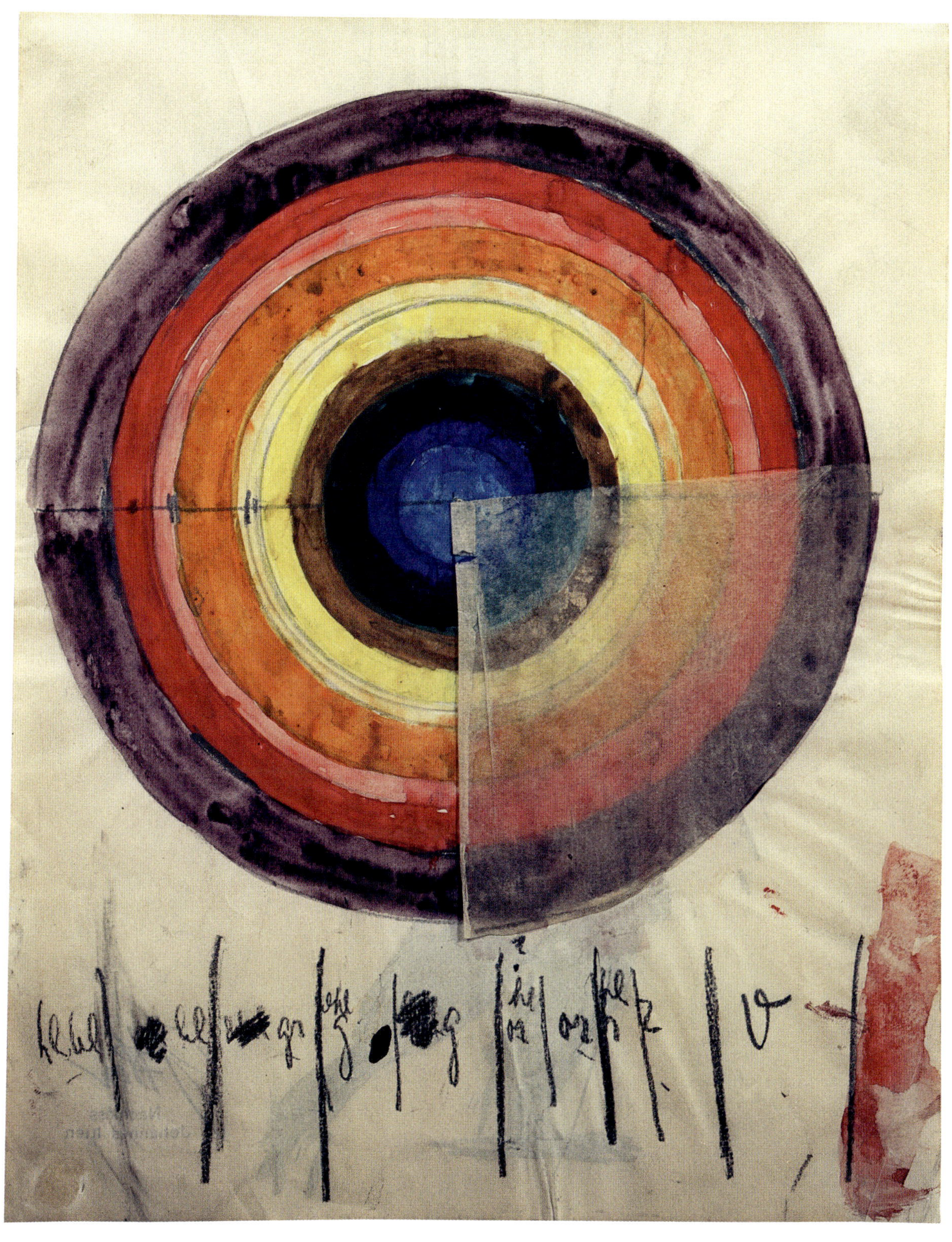

Farbkreis, 1915, Aquarell, 27,5 x 21,3 cm, Itten-Archiv, Zürich

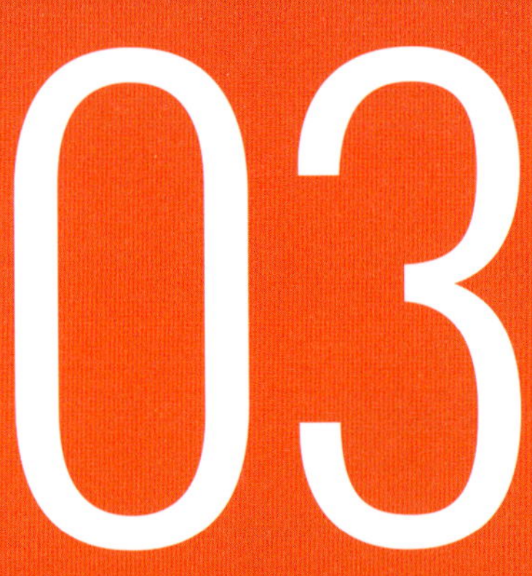

IDA KERKOVIUS

Wandbehang

Aus traditioneller Textilkunst wird bei Ida Kerkovius experimentelle Avantgardekunst. Nicht Gegenstand, Figur oder Erzählung beherrschen ihre Arbeit, sondern Abstraktion. Die künstlerische Wirkung entsteht allein durch das Zusammenspiel von Farben und geometrischen Formen.

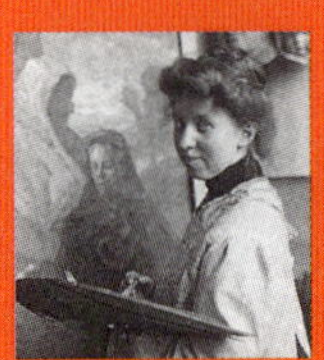

1879 am 31. August in Riga geboren
1899 Besuch einer privaten Kunstschule in Riga
1903 Studienaufenthalt bei Adolf Hölzel in Dachau
1908 Wiederaufnahme des Studiums der Malerei, zunächst an einer privaten Malschule in Berlin, anschließend an der Stuttgarter Akademie bei Adolf Hölzel
1920 Beginn des Studiums am Bauhaus; Vorkurs bei Johannes Itten; Webereiwerkstatt unter Muche
1924 Rückkehr nach Stuttgart
1954 Bundesverdienstkreuz
1958 Ernennung zur Professorin
1970 am 8. Juni in Stuttgart gestorben

Ida Kerkovius kam als ausgebildete Malerin an das Bauhaus. Sie hatte unter anderem bei Adolf Hölzel studiert. Mit 41 Jahren zählte sie damals zu den ältesten Studierenden. Die wenigen von ihr überlieferten Arbeiten zeigen, dass sie sich mit den verschiedenartigsten textilen Techniken auseinandergesetzt hatte.

Am Anfang glich die Ausbildung für die Studierenden der Textilwerkstatt eher einem Abenteuer. Zwar hatte Walter Gropius noch im September 1919 einen Vertrag mit Helene Börner als Handwerksmeisterin geschlossen – auf sie dürfte auch der »Lehrplan für die handwerkliche Ausbildung in den textilen Techniken« zurückgehen – doch waren ihre Fähigkeiten, vor allem was das Weben betraf, eher begrenzt. Aber nicht nur das, es fehlte einfach an allem. In seiner Not rief Walter Gropius im Juni 1920 sogar die Weimarer Bevölkerung dazu auf, Rest- und Abfallstoffe an das Bauhaus abzugeben. Die Materialknappheit konnte durch Unterstützung von außen leichter bewältigt werden als der Mangel an Grundwissen, Systematik und Kenntnis der textilen Traditionen. Andererseits eröffneten sich dadurch der Experimentierfreude der Studierenden ungeahnte Wege, die zu Web- und Knüpfarbeiten mit völlig neuen Mustern und Formen führten.

Anregungen durch Johannes Itten

Die wichtigsten Anregungen für formale Neuerungen gingen vom Unterricht der bildenden Künstler aus. Bis 1921 war es vor allem Johannes Itten, dessen Einfluss sich deutlich in den textilen Arbeiten widerspiegelte. Kreis, Quadrat und Dreieck, die berühmten Grundformen, aber auch die Grundfarben spielten dabei eine große Rolle.

Deutlich ablesbar ist dies auch bei der Applikation aus Filz von Ida Kerkovius. Das Muster ist aus Klapp- und Spiegelsymmetrien aufgebaut, ohne dass die Farbanordnungen den Formsymmetrien immer entsprechen. Für den Betrachter ergeben sich dadurch eine Vielzahl von Bezügen und ›Lesemöglichkeiten‹. Aufgebaut ist die Applikation aus 50 einzelnen, viereckigen Filzteilen in insgesamt 20 verschiedenen Farbtönen. Zusätzlich applizierte Filzstücke erweitern das Formenrepertoire. Die Einzelteile wurden mit der Nähmaschine zusammengesetzt, auch die Applikationen wurden mit der Maschine genäht. Der experimentelle Charakter zeigt sich auch an der geringen Sorgfalt, die sich an der graphischen Gestaltung und technischen Ausführung beobachten lassen. Ida Kerkovius ging es weniger um eine handwerklich präzise Nähkunst als vielmehr um die künstlerische Wirkung der Muster und damit der Gesamterscheinung des Wandbehangs.

Für den Betrachter der frühen Zwanzigerjahre erschien ein derartiger Wandbehang geradezu revolutionär, denn bis zu diesem Zeitpunkt herrschten gegenständliche oder zumindest gegenstandsbezogene Dekore vor. Die Abstraktion und damit das Ungegenständliche, das uns heute so selbstverständlich erscheint, war damals noch völlig ungewohnt und neu.

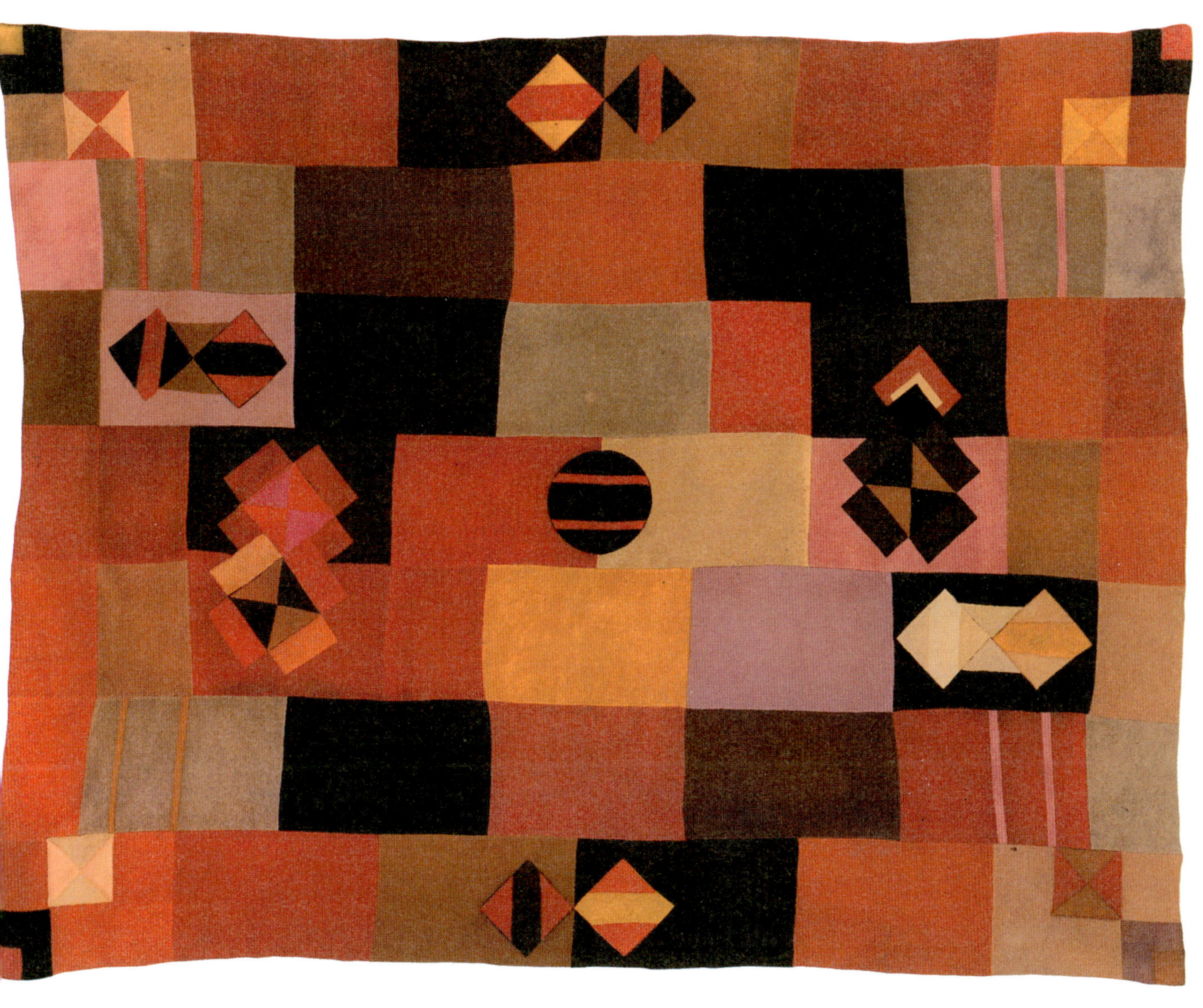

Wandbehang, 1921 (?), Filz, 206,5 x 164 cm,
Bauhaus-Archiv, Berlin

04

PETER KELER

Wiege

Die aus elementaren Grundformen bestehende und in Primärfarben gestrichene Wiege ist sowohl funktionierendes Kindermöbel als auch theoretisches Manifest. Sie setzt die von Wassily Kandinsky und Johannes Itten gelehrte Synästhesie von Farben und Formen konsequent um.

1898 am 2. Dezember in Kiel geboren
1914–16 Fachschule für angewandte Malerei in Kiel
1917/18 Kriegsdienst
1919–21 Kunstgewerbeschule in Kiel
1921 Beginn des Studiums am Bauhaus; Vorkurs bei Johannes Itten
1925 eigenes Atelier für freie und angewandte Kunst in Weimar
1927–36 freie Tätigkeit in Dresden
1928–34 künstlerischer Mirabeiter der sächsischen Textilindustrie; ab 1930 industrielle Produktion von Pk-Sitzmöbeln bei der Firma Albert Walde, Waldheim
1937–45 freischaffender Architekt in Berlin
1945 Berufung an die neu gegründete Hochschule für Baukunst und Bildende Künste in Weimar
1982 am 11. November in Weimar gestorben

Die Proportionsverhältnisse sind mathematisch klar kalkuliert: Die Breite entspricht der Länge. Der äußere Durchmesser der blauen Reifen, die die gleichseitigen gelben Dreiecke der Schmalseiten umfassen, misst genauso viel wie der Abstand zwischen den beiden Reifen. Die rechteckigen Seitenwände werden in der Höhe durch ein Geflecht annähernd halbiert, dieses wiederum durch zwei vertikale Stege in drei Quadrate eingeteilt. Die gelb gefassten Dreiecke an Kopf- und Fußende ruhen mit ihrer unteren Spitze auf einem massiven Rundholz, dessen kreisförmiger Querschnitt mit dem blauen Reifen korrespondiert. Selbst die keilförmige Matratze ist in das System der Maßverhältnisse eingepasst.

Farben und Formen

Die Farbfassung geht auf die im Unterricht von Wassily Kandinsky und Johannes Itten analysierte Synästhesie von Farben und Formen zurück. Kreis, Quadrat und Dreieck sind die entsprechenden Primärfarben zugeordnet – gemäß dem Bauhaus-Dogma, dass der stumpfe Winkel des Kreises das Tief der Farbe Blau noch erhöht, das rechtwinkelige Eckige im Quadrat dem Kaltwarmen des Rot zugehört und das spitzwinkelige Dreieck dem exzentrischen Gelb entspreche.

Obwohl die Gestaltung der Wiege von Elementarformen und Primärfarben dominiert ist, spielen auch die funktionalen Elemente eine durchaus wichtige Rolle. Beispielweise bewirkt das schwere Rundholz, dass der Schwerpunkt der Wiege nach unten verlegt und damit ein Umkippen über die Reifen verhindert wird; das in Zusammenarbeit mit der Weberei entwickelte seitliche Geflecht dient der Belüftung.

In ihrer exemplarischen Verbindung von Farben und Formen zu konstruktiven Elementen eines Gebrauchsgegenstandes veranschaulicht die Wiege auch den Einfluss der holländischen De Stijl-Bewegung auf das Weimarer Bauhaus. Erstmals ausgestellt wurde die Wiege im Musterhaus Am Horn auf der großen Bauhaus-Ausstellung 1923.

Peter Keler, der danach eine Kinderschaukel, einen Kinderstuhl und weitere Möbel entwarf, war 1923 auch an der wegweisenden, flächig-plakativen Wandgestaltung einer Durchfahrt im Weimarer Bauhaus beteiligt.

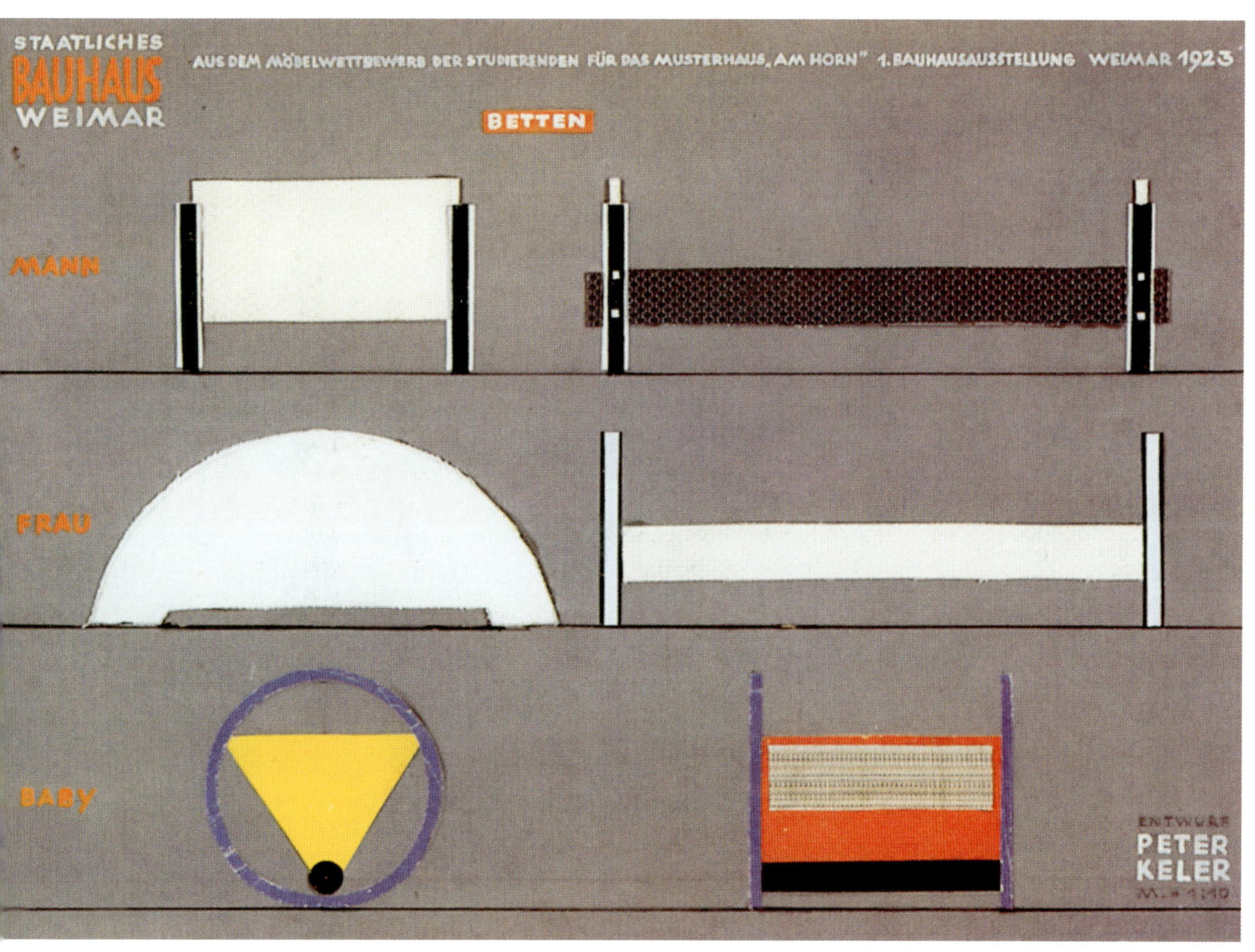

Möbelentwürfe für das Bett des Mannes, der Frau und die Kinderwiege. Aus dem Möbelwettbewerb der Studierenden für das Musterhaus am Horn, 1. Bauhaus-Ausstellung in Weimar, 1923, Collage, 37,5 x 48,7 cm, Klassik Stiftung Weimar

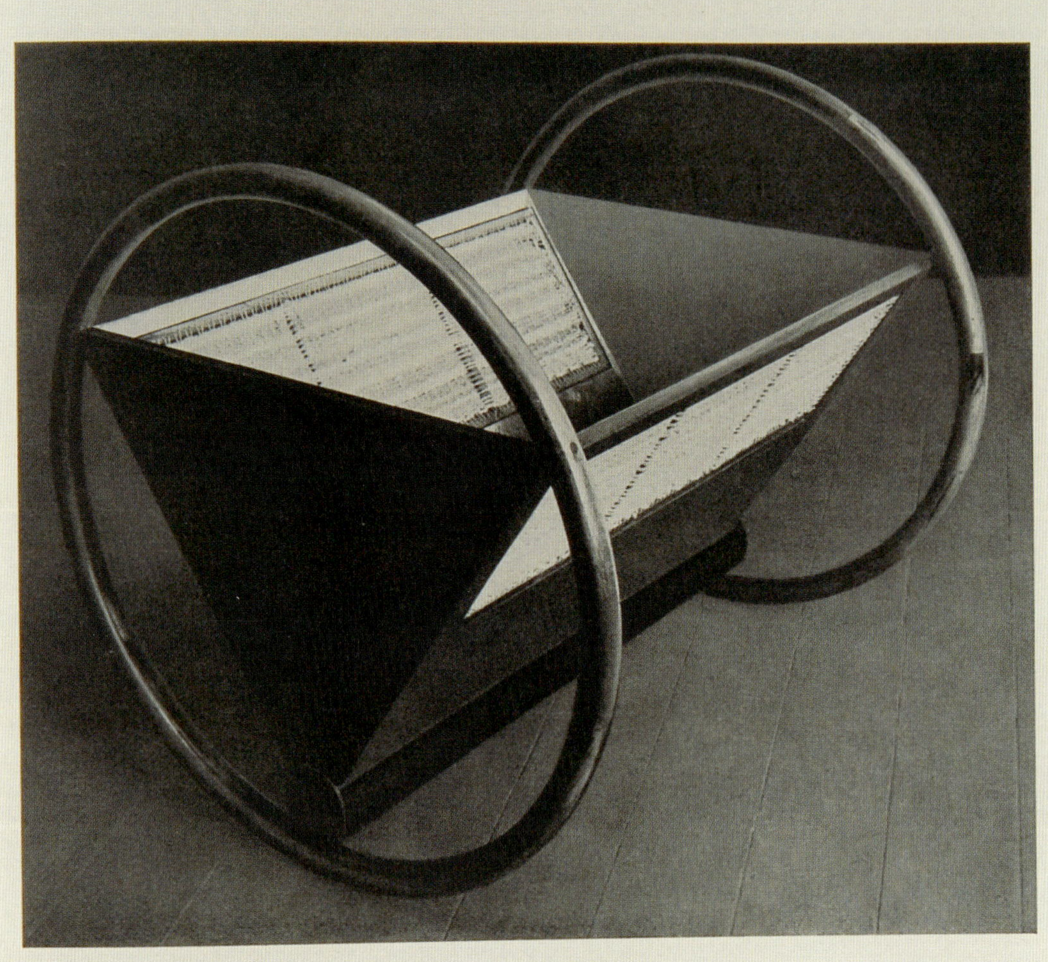

Abb. 37. Tischlerei: Wiege
P. KELER

Wiege, Foto aus: Katalogbuch »Staatliches Bauhaus in Weimar 1919–1923«, 1923

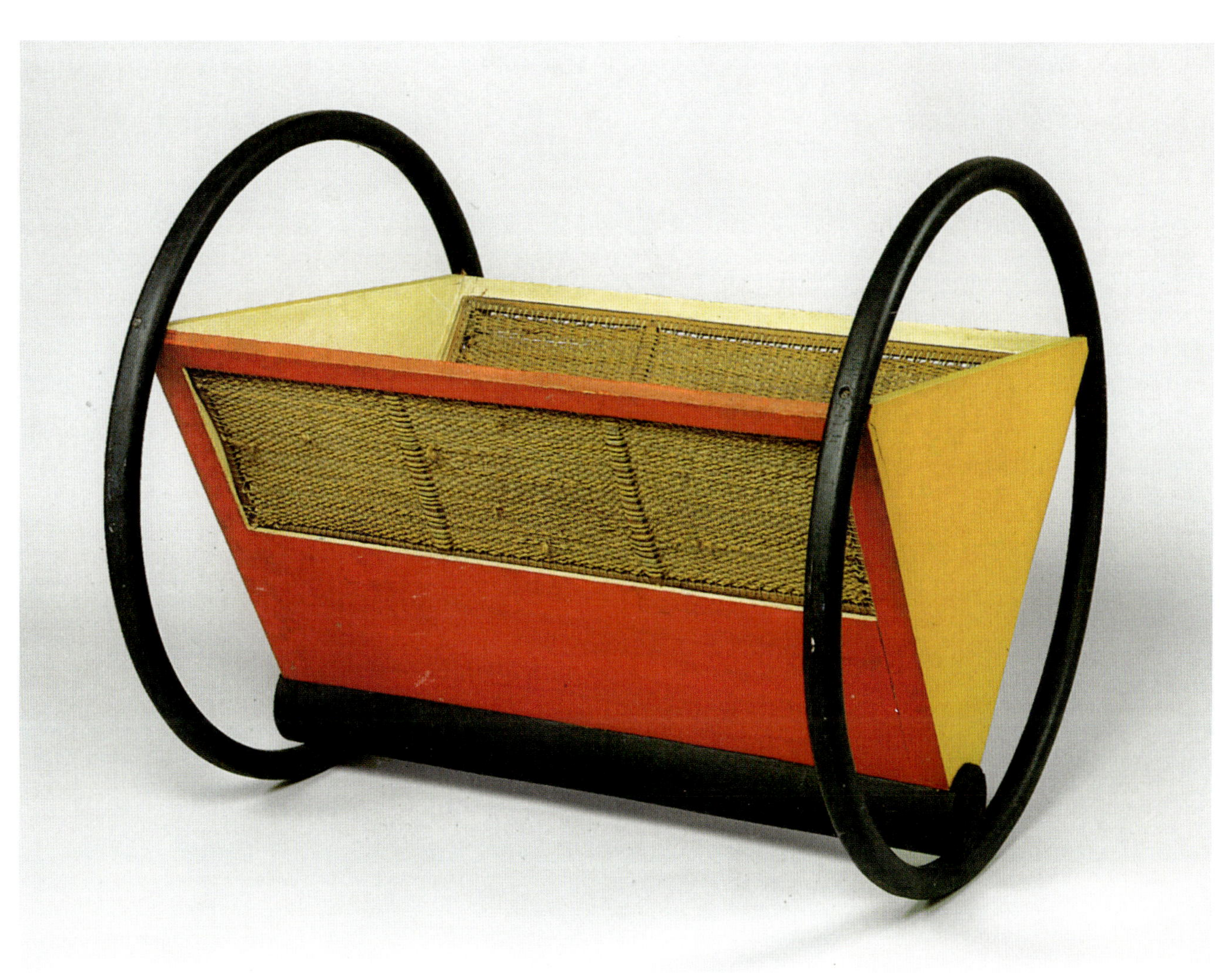

Wiege, 1922, Holz, farbig lackiert, Seilgeflecht, 91,7 x 91,7 x 98 cm, Klassik Stiftung Weimar

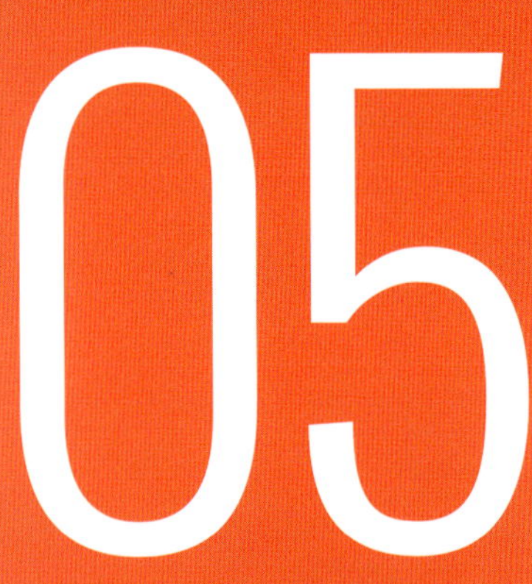

CHRISTIAN DELL

Weinkanne

Christan Dells Weinkanne steht exemplarisch für die gestalterischen Ideale des Bauhauses der frühen Zwanzigerjahre: zuerst die Form- und Funktionsanalyse eines Gebrauchsgegenstandes, dann der radikal neuartige Entwurf auf der Basis der geometrischen Grundformen seiner Teile.

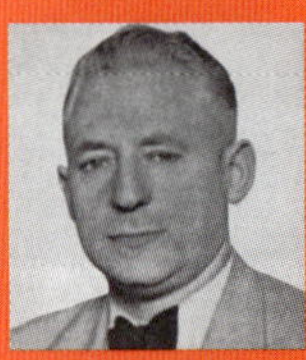

1893 am 24. Februar in Offenbach geboren
1907–11 Lehre als Silberschmied in Hanau, daneben Studium an der Zeichenakademie in Hanau
1911/12 Geselle in einem Dresdner Betrieb
1912/13 Studium an der Großherzoglich Sächsischen Kunstgewerbeschule bei Henry van de Velde
1913–18 Militärdienst
1921 Gründung einer eigenen Werkstätte
1921 im Dezember Bewerbung am Bauhaus
1922–25 Werkmeister der Metallwerkstatt am Bauhaus Weimar
1926–33 Leiter der Metallwerkstatt an der Frankfurter Kunstschule
1933 Entlassung durch die Nationalsozialisten
1933/34 Entwürfe für die Lampenfabrik Gebr. Kaiser & Co.
1933–37 in Bad Wiessee
1937–39 in Hahnenklee/Harz
1939 Eröffnung eines Juweliergeschäfts in Wiesbaden
1974 am 18. Juli in Wiesbaden gestorben

In den Jahren 1922 bis 1925 legte Christian Dell als Werkmeister der Metallwerkstätte die handwerklichen Grundlagen für eine produktive Arbeit. Durch seine sachkundige Leitung und sein handwerkliches Können erlangte die Metallwerkstatt ihr eigentliches Profil. Oder wie es Walter Gropius formulierte, die Metallwerkstatt des Bauhauses »aus kleinen Anfängen zur Blüte gebracht« zu haben, ist das entscheidende Verdienst von Christian Dell.

Das Schicksal der Formmeister

Am Bauhaus teilte der erfahrene, zuvor an verschiedenen Orten Deutschlands tätige Silberschmied das Schicksal der meisten anderen Formmeister. Beschäftigt mit undankbaren Aufgaben im Hintergrund, standen sie stets im Schatten der künstlerischen Werkstattleiter. Zudem hatte Dell mit der ungenügenden technischen Ausstattung seiner Werkstätte zu kämpfen. Ein Kampf, der erst durch die Übersiedelung des Bauhauses nach Dessau gewonnen wurde – aber ohne Dell, denn dieser blieb zunächst in Weimar und arbeitete an der 1925 konstituierten Staatlichen Bauhochschule.

Gestalterische Maximen

Waren Dells eigene Arbeiten am Anfang noch häufig durch das Wechselspiel von konkaven und konvexen Formen geprägt, so steht die Weinkanne von 1922 ganz exemplarisch für die gestalterischen Maximen des Bauhauses. Gefäßkörper und Deckel sind konsequent aus den einander durchdringenden Elementarformen Konus und Kugel aufgebaut. Der Henkel aus Ebenholz korrespondiert dazu mit seiner Kreisbogenform und bildet zugleich das Gegengewicht zum Rest der Kanne – unten am kugelförmigen Korpus ansetzend, ist er oberhalb des Halses an ein überstehendes Metallband montiert. Dadurch ergibt sich für den Henkel ein größerer Radius und somit eine bessere Handhabung. Insgesamt fertigte Dell mindestens vier derartige Weinkannen, die er jeweils in ihrer Form leicht variierte. Allerdings erreicht keine jener Varianten einen derartig strengen Formcharakter wie diese Weinkanne.

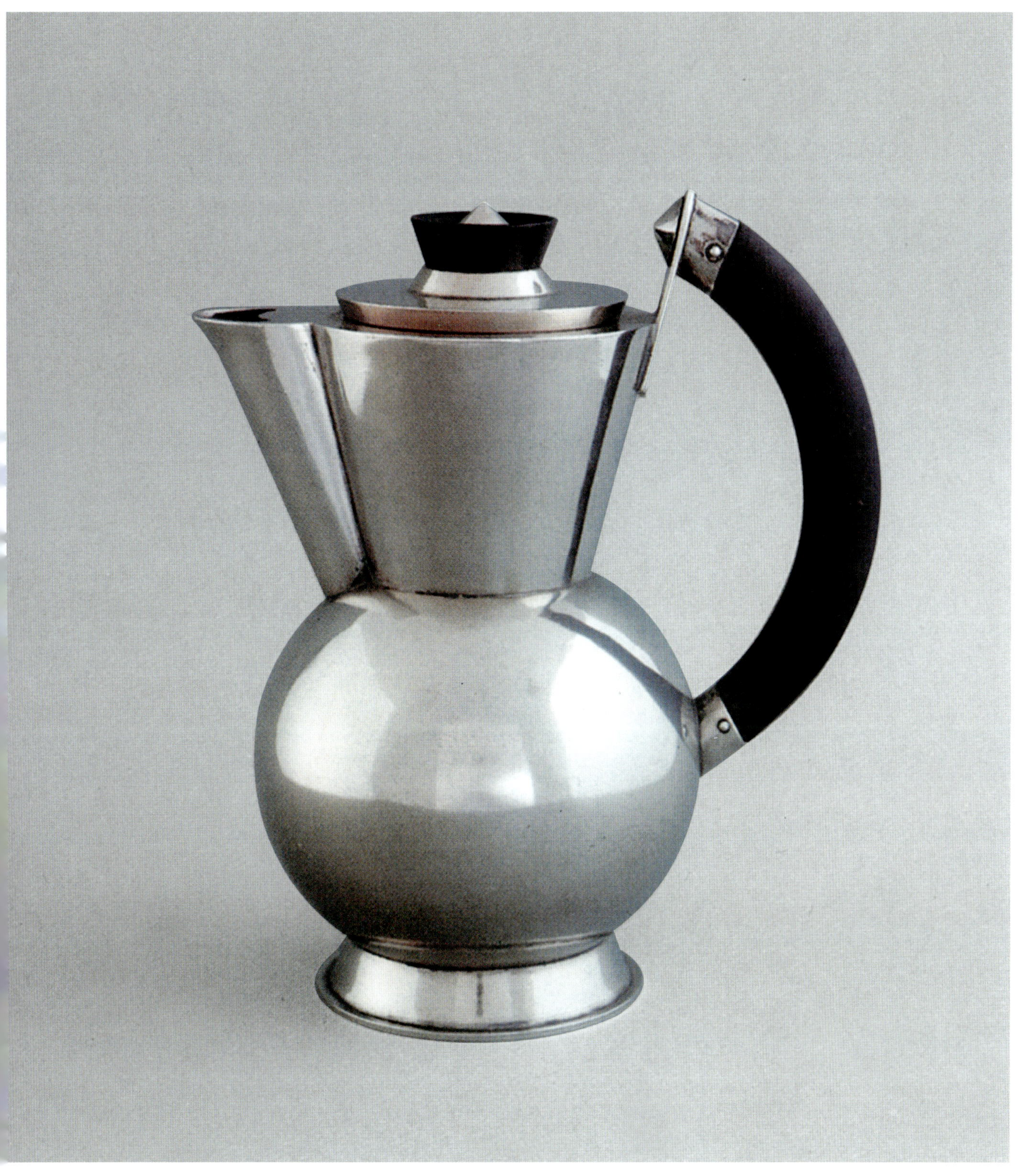

Weinkanne, 1922, Neusilber, Ebenholz, Höhe 20,1 cm, Bauhaus-Archiv, Berlin

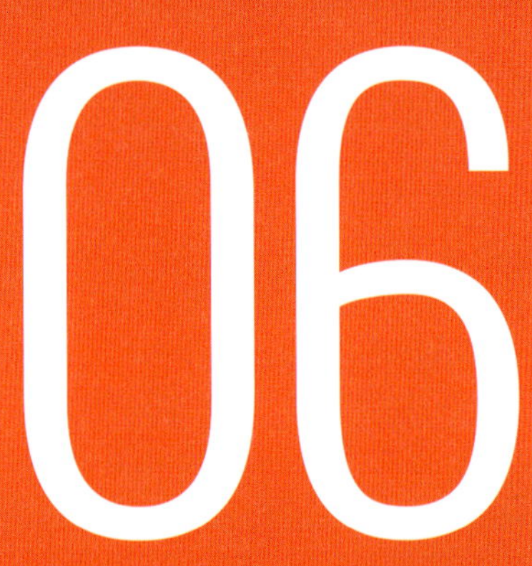

JOOST SCHMIDT

Plakat zur Bauhausausstellung

Mit diesem Plakat gelang es dem Bauhaus, erstmals in großem Stil für eine eigene Ausstellung zu werben und damit zu ihrem Erfolg beizutragen. Die ungewöhnliche Kombination von verschiedenen geometrischen Elementen und Schriften verfehlte beim Betrachter nicht ihre Wirkung.

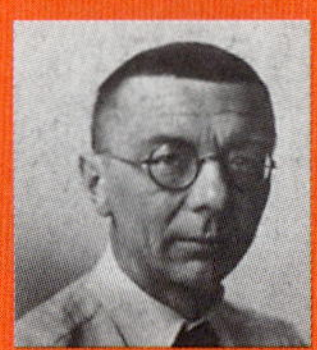

1893 am 5. Januar in Wunstorf/Hannover geboren
1910 Beginn des Studiums an der Großherzoglich Sächsischen Hochschule für Bildende Kunst in Weimar
1914–18 Kriegsdienst
1919 Beginn des Studiums am Bauhaus; Werkstatt für Holzbildhauerei
1922 Gesellenprüfung
1925–32 Lehrer am Bauhaus
1925 Heirat mit der Bauhausstudentin Helene Nonne
1928–30 Leiter der plastischen Werkstatt
1928–32 Leiter der Reklameabteilung und der Druckerei
1933 Übersiedelung nach Berlin
1935 Lehrer an der privaten Kunstschule Kunst und Werk
1944/45 Kriegsdienst
1945 Berufung als Professor an die Hochschule für bildende Künste in Berlin
1948 am 2. Dezember in Nürnberg gestorben

Eine sogenannte Reklameabteilung entstand im Bauhaus anlässlich der Vorbereitungen für die erste große Bauhaus-Ausstellung 1923. Geleitet wurde sie von Wassily Kandinsky als Formmeister der Wandmalereiwerkstatt. Der damalige Werkmeister Carl Schlemmer, der Bruder Oskar Schlemmers, schlug bereits im Sommer 1921 vor, »wenn Aufträge [...] im Schriftmalen auszuführen sind, diese auch der zuständigen Malerwerkstatt zu überlassen, nicht daß den Gehilfen und Lehrlingen nur die groben Anstreicherarbeiten übrigbleiben«.

Zwei Bauhausplakate

Für den Entwurf der Ausstellungsplakate schrieb man – angeblich – einen bauhausinternen Wettbewerb aus. Die Wahl fiel auf zwei sehr unterschiedliche Plakate: Fritz Schleifer verwendete das Bauhaus-Signet als Grundmotiv, Joost Schmidt arbeitete dagegen mit einer zeichenhaften, an Kompositionen Schlemmers orientierten Form aus aneinanderhängenden geometrischen Fragmenten. Eine oben und unten abgerundete Diagonalform – oben mit integriertem Bauhaus-Signet – wird durch in der Mitte eingeschobene Formen geteilt und durch die Einfügung des Schriftzugs »Ausstellung« sorgsam ausponderiert. Der übrige Text ist mit Vorsicht an das Motiv angefügt. Mit dieser Einarbeitung der Schrift in eine künstlerische Form bewegt sich Schmidt noch in der Tradition expressionistischer Gelegenheitsgraphik. Während Schmidt das Bauhauszeichen und die Schrift als notwendige, aber eher beiläufige Elemente in seinen Entwurf aufnimmt, entwickelt Schleifer gerade daraus sein Grundmotiv als Signal aus Rechteckformen.

Die Verbreitung

Für die ungewöhnlich große Verbreitung des Plakates sorgte Herbert Bayer, der Einzige, der bereits zuvor in einem professionellen Reklameatelier gearbeitet hatte. Er versuchte über diverse Gesellschaften, Agenturen und Reisebüros, die Plakate an den verschiedenen Bahnhöfen, beispielsweise in Berlin, Frankfurt und Köln anschlagen zu lassen. Schließlich waren die Plakate an über 100 Bahnhöfen in ganz Deutschland zu sehen, an manchen sogar in einer Serie von zehn Stück nebeneinander, was belegt, dass man sich an den neuesten Wirksamkeitsuntersuchungen orientierte.

Die Reklameabteilung war dem Namen nach in der Ausstellung von 1923 nicht präsent, hat aber, nicht nur durch die Plakate, entscheidend zu deren Erfolg beigetragen. Von nun an gehörte die Reklameabteilung unabdingbar zum Bauhaus, was die frühzeitig erkannte Bedeutung der Werbung, ohne die das Bauhaus nicht so berühmt geworden wäre, belegt.

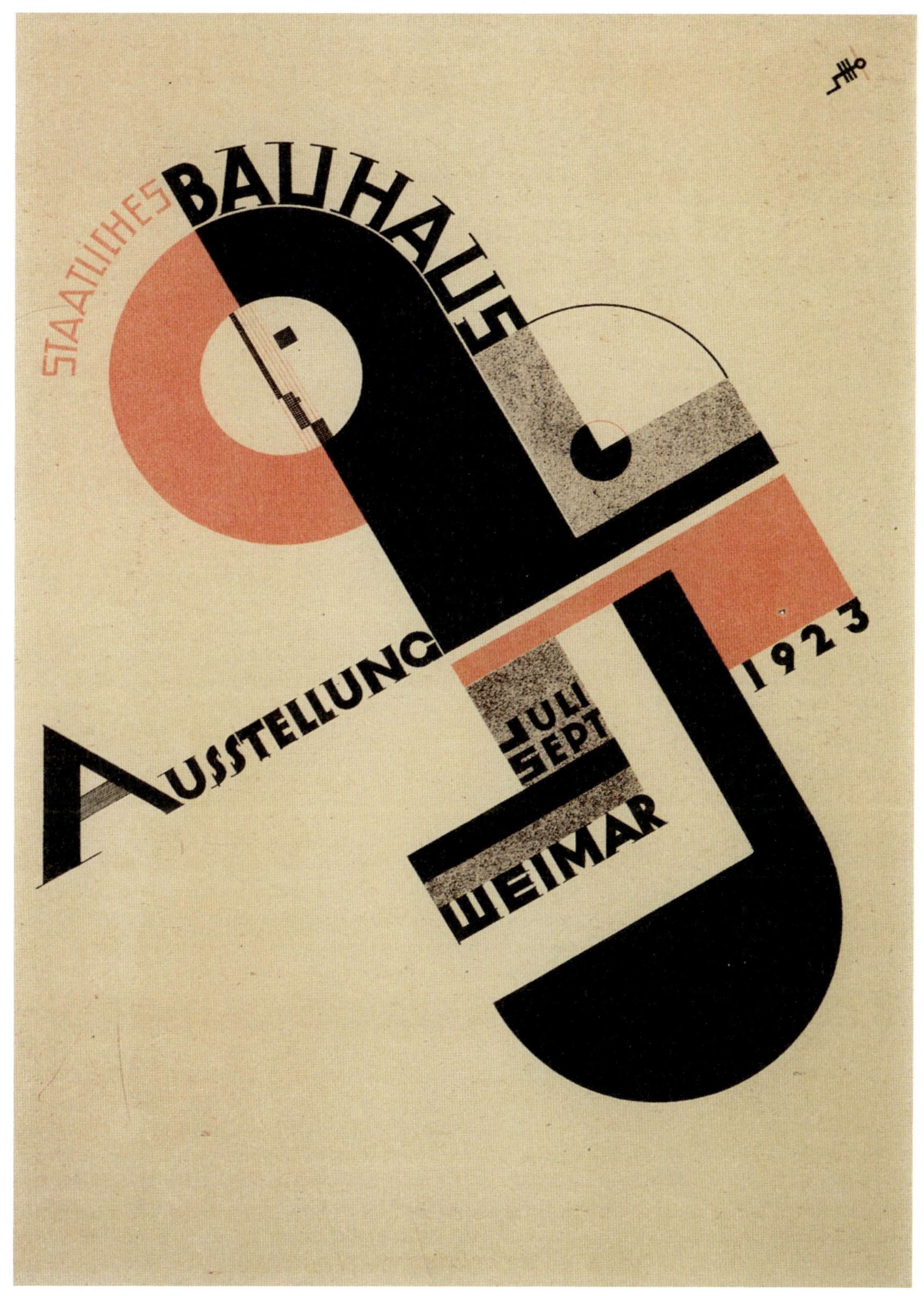

Plakat zur Bauhausausstellung, 1922/23, Lithographie, 60,5 x 48 cm

07

MARCEL BREUER

Lattenstuhl ti 1a

Der Lattenstuhl entstand als Muster für die Massenfertigung. Aus wenigen Materialien – Latten mit gleichem Querschnitt und Stoffstreifen – entwickelte Marcel Breuer ein Sitzmöbel, das nicht nur den ästhetischen Ansprüchen der Moderne, sondern auch körpergerechtem Sitzen entsprach.

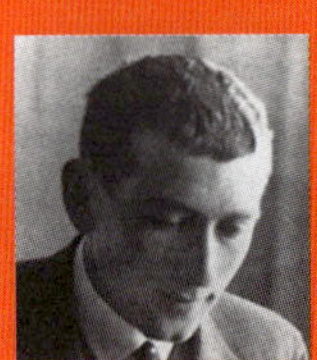

1902 am 22. Mai in Pécs/Ungarn geboren
1920 Stipendium für die Akademie der Bildenden Künste in Wien
1920 Beginn des Studiums am Bauhaus; Lehre in der Tischlerei
1923 Heirat mit der Bauhaus-Studentin Martha Erps
1924 Gesellenprüfung
1925 nach kurzer Tätigkeit als Architekt in Paris Rückkehr ans Bauhaus Dessau als ›Jungmeister‹; Leiter der Möbelwerkstatt
1928 Gründung eines eigenen Architekturbüros
1935–37 Architekt in London
1937–46 Professur an die School of Design der Harvard University durch Vermittlung von Walter Gropius. Bis 1941 gemeinsames Büro mit Gropius in Cambridge/Mass
1946 Architekturbüro in New York
1956 Bürogründung »Marcel Breuer and Associates« in New York
1981 am 1. Juli in New York gestorben

Als junger Tischlerlehrling geriet Marcel Breuer in den ersten Grundsatzstreit zwischen dem Direktor des Bauhauses Walter Gropius und Johannes Itten, einer der großen Künstlerpersönlichkeiten und zugleich Leiter der Möbelwerkstatt des Bauhauses. Die von Gropius avisierte Öffnung des Bauhauses gegenüber den industriellen Fertigungsprozessen widerstrebte dem Künstler Itten zutiefst. Nach weiteren Querelen zog er die Konsequenzen und verließ das Bauhaus. Gropius selbst übernahm daraufhin die Leitung der Möbelwerkstatt, 1925 übergab er diese an Breuer.

Ein Musterstuhl für die Industrie

Mit dem 1922 entwickelten Lattenstuhl wollte Breuer einen Musterstuhl für die industrielle Fertigung gestalten. Für seine endgültige Konstruktion verwendete er nur Latten mit gleichbleibendem Querschnitt, die er mit schmalen Stoffstreifen aus der Bauhausweberei bespannte, so dass mit minimalem Material- und Maschinenaufwand problemlos eine größere Stückzahl hätte produziert werden können. Doch wie bei fast allen Bauhausprodukten gelangte auch dieses Modell über eine kleine Anzahl handwerklich gefertigter Exemplare nicht hinaus.

Funktionsanalyse

Die von Gropius geforderte und von Breuer durchgeführte »Funktionsanalyse« gipfelte in Breuers grundsätzlicher Auseinandersetzung mit dem Thema ›Stuhl und Sitzen‹: »Der Ausgangspunkt für den Stuhl war das Problem des bequemen Sitzens, vereinigt mit einfachster Konstruktion. Danach konnte man folgende Forderungen aufstellen:
A, Elastischer Sitz und Rückenlehne, aber kein Polster, das schwer, teuer und staubfangend ist.
B, Schrägstellung der Sitzfläche, weil so der Oberschenkel in seiner ganzen Länge unterstützt wird, ohne gedrückt zu werden, wie bei einer waagerechten Sitzfläche.
C, Schräge Stellung des Oberkörpers.
D, Freilassung des Rückgrates, weil jeder Druck auf das Rückgrat unbequem und auch ungesund ist.

Dies wurde durch die Einführung einer elastischen Kreuzlehne erreicht. So werden vom Knochengerüst nur Kreuz und Schulterblätter, und zwar elastisch, gestützt, und das empfindliche Rückgrat ist vollständig frei. Alles Weitere hat sich als ökonomische Lösung dieser Forderungen herausgestellt. Maßgebend für die Konstruktion war noch das statische Prinzip, die breiteren Dimensionen des Holzes gegen die Zugrichtung des Stoffes und gegen die Druckrichtung des sitzenden Körpers zu stellen.« (Marcel Breuer 1925)

Die Formgebung ergibt sich demnach aus den Erfordernissen von Funktion und Konstruktion. Die künstlerische Gestaltung, die auch in diesem Fall von den Arbeiten des holländischen Entwerfers und Mitglieds der De Stijl-Gruppe Gerrit Thomas Rietveld beeinflusst ist, tritt gegenüber einer auf industrielle Serienfertigung abzielenden Konzeption deutlich zurück.

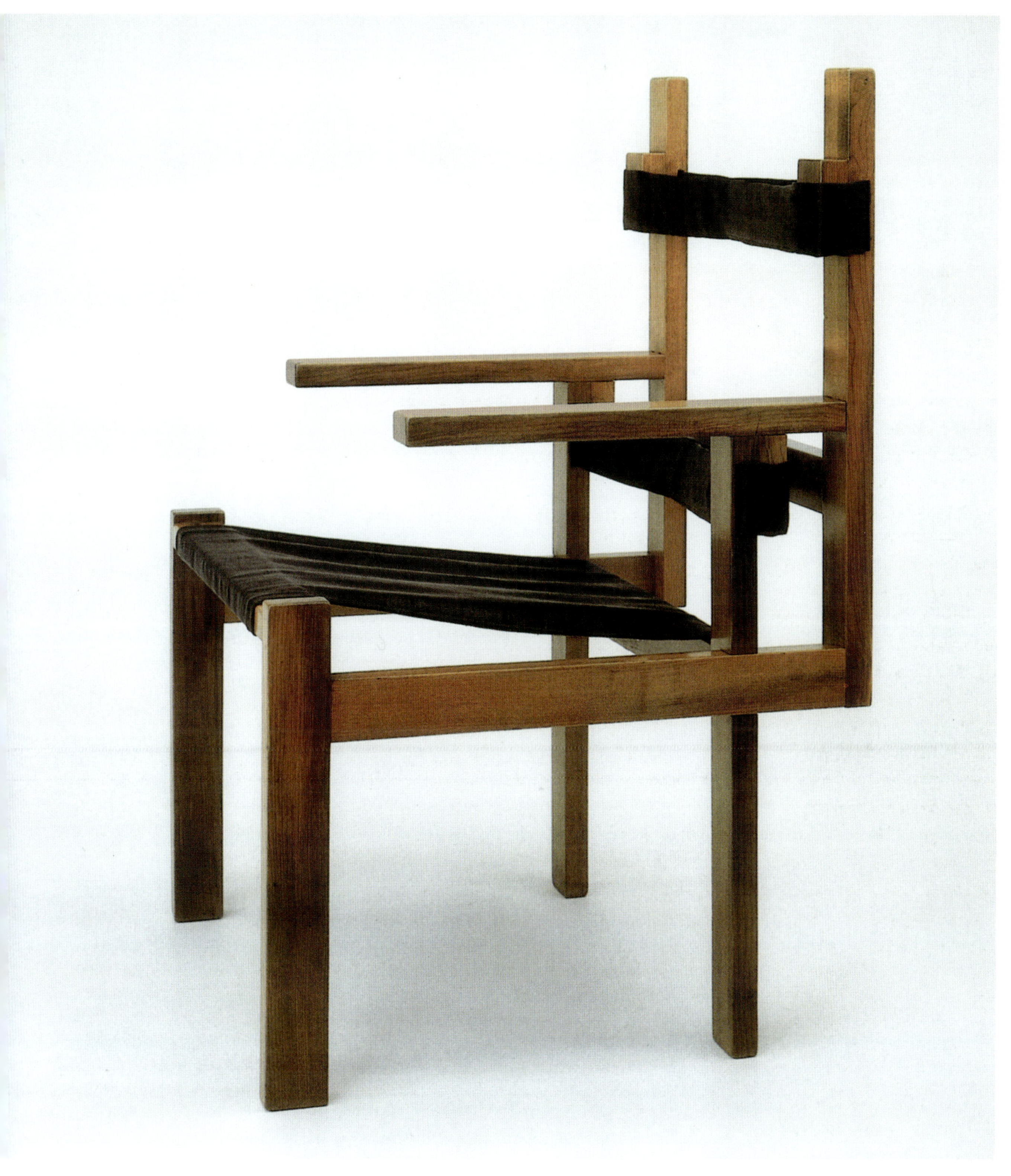

Lattenstuhl ti 1a, 1922–24, Ahorn oder Kirsche, Rosshaar- oder Eisengarnbespannung, 97 x 56 x 60 cm, Klassik Stiftung Weimar

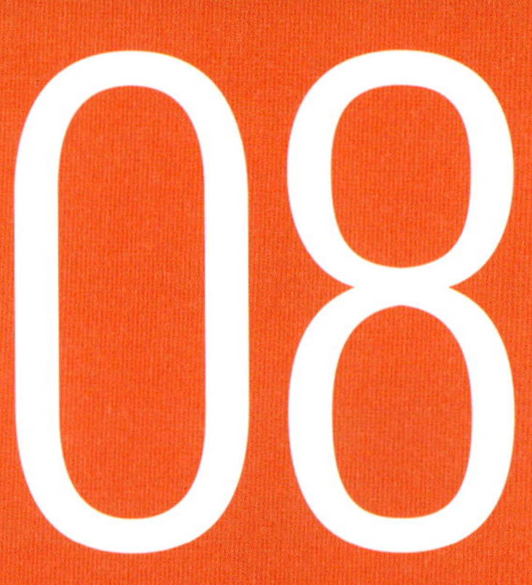

ALMA BUSCHER

Schiffbauspiel

In ihrem *Schiffbauspiel* – produziert in zwei Varianten – verband Alma Buscher Gestaltungsprinzipien des Bauhauses mit Ansätzen moderner Pädagogik und ihren persönlichen Vorstellungen von modernem Spielzeug, das der Neugier und dem Forscherdrang der Kinder gerecht werden sollte.

1899 am 4. Januar in Kreuztal bei Siegen geboren
1917–20 Studium an der Reimann-Kunstschule in Berlin
1920–22 Studium an der Ausbildungsanstalt des Staatlichen Kunstgewerbemuseums Berlin
1922 Beginn des Studiums am Bauhaus; Vorkurs bei Johannes Itten
1923 Wechsel von der Webereiwerkstatt in die Holzbildhauerwerkstatt
1926 Heirat mit dem Tänzer und Schauspieler Werner Siedhoff
1927 Ende der Tätigkeit am Bauhaus
1928–44 Verschiedene Wohnorte, bedingt durch die wechselnden Engagements von Werner Siedhoff
1944 am 25. September in Buchschlag bei Frankfurt a. M. bei einem Bombenangriff gestorben

Trotz einer abgeschlossenen Ausbildung an der Berliner Reimann-Schule für Kunst und Kunstgewerbe schrieb sich Alma Buscher im Frühjahr 1922 am Bauhaus in Weimar ein. Sie wollte noch einmal neu ansetzen. Nach dem Vorkurs bei Johannes Itten wurde ihr, wie allen Frauen am Bauhaus, die Weberei als Ausbildungsstätte zugeteilt. Unzufrieden mit dieser Situation, schlug sie dem Direktor des Bauhauses Walter Gropius vor, in der Holzbildhauerei Kinderspielzeug und Gebrauchsgegenstände zu entwickeln. Damit gelang ihr etwas, was damals nur ganz wenigen Frauen am Bauhaus beschieden war: der Ausbruch aus der Weberei.

Sie bekam ihre Bewährungsprobe mit der Einrichtung des Kinderzimmers im Haus am Horn für die große Bauhaus-Ausstellung 1923 – und bestand diese glänzend. Das Interieur wurde Teil der offiziellen Selbstdarstellung des Bauhauses und 1924 auf mehreren Ausstellungen zusammen mit ihrem in der Zwischenzeit entwickelten Spielzeug gezeigt.

Schöpferische Selbstbestätigung

Mit den von Alma Buscher entworfenen Kinderzimmermöbeln und Spielen fand das Bauhaus erstmals größeres Echo in der Öffentlichkeit. Die Entwerferin beschäftigte sich intensiv mit neuen pädagogischen Ansätzen, um, den Prinzipien des Bauhauses entsprechend, modernes kindgerechtes Spielzeug zu entwickeln. Märchen lehnte sie als »unnötige Belastung des kleinen Gehirns« ab, stattdessen sollten die Kinder Spielzeug erhalten, das »unverwirrend klar und bestimmt« und in der Proportion »möglichst harmonisch« ist. Auch sollten die bunten Entwürfe »zur Steigerung der Farbfröhlichkeit und damit Freudigkeit des Kindes« beitragen.

So verband Alma Buscher typische Konzepte der Gestaltung am Bauhaus mit den Ansätzen moderner Pädagogik und ihren ganz persönlichen Vorstellungen von offenen, variabel bespielbaren Kinderwelten. Möbel und Spielzeuge sollten dem Kind, seiner Neugier und seinem Forscherdrang dienen. Und so waren ihre Puppen und Baukästen – das große und kleine Schiffbauspiel, die Wurfpuppen und das Bützelspiel – nicht individuell künstlerisch wie das von Klee und Feininger entworfene Spielzeug, sondern allgemein für die industrielle Vervielfältigung gedacht, damit möglichst viele Kinder von ihren pädagogischen Ansätzen profitieren konnten. Zu Buschers Ansinnen gehörte es, der Fantasie des Kindes Raum zu geben – und weniger der des Künstlers.

Ende einer Karriere

Mit dem Umzug des Bauhauses von Weimar nach Dessau im Jahr 1925 endete die vielversprechende Karriere von Alma Buscher. Trotz ihres großen Erfolges, und obwohl Gropius so ausdrücklich einen »neuen Menschen« gefordert hatte, wurde ihre Bitte um Anstellung und Atelier abgelehnt. Enttäuscht verließ die mittlerweile verheiratete Alma Siedhoff-Buscher die Stadt. Die Lücke, die sie am Bauhaus hinterließ, konnte oder sollte nicht geschlossen werden. Ihre pädagogischen Überlegungen, die für die Gestaltung einer neuen »Welt für Kinder« von großem Einfluss gewesen wären, fanden zumindest am Bauhaus keine Fortsetzung.

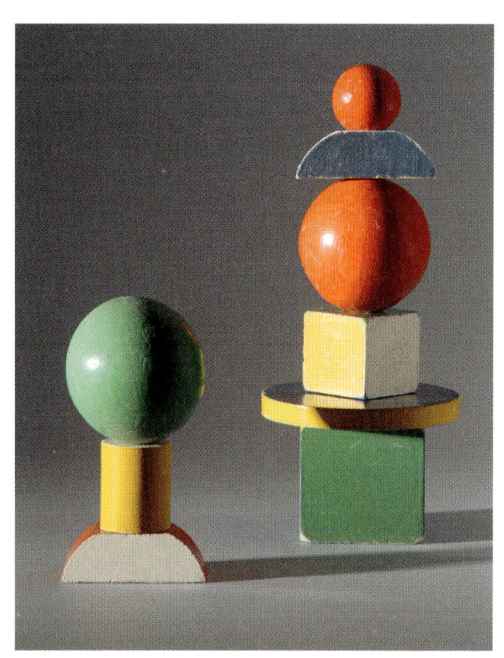

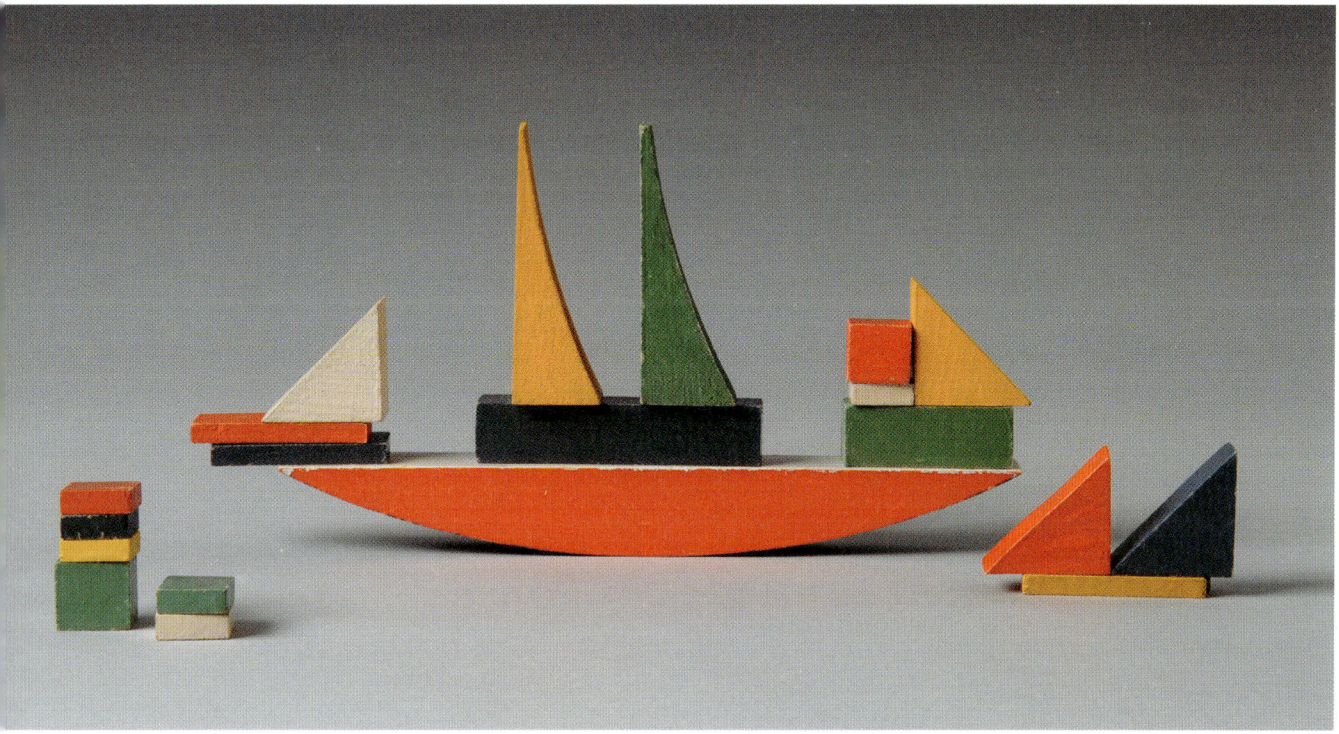

oben:
Bützelspiel, 1923/24, Holz, farbig gefasst,
Die Neue Sammlung, München

unten:
Schiffbauspiel, 1923, Holz, farbig gefasst,
Die Neue Sammlung, München

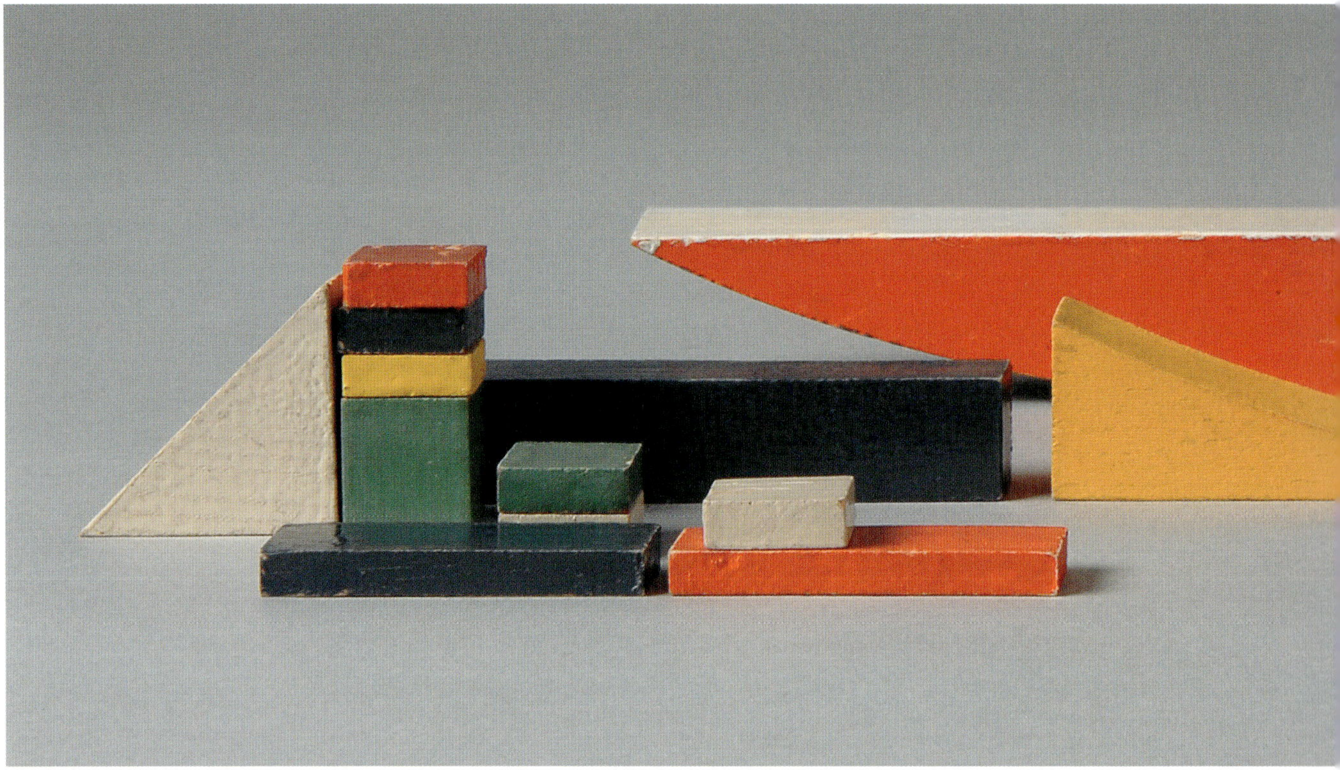

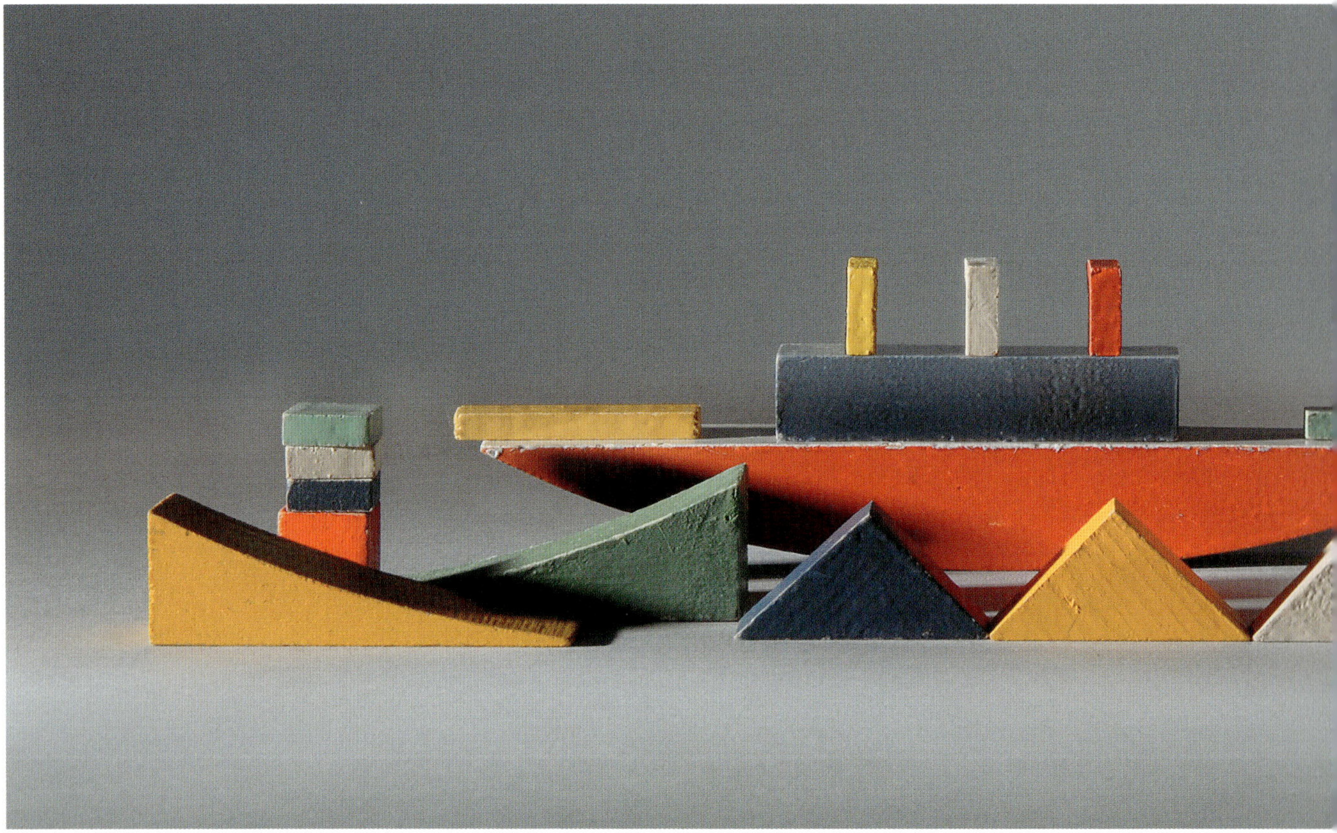

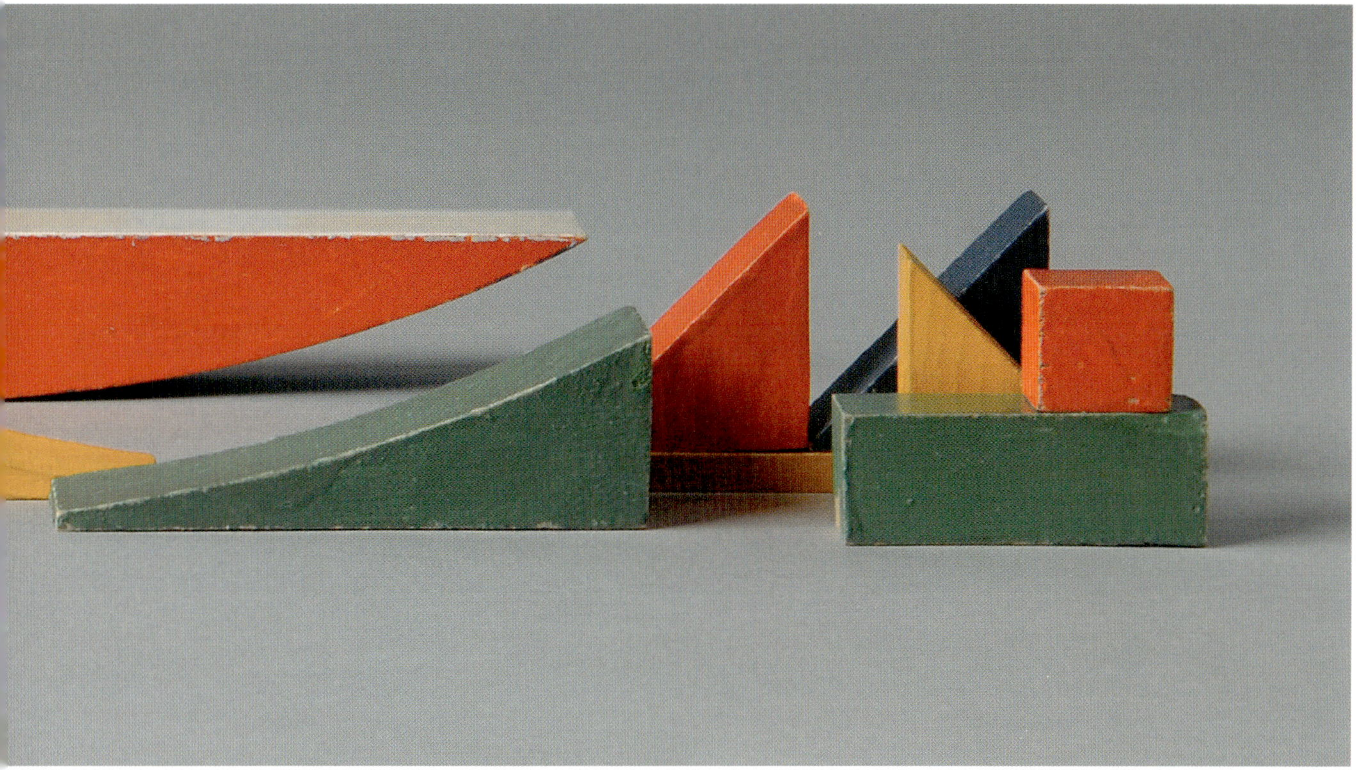

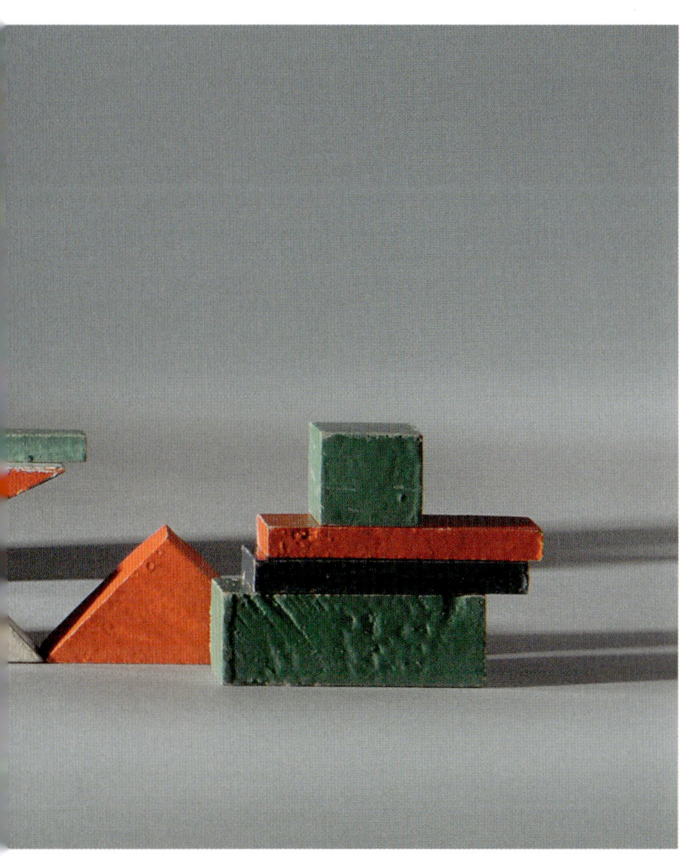

Schiffbauspiel, 1923, Holz, farbig gefasst,
Die Neue Sammlung, München

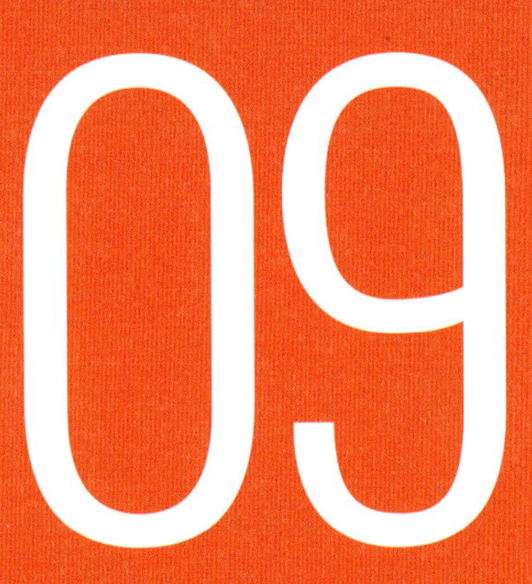

NAUM SLUTZKY

Anhänger

Naum Slutzky schuf Gebrauchsgegenstände, Möbel und Leuchten, Schalen und Kannen, vereinzelt auch ganze Silberservice, doch unübertroffen sind seine Schmuckarbeiten. Diese begründeten seinen Nachruhm.

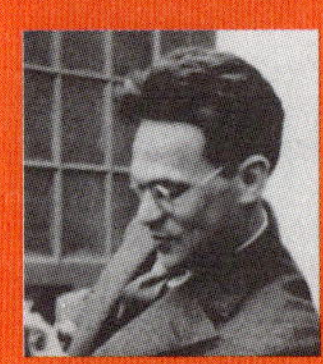

1894 am 28. Februar in Kiew geboren
1905 Emigration der Familie nach Wien
1908–11 Goldschmiedelehre bei Anton Diamant in Wien
1912/13 Arbeit in der Wiener Werkstätte
1914–19 Ingenieur-Studium an der Technischen Hochschule in Wien
1917–19 Besuch der privaten Kunstschule von Johannes Itten in Wien
1919 am Bauhaus
1921–24 selbständiger Leiter einer Goldschmiedewerkstatt am Bauhaus
1924 Abschlusszeugnis und Heirat
1925 Zusammenarbeit mit den Werkstätten Bildender Kunst in Berlin
1926/27 an der Berliner Itten-Schule tätig
1927 Übersiedelung nach Hamburg und Gründung einer eigenen Firma für Beleuchtungskörper
1933 Emigration nach London
1935–40 Lehrer für Metallbearbeitung an der Dartington Hall School
1946–65 Lehrer und Leiter an verschiedenen Schulen und Colleges
1965 am 4. November in Stevenage/Hertfordshire gestorben

In Kiew geboren, in Wien eine Goldschmiedelehre absolviert, am Bauhaus gelernt und gelehrt, in Hamburg gearbeitet, nach England emigriert, in Birmingham gelehrt und nie wieder nach Deutschland zurückgekehrt: So lesen sich die verschiedenen Stationen eines bewegten Lebens, das in großer Armut endete. Slutzky hatte es nie leicht. So schrieb 1933 der Hamburger Museumsdirektor Max Sauerland: »Schwierig ist, daß er (Slutzky) bei all seinem künstlerischen Können – oder vielleicht gerade wegen dieser einseitigen künstlerischen Begabung – in allen geschäftlichen Dingen von einer mehr als kindlichen Unbefangenheit und Unzuverlässigkeit (ist).«

Ärger am Bauhaus

Neben Aufträgen, die ihm das Bauhaus zuwies, hatte Slutzky wohl das Recht, weitere Aufträge auszuführen, wenn diese über das Bauhauses abgerechnet wurden. Doch er fertigte beispielsweise 1923 zwölf Anhänger auf eigene Rechnung an. Kein geringer ökonomischer Verlust für seinen Dienstherren. Möglicherweise verließ Slutzky deshalb am 1. Januar 1924 das Bauhaus.

Die Anfänge

Angefangen hatte alles sehr positiv. Noch in Wien lernte Slutzky den Maler Johannes Itten kennen, der, kurz darauf an das Bauhaus nach Weimar berufen, dort die ersten Vorkurse abhielt. Naum Slutzky folgte ihm wenig später nach Weimar als »Hilfsmeister für die Metallabteilung«, eine Stellung, die er kurze Zeit später wieder aufgab. Es gab wiederholt Probleme. Im März 1921 schied Slutzky aus dem Bauhaus aus, um »nach dem Orient« zu reisen. Im Oktober des gleichen Jahres arbeitete er wieder am Bauhaus. 1922 legte er vor der Handwerkskammer zu Weimar seine Meisterprüfung als Goldschmied ab.

Die Rundscheiben

Sein Meisterstück ist unbekannt. Als Gesellenstück wird dagegen – zu Recht oder zu Unrecht – in einem der alten Bauhausbücher ein scheibenförmiger Anhänger bezeichnet. Die Rundscheiben, eine für Slutzky typische Anhänger- und Broschenform, entstanden um 1920/21. Aus verschiedenen Ringteilen mit unterschiedlichen Materialien gefertigt, bilden die Rundscheiben den äußeren Rahmen eines Schmucksteines. Diese aus der Kreisform entwickelten Anhänger veranschaulichen den Einfluss der Ittenschen Formlehre besonders deutlich. Eine der ersten Ausführungen dieser Art war der bis vor kurzem verschollene Anhänger mit Spule aus Silber, Holz und Quarzstein (Zitrin). Die um den gemugelten Zitrinstein gruppierten schmalen Stäbe und Zähnchen, hier als speichenförmige Ringteile der Rundscheibe montiert, sind für Anhänger und Broschen außergewöhnlich. Als etwas Besonderes wurde er offenbar auch aus der Sicht des Bauhauses empfunden; denn in dem von Moholy-Nagy konzipierten Bauhausbuch von 1925 – erschienen nach Slutzkys Weggang – wurden drei Schmuckarbeiten von Naum Slutzky aufgenommen, darunter dieser Anhänger.

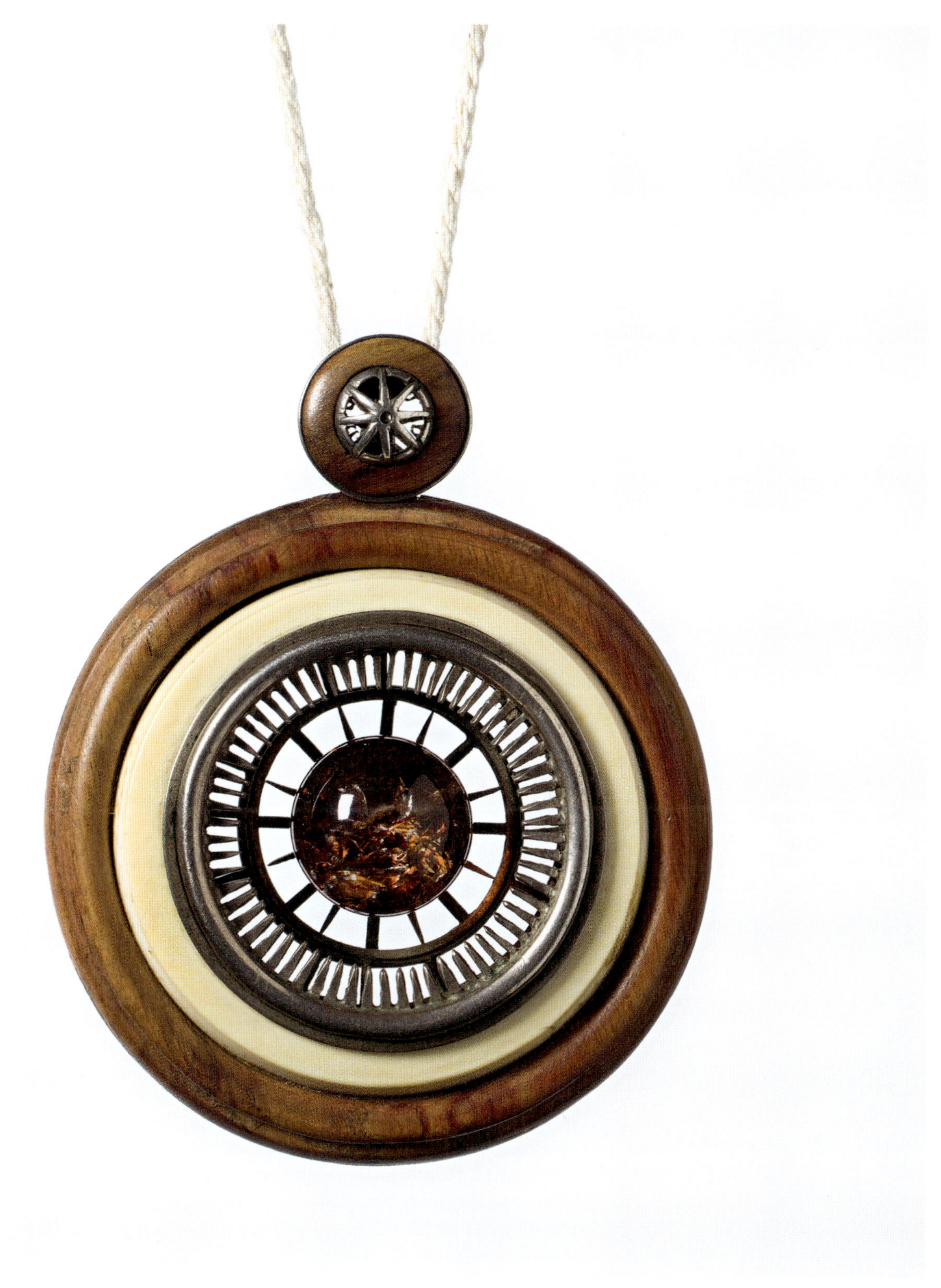

Anhänger, 1920–1923, Silber, Rosenholz, Elfenbein, Zitrin, 5,4 cm, Die Neue Sammlung, München

10

HERBERT BAYER

Wandgestaltung

Ein Treppenhaus als Hauptdarsteller. Herbert Bayer realisierte Kandinskys Farb- und Formanalysen als großformatige Wandbilder – abstrakte Konfigurationen aus geometrischen Grundformen in den Primärfarben. Die Zuordnung von Farben und Formen verbildlicht Kandinskys Vorstellungen.

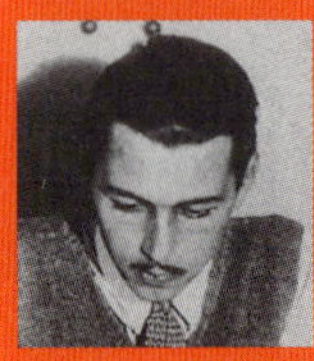

1900 am 5. April in Haag/Oberösterreich geboren
1919 Lehre im Büro des Architekten und Entwerfers Georg Schmidthammer in Linz
1921 Assistent des Architekten Josef Emmanuel Margold in der Darmstädter Künstlerkolonie
1921 Beginn des Studiums am Bauhaus; Vorkurs bei Johannes Itten
1923–25 in der Werkstatt für Wandmalerei tätig
1925 Gesellenprüfung und Übernahme der Leitung der neu eingerichteten Abteilung »Druck und Reklame«
1928–38 in Berlin als selbständiger Werbegraphiker tätig
1938 Übersiedelung nach New York
1946 in Aspen tätig
1968 Gestaltung der Ausstellung »50 Jahre Bauhaus« in Stuttgart
1974 Übersiedelung nach Montecito
1985 am 30. September in Montecito, Kalifornien, gestorben

Herbert Bayer trat im März 1922 in die Werkstätte für Wandmalerei ein. Für ihn war das zunächst eine Notlösung, denn eine Werkstatt für Druck oder Typographie existierte zu diesem Zeitpunkt noch nicht. Noch im Jahr 1922 löste Wassily Kandinsky Oskar Schlemmer als künstlerischen Werkstattleiter, als sogenannten Formmeister ab. Kandinsky legte wenig später einen Arbeitsplan für die Wandmalereiwerkstatt vor, der umfangreiche theoretische und praktische Aufgaben enthielt. Neben den chemisch-physikalischen Eigenschaften der Farbe interessierten ihn die psychologischen Eigenschaften: »Unter den verschiedenen Kräften, die die Farbe besitzt, kommt für das Bauhaus in erster Linie die Kraft der Farbe in Betracht, durch welche die Farbe eine gegebene Form verändern kann, so dass aus einer gegebenen Form eine andere entsteht [...] Die daraus fließende Kraft der Farben, auch den umgebenden Raum auf diese oder andere Weise zu gestalten, ist eine der wichtigsten Angelegenheiten des Bauhauses.« Um die psychologische Wirkkraft des Wechselspiels von Form und Farbe zu untersuchen, entwickelte Kandinsky einen Fragebogen, den er an die Mitglieder des Bauhauses verteilte. Rot, Gelb und Blau sollten jeweils einem Dreieck, einem Quadrat und einem Kreis zugeordnet werden. Die Mehrheit entschied sich für ein gelbes Dreieck, ein rotes Quadrat und einen blauen Kreis.

Realisierung einer Farbtheorie

Eine direkte Umsetzung der Experimente und Untersuchungen über die Beziehung von Farbe und Form erfolgte durch Herbert Bayer. Im Zuge der Vorbereitungen für die große Bauhaus-Ausstellung im Sommer 1923 sollte auch das Innere des nüchternen Bauhaus-Gebäudes von Henry van de Velde durch Wandbilder und Reliefs umgestaltet werden. Während sich Oskar Schlemmer und seine Schüler dem Vestibül und dem Haupttreppenhaus widmeten, fiel Herbert Bayer die Aufgabe zu, die Treppenabsätze des Nebentreppenhauses zu bemalen, das zum Ausstellungsraum im dritten Stock der Schule führte: Das erste Stockwerk erhielt eine Komposition in Dunkelblau mit Kreisen, der zweite Stock wurde in Hellrot mit Quadraten und der dritte Stock schließlich in Hellgelb mit Dreiecken ausgemalt. Innerhalb der einzelnen Bilder wurde das jeweilige geometrische Grundmotiv mehrmals wiederholt und in Farbe und Größe variiert, so dass eine gewisse Räumlichkeit entstand. Gleichzeitig wurden die Farben nach oben hin leichter. Bayer berücksichtigte damit auch die räumliche Funktion der Farbe. Zudem bediente er sich der Farbe als Leitsystem für die Architektur, wobei jeweils eine Farbe in Kombination mit einer Form für eine Etage steht und zusätzlich im mittleren Wandbild mit einem Pfeil und dem Schriftzug »Sekretariat« auf eine Bewegungsrichtung verwiesen wird.

1930 wurden die Arbeiten Schlemmers und Bayers auf Veranlassung der thüringischen NS-Regierung zerstört. In den Siebzigerjahren entdeckte man Reste der Wandmalereien von Herbert Bayer, die 1975/76 von Werner Claus rekonstruiert werden konnten. Damit ist nicht nur eines der prägnantesten Beispiele für die Umsetzung von Kandinskys Farb-Form-Lehre wiedererstanden, sondern auch die einzige Arbeit der Werkstätte für Wandmalerei des Bauhauses gerettet worden.

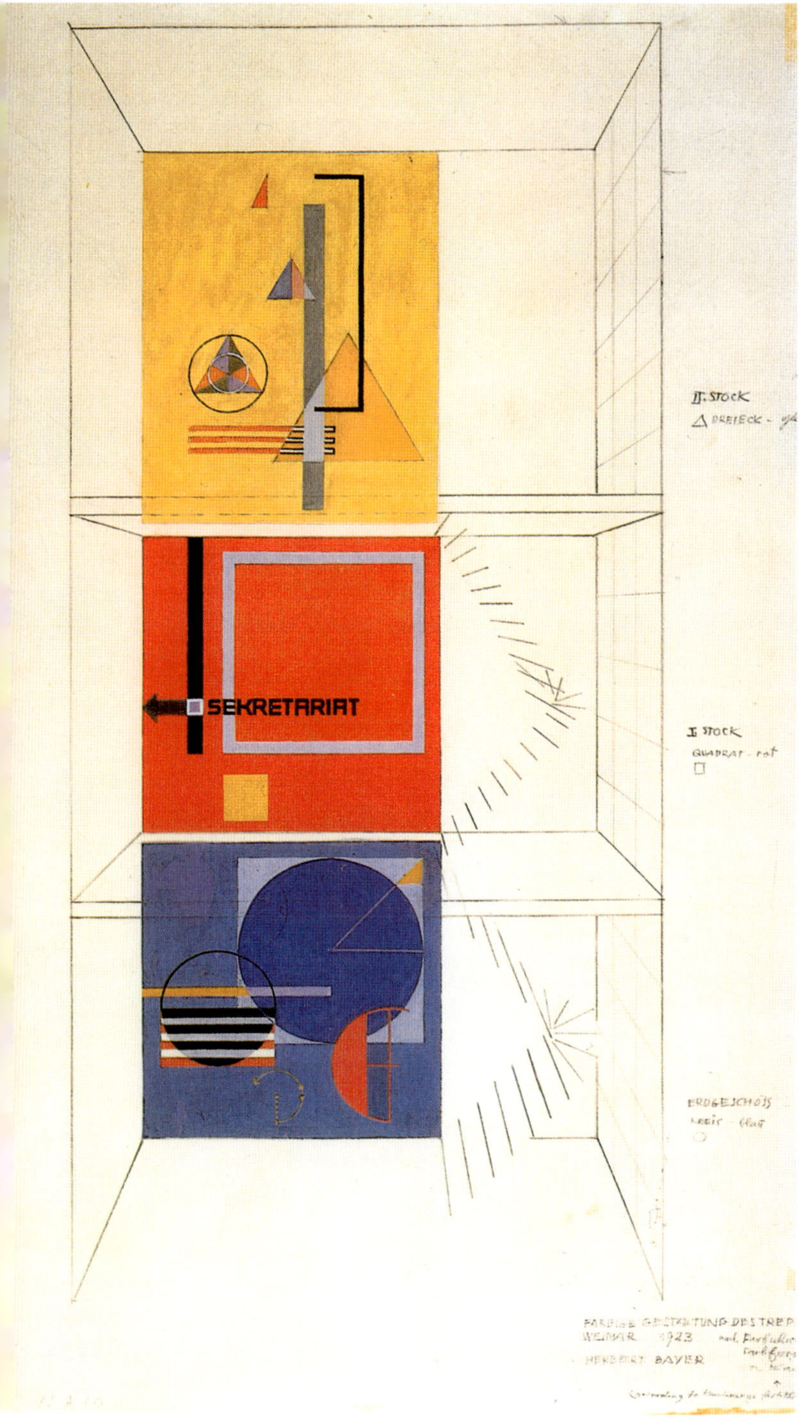

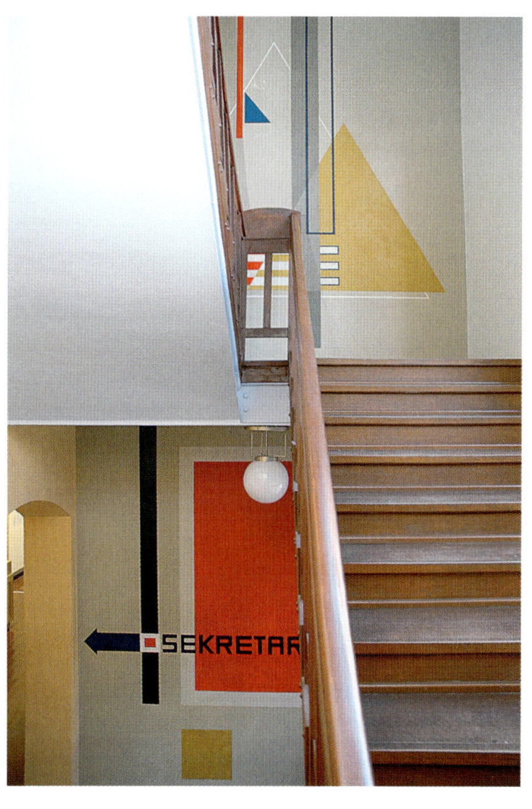

oben:
Nebentreppenhaus im Bauhaus Weimar

links:
Entwurf für die Wandgestaltung des Nebentreppenhauses im Weimarer Bauhausgebäude, 1923, Privatbesitz

11

THEODOR BOGLER

Kombinationsteekanne

Theodor Bogler zerlegte eine traditionelle Teekanne und reduzierte diese nach den Gestaltungsprinzipien des Bauhauses auf wenige stereometrische Grundformen. Damit erhielt er unterschiedlich kombinierbare Bausteine für eine Folge differenter Kannentypen.

1897 am 10. April in Hofgeismar geboren
1918 Architektur- und Kunstgeschichtsstudium in München
1919 Beginn des Studiums am Bauhaus; Vorkurs bei Johannes Itten
1920 Lehre in der Bauhaustöpferei in Dornburg
1922 Gesellenprüfung
1924 Kaufmännischer Leiter der Werkstatt
1925–26 Künstlerischer Leiter der Steingutfabrik Velten-Vordamm, anschließend der HB-Werkstätten für Keramik.
1927 Eintritt in die Benediktinerabtei Maria Laach; Studium der Theologie und Philosophie
1939–45 Prior der Abtei
1948 Leiter der Kunstwerkstätten und des Kunstverlages der Abtei
1968 am 13. Juni in Andernach gestorben

Zu den verschiedenen Lehrgebieten des Bauhauses gehörte von Anfang an die Keramik – zunächst jedoch mit dem Schwerpunkt Baukeramik. Da in dem Weimarer Schulgebäude die Ausstattung für eine Keramikwerkstätte fehlte und auch kein Geld vorhanden war, um diese einzurichten, vereinbarte man mit einer benachbarten Ofenfabrik eine Zusammenarbeit, die jedoch bereits im März 1920 seitens der Fabrik aufgekündigt wurde. Eine neue Perspektive ergab sich durch den Kontakt mit dem Töpfermeister Max Krehan im 30 Kilometer entfernt gelegenen Dornburg an der Saale. Kurzerhand baute man dort die keramische Werkstätte auf. Zusammen mit dem Bildhauer Gerhard Marcks als Formmeister verpflichteten sich zunächst fünf Studierende, für mindestens zwei Jahre in Dornburg zu arbeiten. Im Herbst folgten dann Otto Lindig und Theodor Bogler. Die Arbeiten der beiden prägten nachhaltig das Bild von der Keramik des Bauhauses. Vor allem Boglers Werke stehen exemplarisch für das Programm und die Produktion der Dornburger Werkstatt.

Vorbereitungen für eine Ausstellung

Nach ersten tastenden Versuchen folgten mit den Vorbereitungen für die große Bauhaus-Ausstellung im Sommer 1923 die entscheidenden Schritte für Boglers weitere Entwicklung als Keramiker. Für die Einrichtung des in die Ausstellung integrierten Musterhauses am Horn, an der alle Bauhaus-Werkstätten beteiligt waren, sollte die Töpferei einfache, seriell zu produzierende Küchengefäße entwerfen. Theodor Bogler, der sich damit befasste, musste erst in einer benachbarten Keramikmanufaktur Einblicke in die industriellen Fertigung, in die Arbeit mit Gipsmodellen und die Serienproduktion im Gießverfahren gewinnen, denn in Dornburg war bis zu diesem Zeitpunkt nur an der Töpferscheibe gedreht worden. Boglers Küchengarnitur für das Musterhaus zeichnete sich durch ihre formale Reduktion auf wenige stereometrische Grundelemente, auf Halbkugel, Zylinder, Konus und den paraboloiden Umriss der Flaschenkörper aus.

Bausteine der Gestaltung

Für seinen wohl berühmtesten Entwurf, die Kombinationsteekanne, entwickelte er diese Gestaltungsprinzipien konsequent weiter. Ausgehend von der traditionellen Teekanne, begann er diese in ihre Einzelelemente zu zerlegen und auf wenige stereometrische Grundformen zu reduzieren. Damit erhielt er die verschiedenen Bausteine für eine Folge von unterschiedlichen Kannentypen. Dieses Baustein- oder Baukastenprinzip dürfte auf eine Anregung von Walter Gropius zurückgehen, da dieser zur Rationalisierung des Bauens ein derartiges Prinzip propagierte. Die einzelnen Teile, Gefäßkörper, Tülle, Henkel, Ösen etc. ließen sich ganz unterschiedlich zusammensetzen, so dass daraus Kannen mit gerader oder gewölbter Schulter, rückseitigem, quer oder längs aufgesetztem Bügel, zentrischer oder exzentrischer Eingussöffnung entstanden.
Für die Ausstellung 1923 wurden zunächst nur Gipsmodelle modelliert. Die Serienproduktion begann erst danach. Allerdings blieb es bei kleinen Auflagen, da die angestrebte Übernahme des Entwurfs durch die Industrie nicht zustande kam.

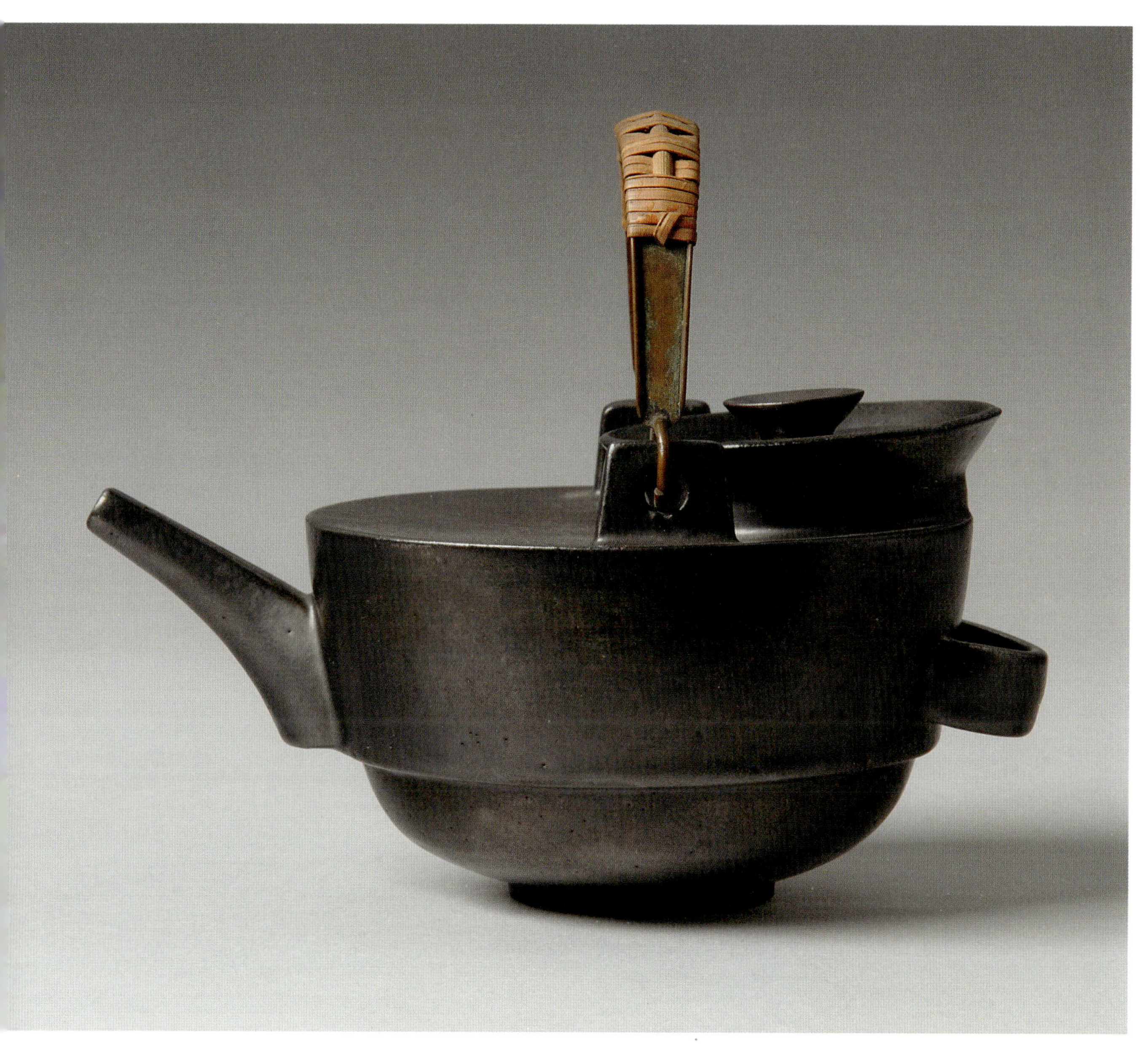

Kombinationsteekanne, 1923,
Steinzeug, gegossen und montiert, rotbrauner Scherben, mattschwarze Glasur, umflochtener Metallbügel,
12 x 15 x 22,5 cm, Die Neue Sammlung, München

12

JOSEF HARTWIG

Bauhaus-Schachspiel

Das Schachspiel von Josef Hartwig gehört trotz seines radikal neuen Ansatzes zu den erfolgreichsten Bauhaus-Produkten. Die Spielsteine sind auf abstrakte Formen reduziert: Würfel, Zylinder, Kugel. Ihre Größe und Form veranschaulichen Wert und Bewegung im Spiel.

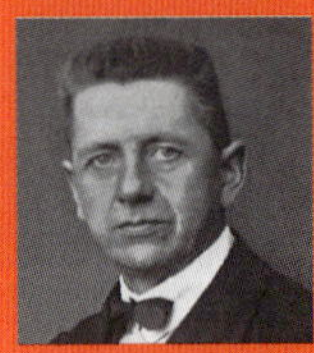

1880 am 19. März in München geboren
1904–08 Studium an der Münchner Akademie nach einer Steinmetz- und Bildhauerlehre
1921 Beginn des Studiums am Bauhaus; Werkmeister in der Stein- und Holzbildhauerei bis 1925
1925–45 Lehrer für Bildhauerei, Geometrie und Schrift an der Frankfurter Städelschule
1945–56 Meister in der Restauratorenwerkstatt der Städtischen Skulpturengalerie in Franfurt a. M.
1956 am 13. November in Frankfurt gestorben

Mythen und Legenden umranken den Ursprung des Schachspiels. Bis heute ist nicht ganz geklärt, wo und wann dieses Spiel entstanden ist. Alles deutet auf das ferne Indien hin, auf eine tausendjährige Geschichte, aber es gibt weder alte Figuren noch schriftliche Belege dafür. Später tauchte das Schachspiel in der arabischen Welt auf und noch später in Europa. Hier übernahm man zunächst die abstrakten Schachfiguren Arabiens. Im 12. Jahrhundert begannen sich aus den abstrakten Spielsteinen gegenständliche Figuren zu entwickeln. Im Lauf der Jahrhunderte fanden immer wieder neue Motive als Spielfiguren Verwendung. Die Vielfalt an Erscheinungen auf dem Schachbrett hat sich bis in die Gegenwart stetig gesteigert.

Der große Umbruch

Zum großen Umbruch kam es erst im 20. Jahrhundert. Der Bildhauer und begeisterte Schachspieler Josef Hartwig warf die traditionellen Schachfiguren regelrecht über den Haufen. Auf der Leipziger Frühjahrsmesse 1924 stellte er das von ihm entworfene Schachspiel vor: »Uns heutigen Menschen sind die 32 Steine auf den 64 Feldern ein Mittel, um im gegenseitigen Gedankenaustausch gewisse geistige Fähigkeiten zu schärfen. War in früheren Zeiten die naturalistisch figürliche Darstellung [...] das Gegebene und einzig Richtige, so zwingt uns die heutige Bedeutung des Schachspielens zur abstrakten Gestaltung der Spielsteine. Da die Funktion der Dinge das Elementarste ihres Wesens ist, demgegenüber ihre äußere Form etwas Sekundäres bedeutet, so kann bei der Gestaltung eines Schachspiels nur der eine Weg zum Ziele führen, indem man die Steine je nach ihrer Gangart und ihrem Wert versinnbildlicht.«

Abstraktion und Funktion

Hartwig passte die Figuren der Abstraktion der Struktur des Spielfeldes an und brachte damit beides zur naheliegenden formalen Einheit. Insgesamt entwarf Hartwig drei verschiedene Varianten seines Schachspiels, die er nach strengen mathematischen, ästhetischen und funktionalen Prinzipien entwickelte. Dabei entspricht die Diagonale des Würfels der Offiziersfiguren der Kantenlänge eines Spielfeldes und die Diagonale des kleinen Würfels der Kantenlänge des Turms. »Die neuen Spielsteine sind gebildet aus den stereometrischen Grundformen: Würfel und Kugel. Einzeln oder kombiniert geben sie durch ihre Form die Gangart, durch ihr Volumen den Wert an. Der Bauer und der Turm ziehen winkelrecht zum Brettrand, ausgedrückt durch den Würfel. Der Springer bewegt sich rechtwinklig in Hakenform, rechtwinkelige Würfelanordnung. Der Läufer zieht diagonal zum Brett: ein aus dem Würfel geschnittenes Schrägkreuz. Der König zieht winkelrecht und diagonal: ein kleiner Würfel übereck auf einem größeren. Die Dame, die beweglichste Figur, besteht aus Würfel und Kugel.« (Hartwig, 1926) Die Figurenkonstellation lässt sich aus jeder Perspektive mühelos überschauen. Die klaren Maßbeziehungen und charakteristischen Formen der Spielfiguren fördern die Konzentration auf das strategische Spiel. Die Idee der Funktionalität findet sich schließlich auch im Figurenkasten, der die Vollständigkeit des Spielsatzes auf einem Blick offenbart.

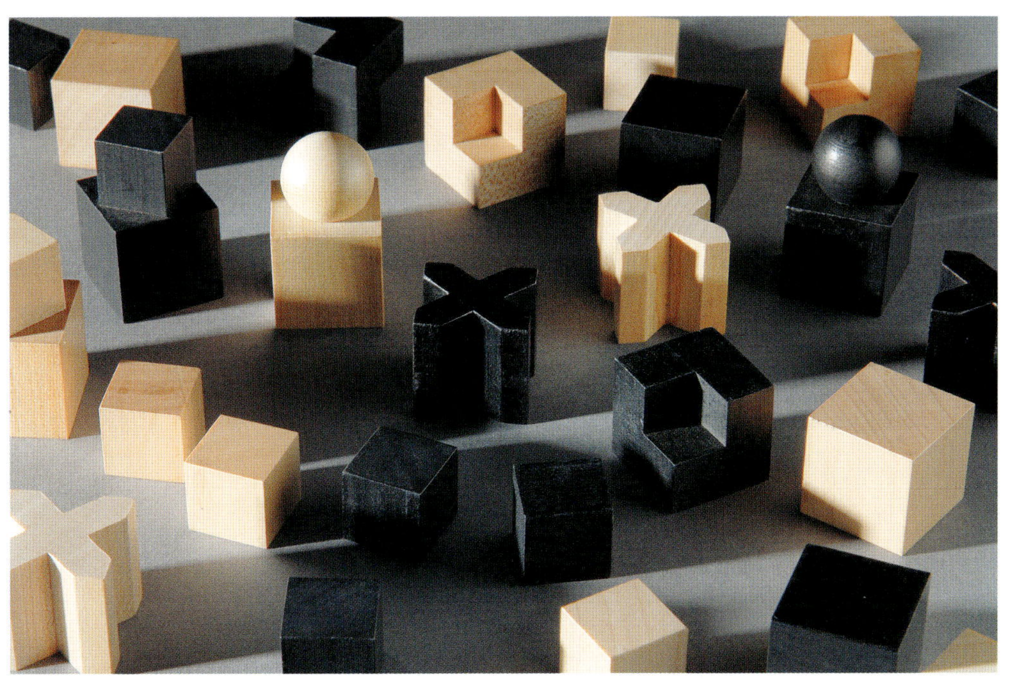

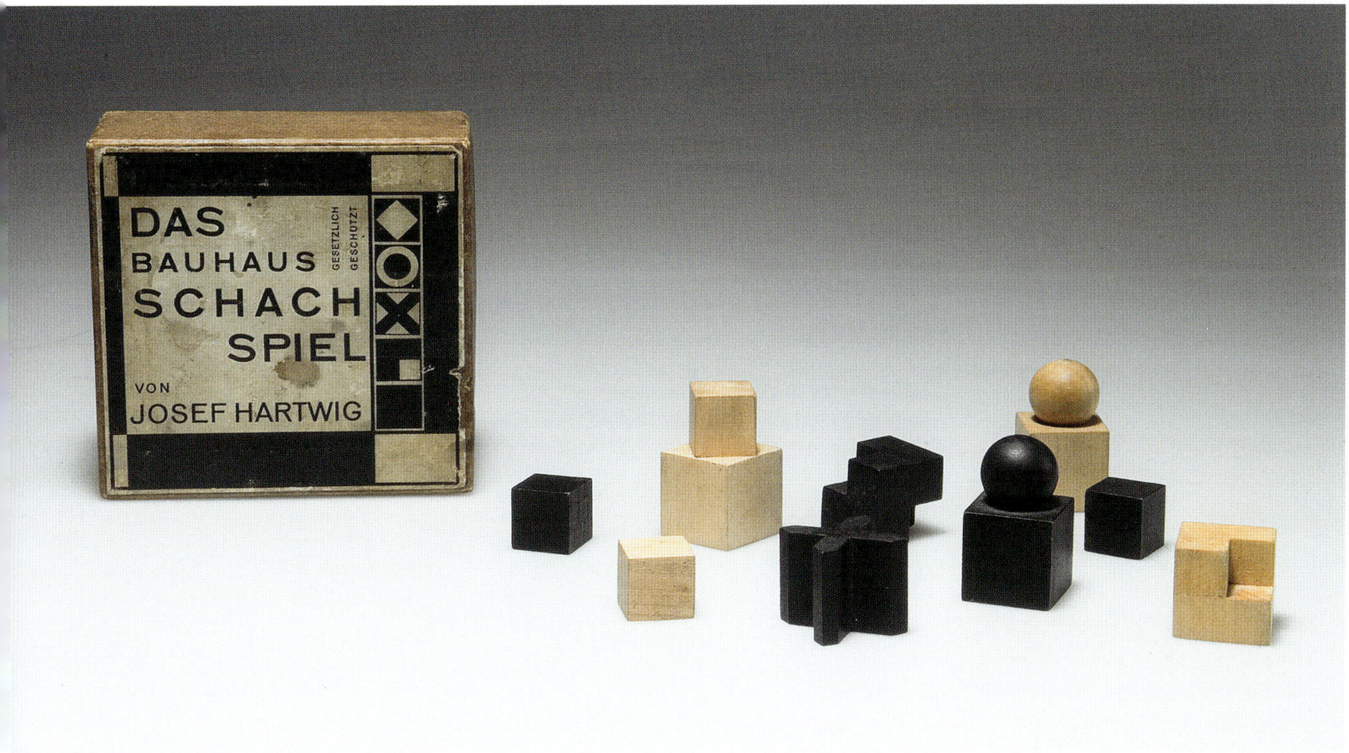

Bauhausschachspiel, 1923/24, 32 Figuren mit Kasten,
Holz in farbiger Fassung mit befilztem Fuß

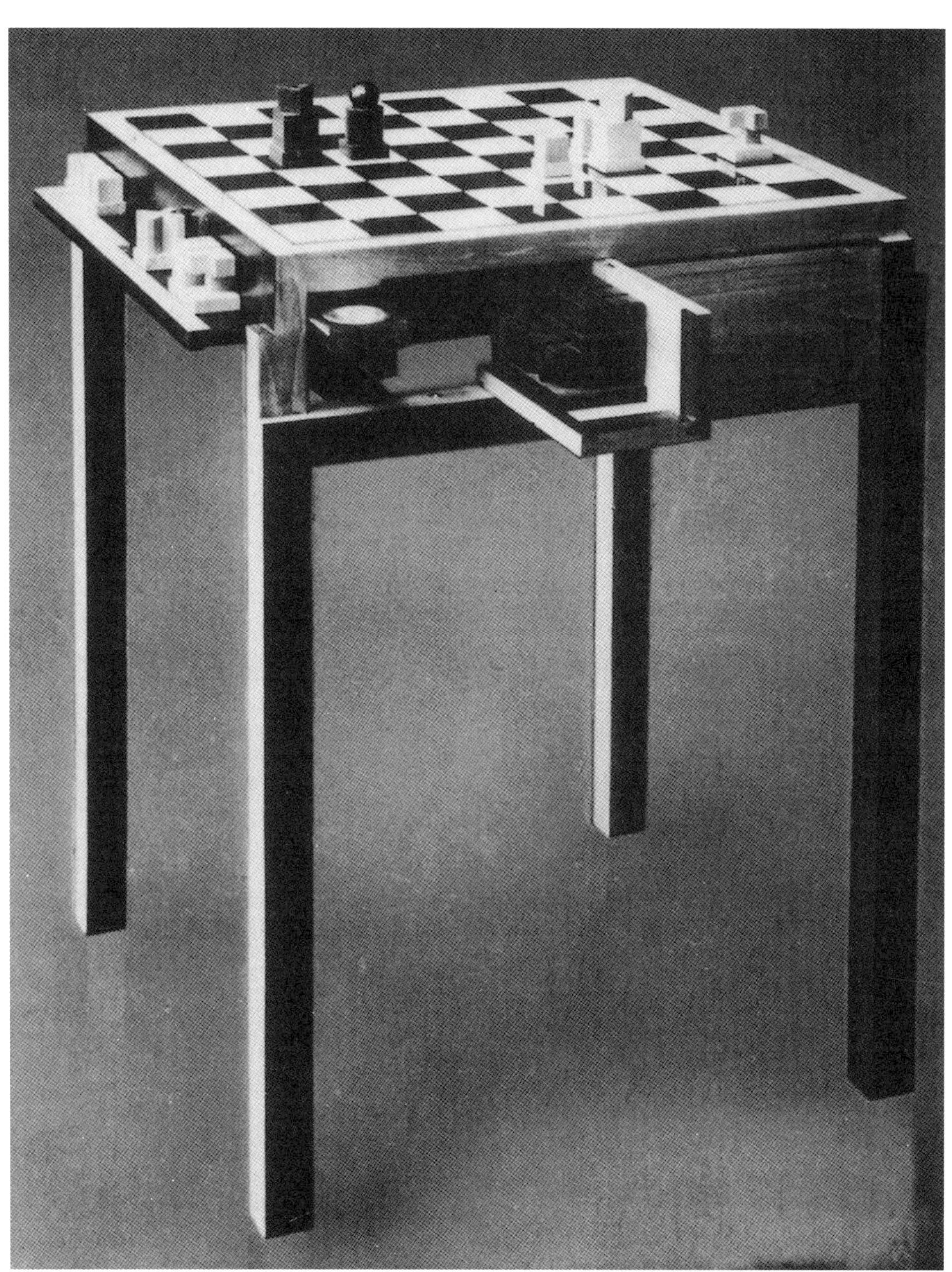

Schachtisch, 1924

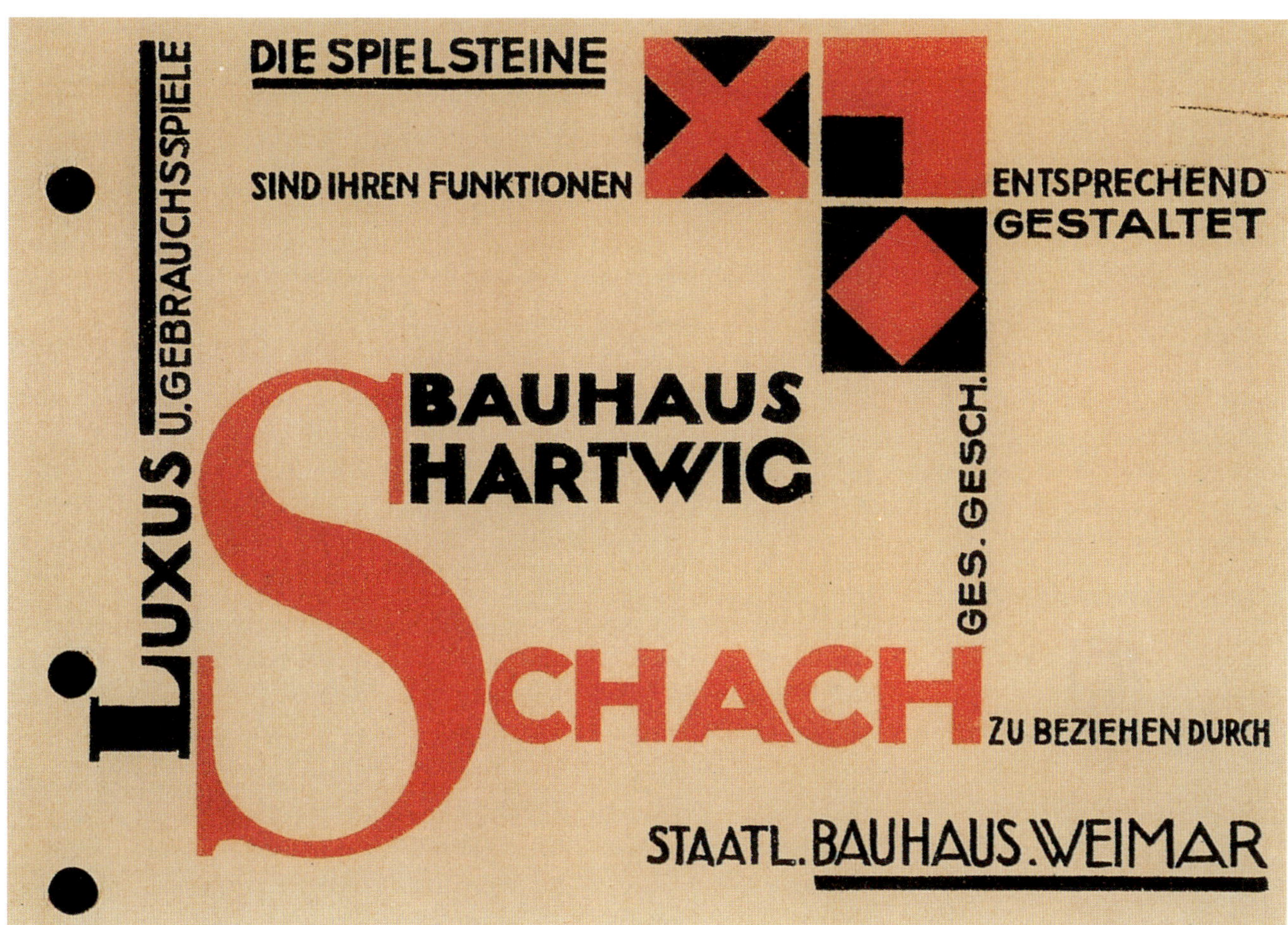

Bauhaus-Schachspiel, Werbeanzeige, 1923/24

13

HERBERT BAYER, LÁSZLÓ MOHOLY-NAGY

Katalogbuch Staatliches Bauhaus

Selbst der Katalog zur ersten großen Bauhaus-Ausstellung in Weimar geriet zu einem eigenständigen Ereignis. Die Umschlaggestaltung und das ungewöhnliche Layout wurden allerdings von die Tradition verteidigenden Buchgestaltern auch scharf kritisiert.

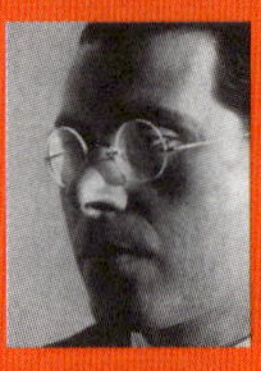

László Moholy-Nagy

1895 am 20. Juli in Bácsborsód (Ungarn) geboren
1913 Jurastudium in Budapest
1914–17 Militärdienst
1919 Emigration nach Wien
1920 Übersiedelung nach Berlin
1922 Teilnahme am Konstruktivisten- und Dadaistenkongress in Berlin
1923 Berufung an das Bauhaus; Leiter des Vorkurses und Formmeister der Metallwerkstatt bis 1928. Beschäftigung mit Malerei, Typographie, Fotografie und Film; Herausgeber der Bauhausbücher
1928–34 eigenes Atelier für Typographie und Ausstellungsgestaltung in Berlin
1934 Emigration nach Amsterdam
1935/36 Arbeit als Graphikdesigner in London; Dokumentarfilme und Fotobücher
1937 Übersiedelung in die USA, Leiter des New Bauhaus in Chicago
1946 am 24. November in Chicago gestorben

Herbert Bayer

Biografie siehe S. 40

Für die erste umfassende »Leistungsschau« des Bauhauses, die mit der großen Ausstellung im Musterhaus am Horn im Herbst 1923 realisiert wurde, sollte auch ein Druckwerk entstehen, nicht in Form einer Zeitschrift, sondern in Form einer Sonderpublikation als Buch. Bereits im Juli 1922 begann man mit der Sichtung des Materials. Die Auswahl der Fotos aus dem Archiv von Walter Gropius übernahmen im Oktober 1922 Lyonel Feininger, Johannes Itten, Wassily Kandinsky und Paul Klee. Einen Verlag hatte man noch nicht, und da man vom thüringischen Staat in finanzieller Hinsicht nichts zu erwarten hatte, beschloss das Bauhaus, mit privaten Mitteln einen eigenen Verlag zu gründen. Doch auch dafür war Geld nötig. Erst am 26. Mai 1923 gelang es, einen Geldgeber zu finden.

Ein typographisches Experiment

Aber noch entscheidender war, dass zu diesem Zeitpunkt László Moholy-Nagy an das Bauhaus berufen wurde, denn er war vermutlich der Einzige, der die Anordnung von Fotos und Textsatz als künstlerische Aufgabe ansah und zudem Unterstützung von seiner in diesen Dingen erfahrenen Frau Lucia bekam. Moholy-Nagys Vorstellungen sprengten in vielerlei Hinsicht den traditionellen Buchdruck. Technisch sehr aufwendig, verwendete er in unkonventioneller Reihenfolge drei verschiedene Papiersorten, ein-, zwei- und mehrfarbiges sowie Buch- und Steindruck für seinen quadratischen Buchblock. Positiv- und Negativformen, raues und glattes Material, leere und randvolle Seiten, Bild- und Textflächen bilden ein asymmetrisches Gleichgewicht, das nicht nur die einzelnen Doppelseiten, sondern auch das ganze Buchvolumen bestimmt. Am ungewöhnlichsten war sicherlich der Satz mit seiner schlagzeilenartigen Behandlung der Über- und Unterschriften und der Gleichbehandlung von auszeichnenden und dienenden Elementen. Manche Zeilen können nur durch das Hin- und Herdrehen des Buches gelesen werden. Mit diesem auf stärkste Kontraste und Asymmetrien ausgerichteten Layout stieß der Künstler Moholy-Nagy bei den Typographen auf deutliche Widerstände. Wie fortschrittlich sein Ansatz war, zeigte sich erst im Nachhinein. Er gab damit die entscheidenden Impulse für den Wandel vom bebilderten Textbuch zum Bilderbuch mit Texten.

Der Einband

Ebenso ungewöhnlich, aber vielleicht nicht ganz so revolutionär war der von Herbert Bayer gestaltete Einband des Katalogbuches. Geometrische Flächen randlos mit Schrift zu strukturieren – ein eher konventionelles Verfahren – wirkt in diesem Größenmaßstab und an dieser Stelle mehr als unkonventionell. Es war Bayer, 1925–1928 Leiter der Druck- und Reklamewerkstatt, der in der Folgezeit die neue Typographie und ihre Anwendung für das Bauhaus in allen ihren Erscheinungsformen am konsequentesten umsetzte.

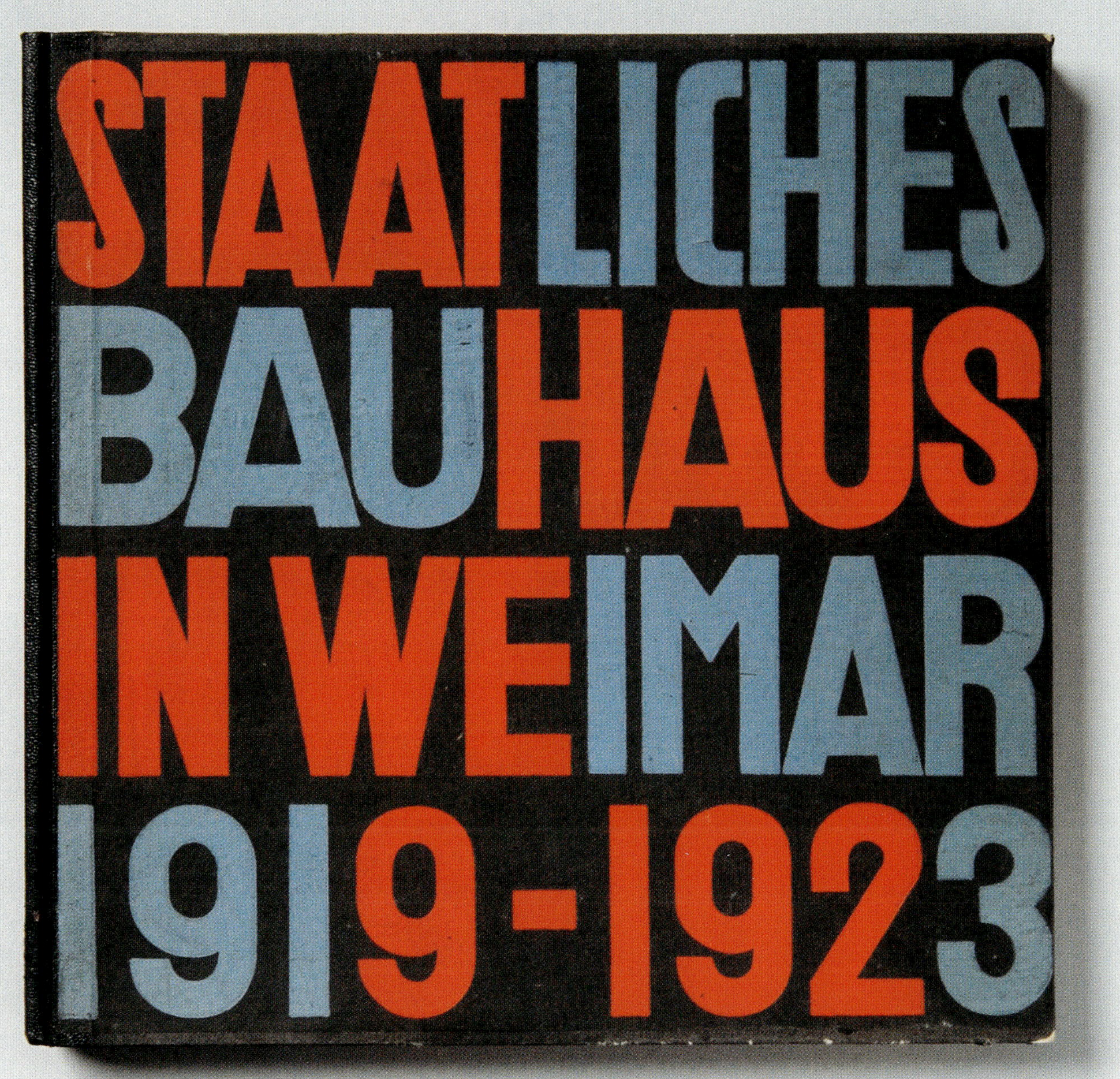

Katalogbuch *Staatliches Bauhaus Weimar 1919–1923*, 1923, Buchdruck, 25 x 25,5 cm, Die Neue Sammlung, München

STAATLICHES
BAUHAUS
WEIMAR
1919
1923
BAUHAUSVERLAG
WEIMAR-MÜNCHEN

Innenseiten aus dem Katalogbuch *Staatliches Bauhaus Weimar 1919–1923*

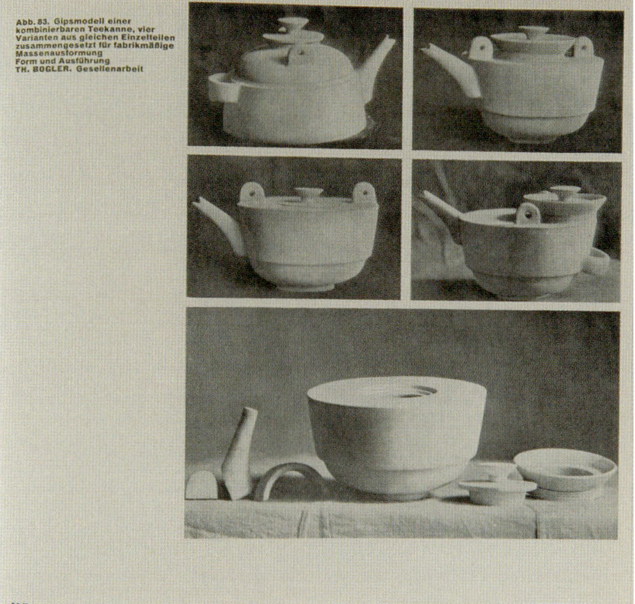

Abb. 83. Gipsmodell einer kombinierbaren Teekanne, vier Varianten aus gleichen Einzelteilen zusammengesetzt für fabrikmäßige Massenausformung
Form und Ausführung
TH. BOGLER. Gesellenarbeit

127

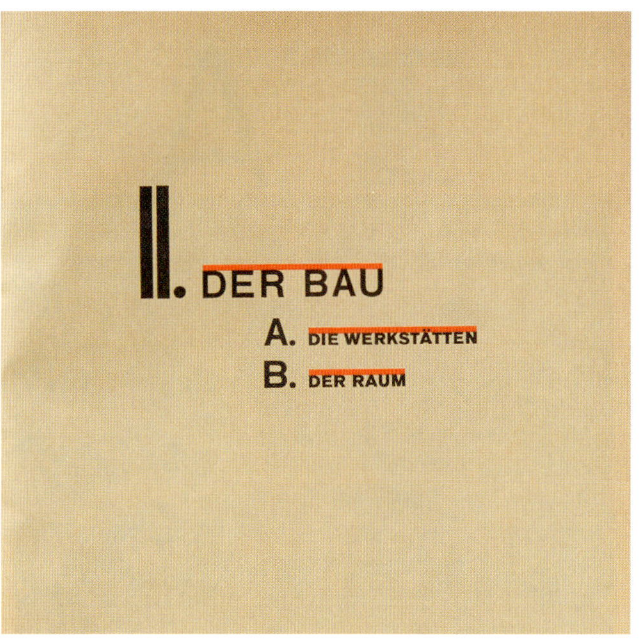

II. DER BAU

A. DIE WERKSTÄTTEN

B. DER RAUM

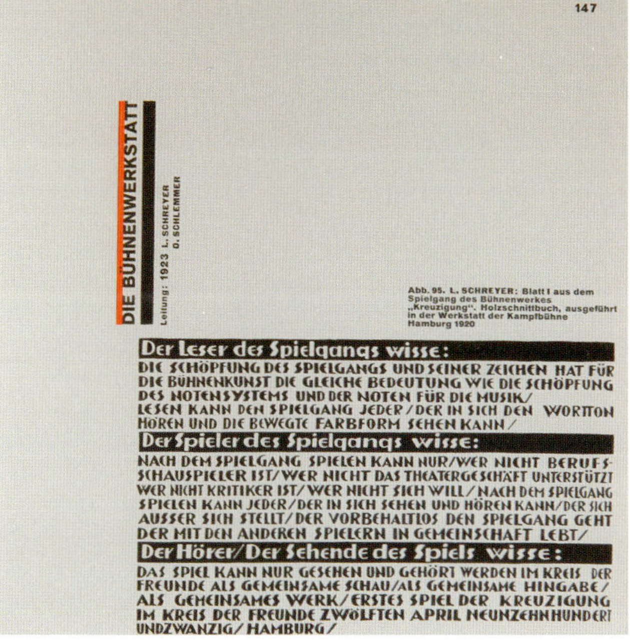

147

DIE BÜHNENWERKSTATT

Leitung: 1923 L. SCHREYER
O. SCHLEMMER

Abb. 95. L. SCHREYER: Blatt I aus dem Spielgang des Bühnenwerkes „Kreuzigung". Holzschnittbuch, ausgeführt in der Werkstatt der Kampfbühne Hamburg 1920

Der Leser des Spielgangs wisse:
DIE SCHÖPFUNG DES SPIELGANGS UND SEINER ZEICHEN HAT FÜR DIE BÜHNENKUNST DIE GLEICHE BEDEUTUNG WIE DIE SCHÖPFUNG DES NOTENSYSTEMS UND DER NOTEN FÜR DIE MUSIK/
LESEN KANN DEN SPIELGANG JEDER/DER IN SICH DEN WORTTON HÖREN UND DIE BEWEGTE FARBFORM SEHEN KANN/

Der Spieler des Spielgangs wisse:
NACH DEM SPIELGANG SPIELEN KANN NUR/WER NICHT BERUFS-SCHAUSPIELER IST/WER NICHT DAS THEATERGESCHÄFT UNTERSTÜTZT WER NICHT KRITIKER IST/WER NICHT SICH WILL/NACH DEM SPIELGANG SPIELEN KANN JEDER/DER IN SICH SEHEN UND HÖREN KANN/DER SICH AUSSER SICH STELLT/DER VORBEHALTLOS DEN SPIELGANG GEHT DER MIT DEN ANDEREN SPIELERN IN GEMEINSCHAFT LEBT/

Der Hörer/Der Sehende des Spiels wisse:
DAS SPIEL KANN NUR GESEHEN UND GEHÖRT WERDEN IM KREIS DER FREUNDE ALS GEMEINSAME SCHAU/ALS GEMEINSAME HINGABE/ ALS GEMEINSAMES WERK/ERSTES SPIEL DER KREUZIGUNG IM KREIS DER FREUNDE ZWÖLFTEN APRIL NEUNZEHNHUNDERT UNDZWANZIG/HAMBURG/

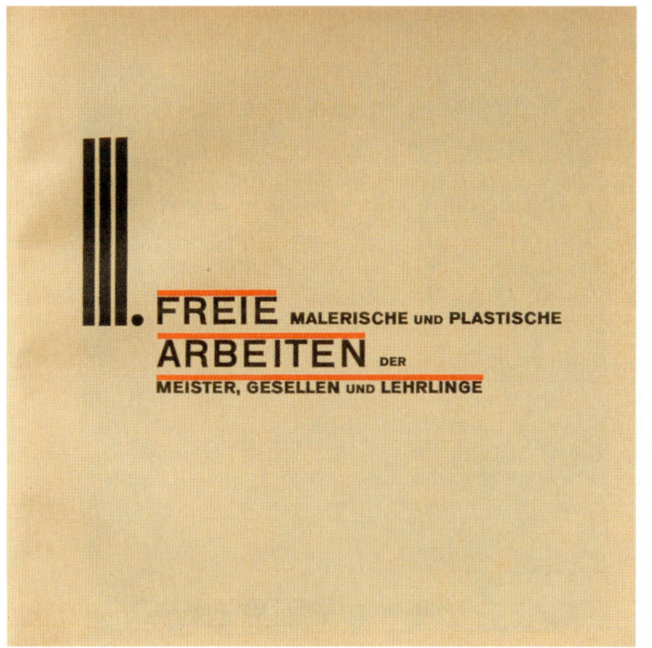

III. FREIE MALERISCHE UND PLASTISCHE ARBEITEN DER MEISTER, GESELLEN UND LEHRLINGE

14

WALTER GROPIUS, ADOLF MEYER

Türdrücker

»Seinem Zweck vollendet dienen […], haltbar, billig und schön sein«, das war nach Walter Gropius das ideale Bauhausprodukt. Sein Türdrücker wurde zur Ikone, zum Inbegriff des modernen Türdrückers.

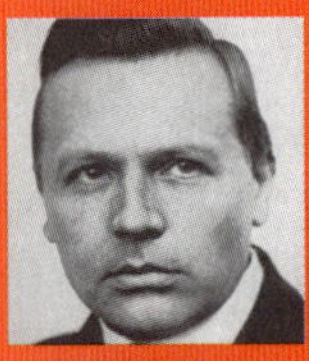

Adolf Meyer

1881 am 17. Juni in Mechernich/Eifel geboren

1904–07 nach Tischlerlehre Studium an der Kunstgewerbeschule Düsseldorf bei Peter Behrens und in der Architekturklasse von J. L. M. Lauweriks

1907/08 Mitarbeit im Büro von Peter Behrens in Neubabelsberg

1909 Mitarbeit im Büro von Bruno Paul in Berlin

1910–14 Mitarbeiter und später Bürochef im Bauatelier von Walter Gropius in Berlin

1915–18 Kriegsdienst

1919 Berufung ans Bauhaus als außerordentlicher Meister für Architektur und bis 1925 Leiter des Bauateliers von Gropius in Weimar

1925/26 als freier Architekt in Weimar

1926–29 Städtischer Baurat und Leiter der Bauberatung am Hochbauamt Frankfurt a. M., Lehrer für Hochbau an der Frankfurter Kunstschule

1929 am 24. Juli vor Baltrum ertrunken

Walter Gropius

Biografie siehe S. 72

1919 gründete der Architekt Walter Gropius das Bauhaus in Weimar. In seinem zusammen mit Adolf Meyer privat geführten Architekturbüro ließ er beispielsweise das von dem Bauhausmeister Georg Muche entworfene Musterhaus am Horn ausarbeiten, später auch das Dessauer Bauhausgebäude, die Meisterhäuser und die Siedlung Dessau-Törten.

Verschiedene Varianten

In diesem Büro entstand 1922 die erste Variante des sogenannten Gropius-Drückers, der in mehreren Gebäuden, unter anderem den Fagus-Werken, Verwendung fand. Die Form dieses Türdrückers wies noch nicht die konsequente Gestaltung des späteren Modells auf. Anstelle des abgewinkelten Vierkantstabes befand sich hier ein konischer Drückerhals, der rechtwinklig an den Vierkantstab ansetzte. Für das 1923 erbaute Musterhaus am Horn überarbeitete Gropius seinen Entwurf und reduzierte konsequent die stereometrischen Grundformen, aus denen der Drücker aufgebaut ist. Nun führte ein rechtwinklig abgeknickter Stab mit quadratischem Querschnitt von der zylindrischen Handhabe zum Drückerhals mit rundem Bund; dazu gehörte eine quadratische oder kreisrunde Rosette.

Eine erneute Überarbeitung des Drückers erfolgte durch den Umzug des Bauhauses nach Dessau und die damit verbundenen Bauvorhaben. Die Unterschiede sind jedoch nur geringfügig in den Abmessungen und in den Größenverhältnissen zwischen Vierkantstab und zylindrischer Handhabe festzustellen. Der Dessauer Drücker wirkt durch die dickere Handhabe weniger schlank und grazil. Am deutlichsten unterscheiden sich die beiden Versionen durch die Kurzschilder, die nun oben und unten abgerundet sind. In Weimar verwendete man runde oder quadratische Rosetten sowie Langschilder aus dem Standardprogramm.

Der Türdrücker – kein Kunstwerk?

Gropius variierte jedoch nicht nur die Form, er wechselte auch Material und Hersteller – statt aus Bronze bestanden die Türdrücker nun aus Eisen und an die Stelle von S. A. Loevy in Berlin trat jetzt Ernst Wagner in Solingen. Da sich Loevy bereits 1923 das alleinige Herstellungsrecht des Gropius-Drückers gesichert hatte, kam es in der Folgezeit zu mehreren gerichtlichen Auseinandersetzungen. Interessanterweise ging es dabei um die Frage, ob es sich bei dem Türdrücker um ein Kunstwerk handele und damit auch das Urheberrecht Gropius zustünde. Das Gericht vertrat 1932 die Ansicht, dass »der puritanische Verzicht auf jede schmückende Zutat zu den Grundformen, die strenge Sachlichkeit von Zylinder und Vierkant, der notwendigen Individualität im gegebenen Fall entbehre«. 1933 hieß es dann, dass dem Gropius-Drücker »keine eigentümliche künstlerische Schöpfung innewohne« und ihm ein »Überschuss an künstlerischer Form fehle«. Das Urheberrecht – auch an den Arbeiten des Privatateliers von Gropius – wurde dem Staat zuerkannt, da Gropius als Direktor des Bauhauses Angestellter des Landes Thüringen gewesen sei. Damit galt der Gropius-Drücker als nicht kunstschutzfähig und konnte so von verschiedenen Herstellern produziert und verkauft werden. Erst Ende der Siebzigerjahre wurde der Türdrücker wiederentdeckt und in seiner historischen Tragweite gewürdigt.

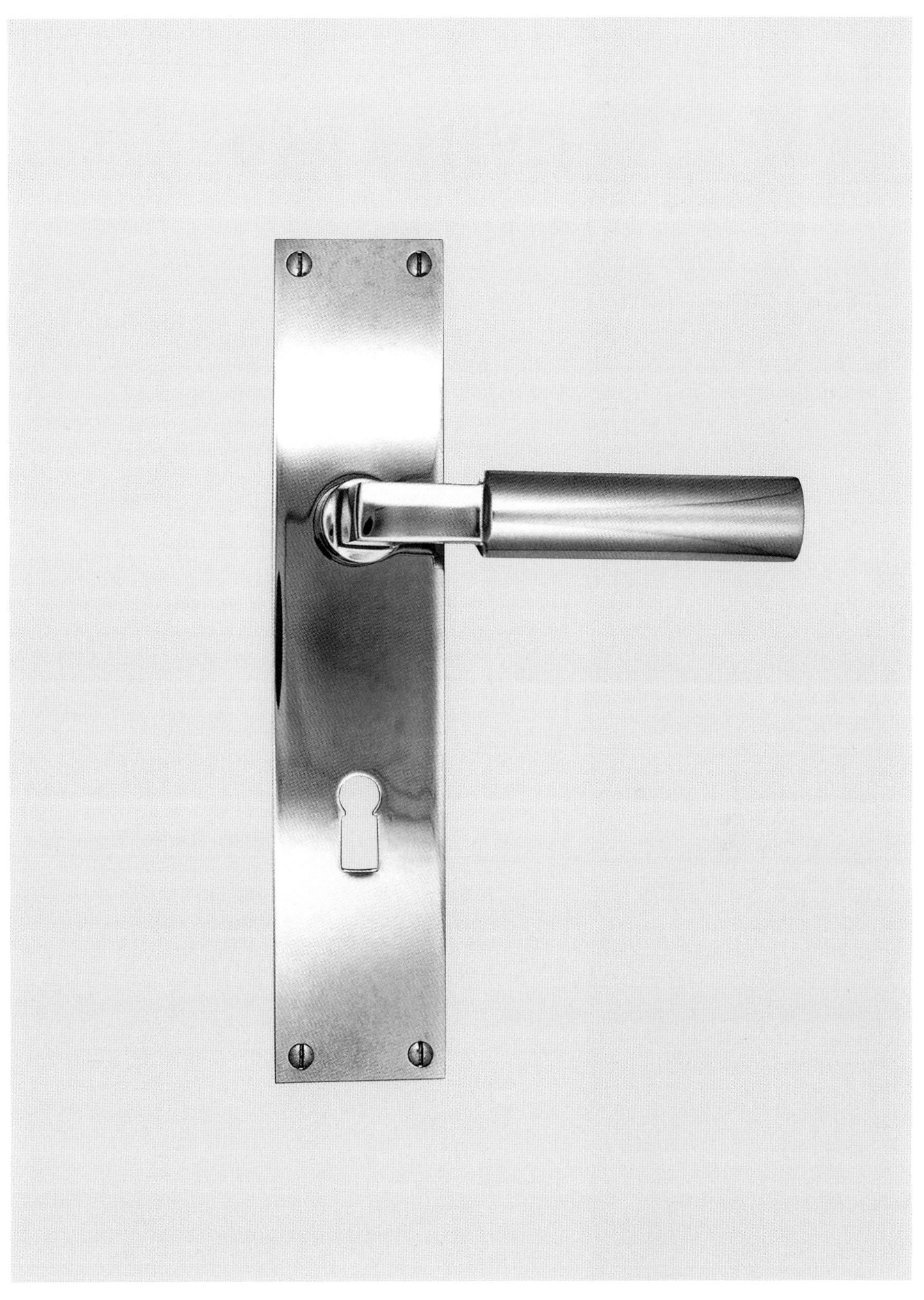

Türdrücker, 1923, Metall (Bronze oder Eisen oder Nickellegierung, später Aluminium), gegossen, 11 cm, Neuauflage von Tecnolumen

15

GYULA PAP

Stehleuchte

Mit seiner Stehleuchte für das Haus am Horn gestaltete der ungarische Avantgardekünstler Gyula Pap ein Meisterstück.

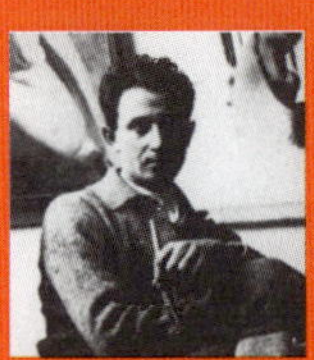

1899 am 11. Oktober in Orosháza (Ungarn) geboren
1912 Übersiedelung nach Österreich
1914–17 Besuch der Graphischen Lehr- und Versuchsanstalt in Wien
1917/18 Militärdienst
1918 Studium an der Kunstgewerbeschule in Budapest
1919 Emigration nach Wien; Besuch der privaten Kunstschule von Johannes Itten
1920/21 im Wintersemester Beginn des Studiums am Bauhaus; Vorkurs bei Johannes Itten
1921–23 in der Metallwerkstatt tätig
1922 Teilnahme am De Stijl-Kursus bei Theo van Doesburg
1923 am 6. April Gesellenprüfung
1924–27 Arbeit als Lithograph und freier Künstler in Siebenbürgen
1927–33 Lehrer an der Itten-Schule in Berlin
1934 Rückkehr nach Ungarn
1937–40 Designer in einer Textilfabrik
1946/47 Gründung eines Volkskollegiums und einer Malerschule für Arbeiter- und Bauernkinder
1949–62 Professor an der Hochschule der Bildenden Künste Budapest
1983 am 24. September in Budapest gestorben

Für die Metallwerkstätte brachte die Übernahme der Leitung durch László Moholy-Nagy im Sommersemester 1923 große Veränderungen, zumal dieser Wechsel mit den Vorbereitungen für die erste große Ausstellung des Bauhauses im Spätsommer zusammenfiel.

Für das Musterhaus am Horn ergaben sich ganz konkrete Aufgaben wie etwa die Entwicklung von Beleuchtungskörpern. So heißt es im Monatsbericht der Metallwerkstätte: »Im Monat Mai wurde die gesamte Beleuchtung für das Haus durchgesprochen und Entwürfe für sechs Tischlampen und eine große Stehlampe gemacht.«

Der neue Kurs

Dass diese Hinwendung zu Objekten, die später auch industriell produziert werden sollten, zunächst innerhalb der Werkstätte auf Widerstände stieß, verwundert nicht. Rückblickend erwähnt dies auch Moholy-Nagy: »Als Gropius mir die Leitung der Metallwerkstatt übertrug, bat er mich, sie unter dem Gesichtspunkt der industriellen Formgebung neu aufzubauen. [...] Es kam einer Revolution gleich, die Arbeitsweise dieser Werkstatt ändern zu wollen, denn ihr Berufsstolz verbot den Gold- und Silberschmieden die Verwendung von Eisenmetallen, Nickel und Chrom. Der Gedanke gar, Modelle für elektrische Haushaltsgeräte oder Beleuchtungskörper herzustellen, war ihnen im Tiefsten zuwider.« Doch unter dem Erfolgsdruck der anstehenden Ausstellung legte sich die anfängliche Opposition und wich einer von Moholy-Nagy angeregten Phase des Experimentierens. Selbst ein Künstler wie Gyula Pap, der bis dahin ausschließlich an der Gestaltung von Kannen und Kerzenleuchtern gearbeitet hatte, begann nun vorgefertigte Glasteile für eine elektrische Teemaschine zu verwenden. Noch radikaler war jedoch sein Entwurf einer Stehlampe für das Haus am Horn. Aus Metallrohr, Glas und einer unverkleideten, verspiegelten Glühbirne gestaltete er ein Meisterstück, das in seiner reduzierten minimalistischen Form kein Vorbild hatte. Obwohl sein Entwurf bereits 1925 in einem der Bauhausbücher publiziert wurde, blieb ihm die Anerkennung lange Zeit versagt. Wie bei einigen anderen Bauhaus-Objekten auch, gelangte erst mit der Neuauflage der Lampe die Bedeutung dieser für ihre Zeit äußerst ungewöhnlichen Stehlampe allmählich in das Bewusstsein einer breiteren Öffentlichkeit.

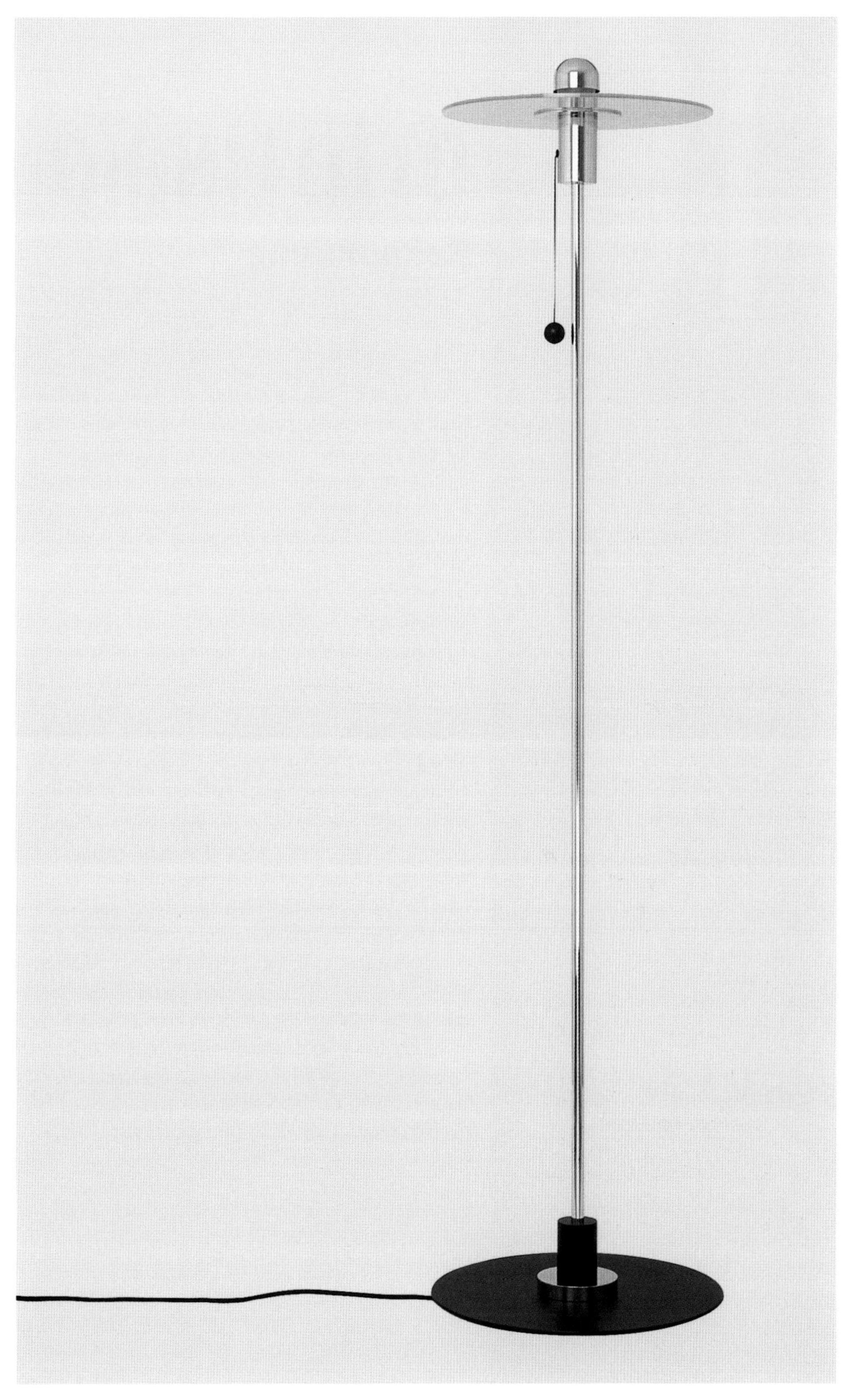

Stehleuchte, 1923, Eisen, schwarz lackiert; Metallrohr, vernickelt; Glas, Höhe 168 cm, Neuauflage von Tecnolumen

16

OTTO LINDIG

Kakaokanne

Mit der neu entwickelten Gusskeramik von Otto Lindig versuchte das Bauhaus weitere Käuferschichten zu erschließen. Um nicht mit allzu avantgardistischen Entwürfen zu verschrecken, griff Otto Lindig auf vertraute organische Formen zurück, die durch ihre Schlichtheit bestechen.

1895 am 4. Januar in Pößneck/Thüringen geboren
1912/13 Besuch einer Zeichen- und Modellierschule im Thüringerwald und eines Bildhauerateliers in Ilmenau.
1913–15 Besuch der Großherzoglichen Kunstgewerbeschule in Weimar; anschließend Bildhauerstudium an der Hochschule für Bildende Kunst
1919 Beginn des Studiums am Bauhaus
1920 Lehre in der Keramikwerkstatt in Dornburg
1922 Gesellenprüfung
1922–25 technische Leitung der Bauhaustöpferei
1925 Leiter der keramischen Abteilung der Bauhochschule Weimar
1930–47 Fortführung der Dornburger Werkstatt als selbständige Werkstatt
1947–60 Leitung der Keramikklasse an der Hamburger Kunsthochschule
1966 am 4. Juli in Hamburg gestorben

An der großen Bauhaus-Ausstellung 1923 und der damit verbundenen Ausstattung des Musterhauses am Horn war auch die Keramikwerkstatt in Dornburg mit mehreren Arbeiten beteiligt – darunter auch die Kakaokanne von Otto Lindig.

Bereits ein Jahr zuvor forderte der Direktor des Bauhauses, Walter Gropius, dass sich die Dornburger Werkstätte mehr auf die Gestaltung von Modellen für die Serienproduktion und weniger auf die Herstellung aufwendiger Einzelstücke konzentrieren sollte. Otto Lindig begann im Frühjahr 1923 – gleichzeitig mit Theodor Bogler – diese Forderung umzusetzen, indem er sich mit der Entwicklung von Modellen und Tonmassen befasste, die für eine industrielle Produktion geeignet waren. Industriell konnte nur im Gießverfahren produziert werden. Deshalb schuf er zunächst ein Gipsmodell der Kanne, das als Positivform dienen sollte.

Ein Gefäß für alle Fälle

Lindig gestaltete einen eleganten balusterförmigen Gefäßkörper, an den Henkel und Tülle, alternativ auch eine kurze Schnaupe angesetzt werden konnten. Zusätzlich entwickelte er zwei unterschiedliche Henkelformen sowie den Gefäßkörper in zwei verschiedenen Größen mit den jeweils passenden Deckeln. Ohne all diese zusätzlichen Elemente ließ sich die Grundform als Vase verwenden. Insgesamt gab es auf diese Weise 16 verschiedene Varianten, die zudem mit wechselnden Glasuren versehen werden konnten.

Zunächst produzierte die Dornburger Werkstätte die Kanne in Kleinserie, später gab es immer wieder Ansätze zur seriellen Fertigung durch verschiedene Manufakturen.

1924 stellten die Älteste Volkstedter Porzellanfabrik und die Staatliche Porzellanmanufaktur Berlin die Kanne mit zugehörigen Teilen eines Kaffeeservices aus Porzellan her, von 1930 an nahm die Staatliche Majolika-Manufaktur in Karlsruhe die Kanne und die Vase in ihr Programm auf.

Für Otto Lindig bedeutete dieses Modell sehr viel; rückblickend bezeichnete er es als seine Lieblingskanne: »Ich halte sie für die beste von allen, die ich für solche Zwecke gemacht habe«. Unter »solche Zwecke« verstand er die industrielle Fertigung. Damit dabei der Charakter eines traditionell gearbeiteten Gefäßes nicht gänzlich verloren ging, bot er die gegossenen Kannen mit eingearbeiteten Drehrillen an. Vielleicht rechnete man sich dadurch bessere Verkaufschancen aus, wenngleich diese Art von Zugeständnissen an die potenziellen Käufer nicht unbedingt den Vorstellungen von Walter Gropius entsprochen haben dürfte.

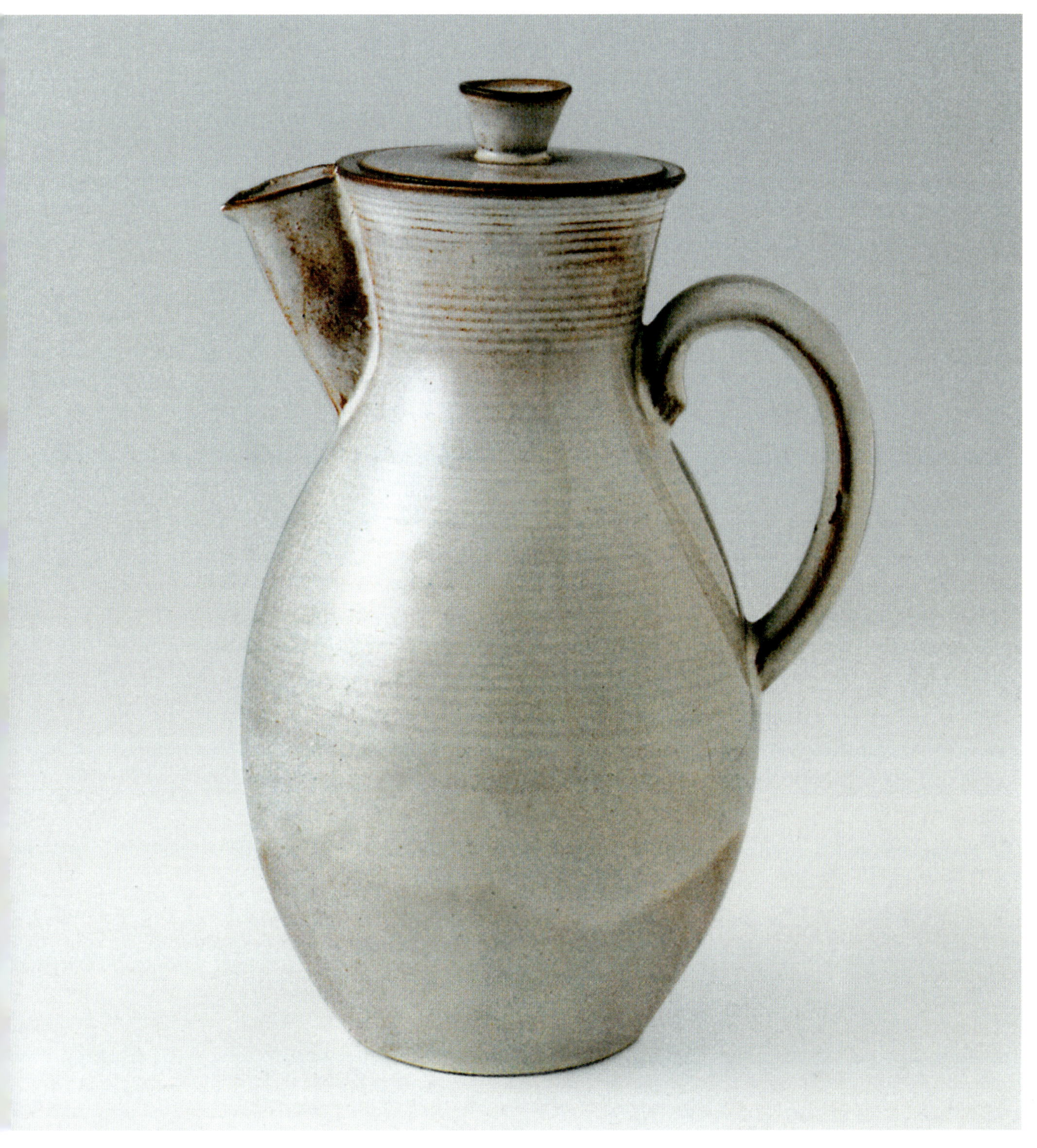

Kakaokanne, 1923, dunkelrotbrauner Steinzeugscherben, gegossen und montiert; hellgraue Glasur, der Scherben stellenweise rotbraun durchscheinend, Höhe 20,5 cm, Bauhaus-Archiv, Berlin

17

GEORG MUCHE

Haus am Horn

Der jüngste Bauhausmeister, der Maler Georg Muche, lieferte in Zusammenarbeit mit dem privaten Architekturbüro von Gropius die Pläne für das Musterhaus. Damit realisierte das Bauhaus unter Beteiligung seiner Werkstätten das erste Beispiel des »neuen Wohnens« in Deutschland.

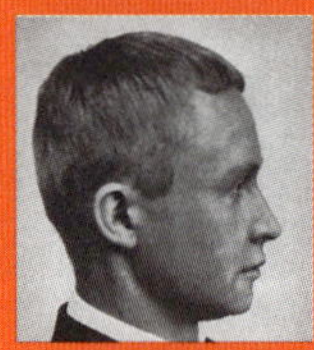

1895 am 8. Mai in Querfurt/Sachsen, geboren
1913 Studium der Malerei an der Azbé-Kunstschule in München
1914 in Berlin, Kontakt zur Gruppe um die Galerie Der Sturm; Lehrer für Malerei an der Kunstschule des Sturm
1920–27 Meister am Bauhaus
1927–30 Lehrer an der privaten Kunstschule von Johannes Itten in Berlin
1931–33 Professor für Malerei an der Breslauer Akademie
1933–38 Lehrer an der Schule Kunst und Werk in Berlin
1939–58 Leiter der Meisterklasse für Textilkunst an der Textilingenieurschule in Krefeld
1960 Übersiedelung nach Lindau
1987 am 26. März in Lindau gestorben

Anlass für die Errichtung des Hauses am Horn war die erste große Bauhaus-Ausstellung im Jahr 1923. Die Regierung forderte eine Art Leistungsschau der bisherigen Arbeit des Bauhauses. Ein Musterhaus, bestückt von den einzelnen Werkstätten, bot dafür die besten Voraussetzungen. Hier sollten das Programm des Bauhauses und die daraus resultierenden neuen Arbeiten erstmals der Öffentlichkeit präsentiert werden.

Die Pläne für das Musterhaus lieferte Georg Muche in Zusammenarbeit mit dem Architekturbüro von Walter Gropius. Muche konzipierte eine Art Atriumhaus für eine drei- bis vierköpfige Familie ohne Bedienstete. Um den zentralen Hauptraum, das Wohnzimmer mit einer Grundfläche von 6 x 6 m und 4,14 m Höhe, gruppierte er die restlichen Zimmer, Flur, Küche, Speise- und Kinderzimmer, das Zimmer der Dame und das Zimmer des Herren mit dazwischen liegendem Bad sowie das Gästezimmer. Küche und Esszimmer waren einander zugeordnet und sogar das Kinderzimmer konnte von der Küche aus überblickt werden. Die kompakte Gesamtanlage wurde in einzelne Funktionsbereiche eingeteilt.

Modernste Technik

Zentralheizung und zentrale Warmwasserbereitung, Gasherd, Waschmaschine und Telefonanlage demonstrierten, dass mit wachsender Technisierung große Arbeitserleichterungen möglich waren. Alles war hier genau durchdacht, modernste Haustechnik und pflegeleichte Flächen – Fußböden aus Linoleum oder Gummi, Wandverkleidung, Fensterbretter, Heizkörperabdeckungen aus Opalglas, Fenster ohne kleinteilige Sprossen etc. – erleichterten die Hausarbeit. Neue Materialien und Baukonstruktionen setzten nicht nur in ästhetischer Hinsicht zukunftsweisende Maßstäbe. So sind Außenwände und Decken zweischalig mit einer dazwischen liegenden Dämmschicht ausgebildet, die in ihrer Wirkung sogar heutige Standards übertrifft.

Die Inneneinrichtung

Die Inneneinrichtung erfolgte durch die einzelnen Bauhauswerkstätten: Josef Hartwig fertigte das Hausmodell, Marcel Breuer entwarf die Möbel für das Wohn- und Damenzimmer, die Kinderzimmereinrichtung stammte von Alma Buscher und Erich Brendel, die Speise- und Herrenzimmereinrichtung von Erich Dieckmann, die Küche von Benita Otte und Ernst Gebhardt. Die Leuchten entwarfen Alma Buscher, Carl Jacob Jucker und Gyula Pap, die Teppiche Lis Deinhardt, Martha Erps, Benita Otte, Agnes Roghé und Gunta Stölzl. Theodor Bogler und Otto Lindig lieferten die Entwürfe für die keramischen Gefäße der Küche. Die farbige Gestaltung der Innenräume wurde durch Alfred Arndt und Joseph Maltan ausgeführt. Rudolf Baschant übernahm die Gartenplanung und entwarf das Gartentor.

Rückblickend erinnerte sich Georg Muche an die Einrichtung des Musterhauses: »[…] ich war nun gespannt und neugierig, wie das denn aussehen würde. Die Maße stimmten zwar, das wusste ich, aber wie es wirken würde, das wusste ich nicht. Es hatten so viele gemacht, aber alle aus demselben Impuls, alle wollten neue Formen haben und so stimmt das dann zusammen.«

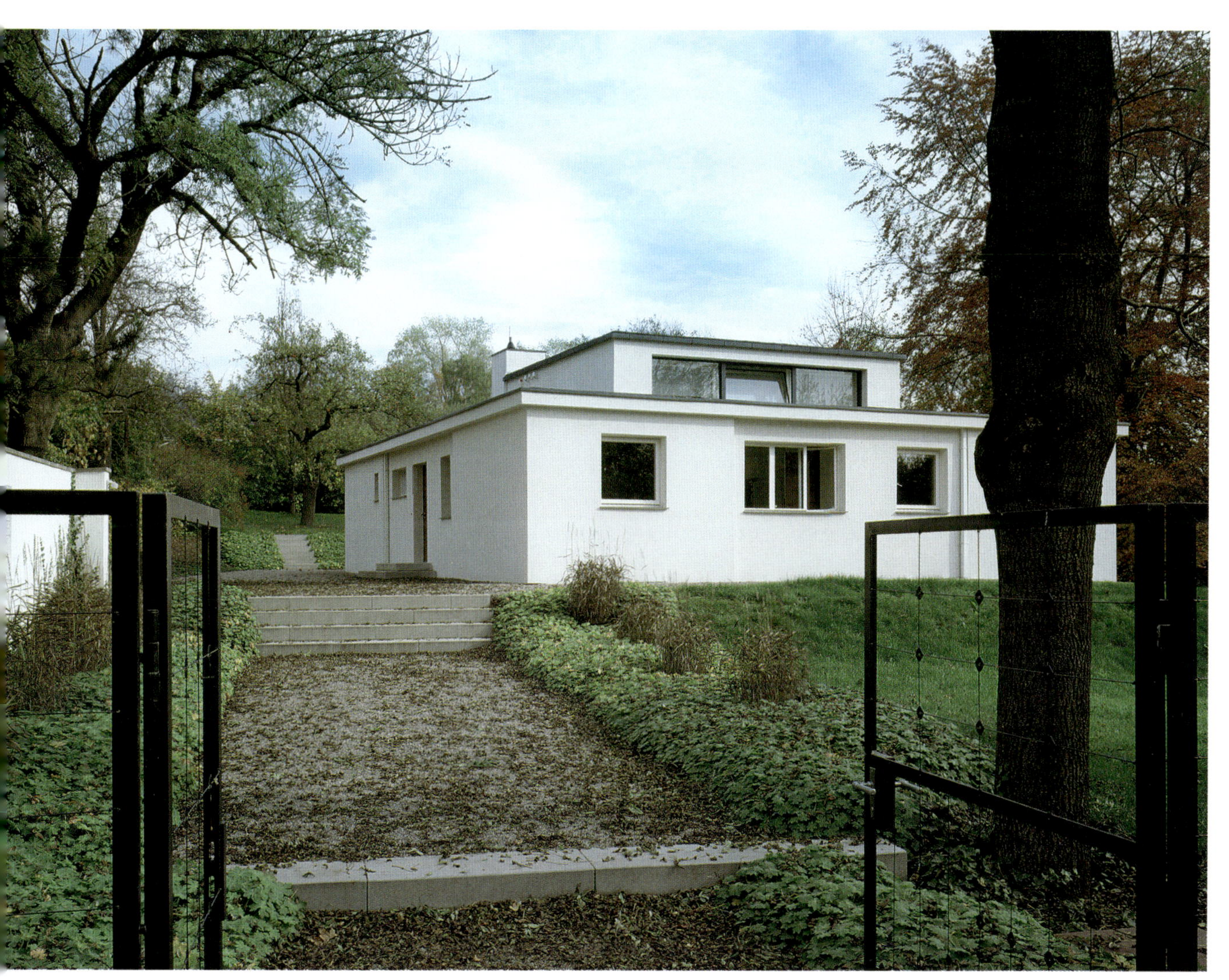

Haus am Horn, Weimar, 1923

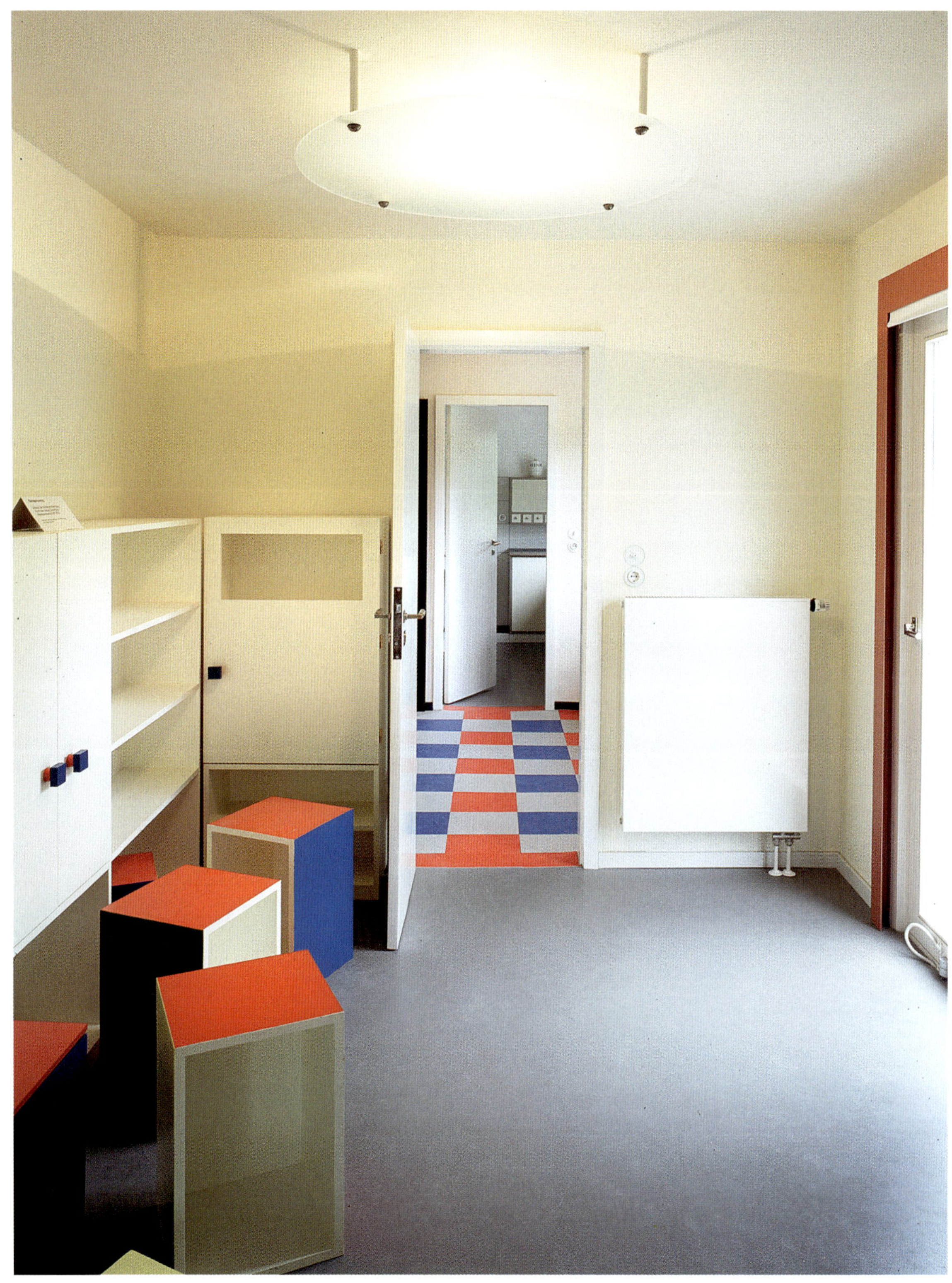

Haus am Horn, Kinderzimmer, Weimar, 1923

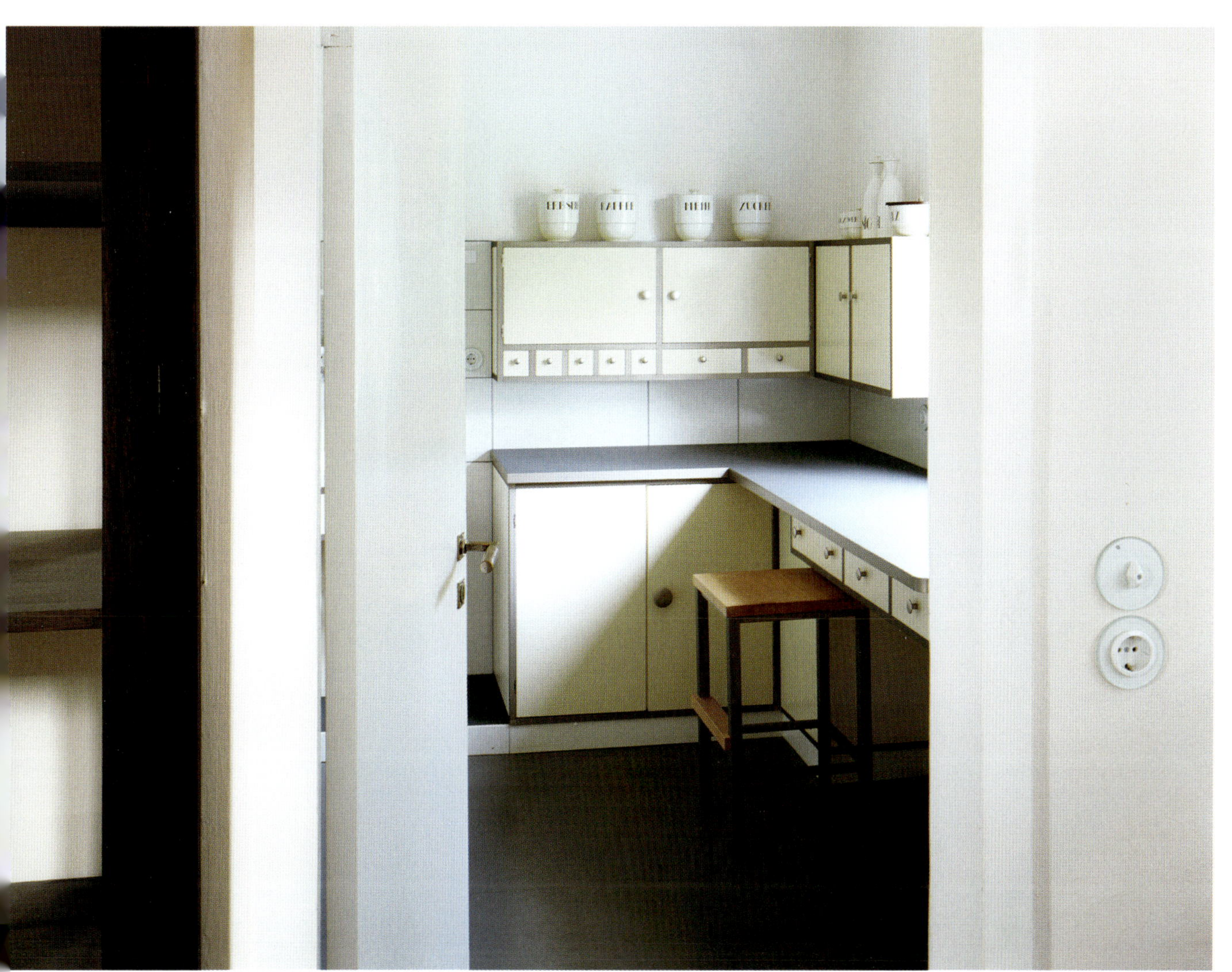

Haus am Horn, Küche, Weimar, 1923

18

JOSEF ALBERS

Fruchtschale

Für seinen grundlegenden Entwurf einer Fruchtschale verwendete Josef Albers Industrieprodukte wie Glas und verchromtes Messing, die er zusammen mit schwarz lackiertem Holz zu einem ästhetisch neuartig anmutenden Objekt montierte.

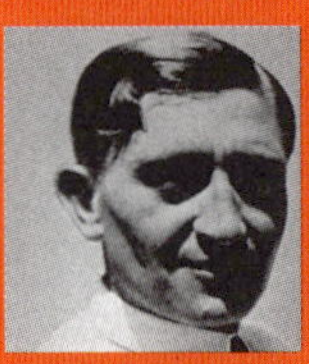

1888 am 19. März in Bottrop geboren
1905–08 Ausbildung zum Volksschullehrer, anschließend Lehrtätigkeit
1913–15 Studium an der Königlichen Kunstschule in Berlin, Prüfung als Kunsterzieher
1916–19 Studium an der Kunstgewerbeschule Essen, Arbeit als Lehrer
1919/20 Studium an der Münchner Kunstakademie bei Franz von Stuck
1920 Beginn des Studiums am Bauhaus, Vorkurs bei Johannes Itten
1923–25 Leiter der Werkstatt für Glasmalerei
1925 in Dessau zum Bauhausmeister ernannt
1928–30 Leiter des Vorkurses
1928/29 Leiter der Tischlerwerkstatt
1933 Emigration in die USA
1933–49 Professor am Black Mountain College, North Carolina
1950–60 Direktor des Department of Design der Yale University
1976 am 25. März in New Haven/Conn. gestorben

1923 übernahm Josef Albers die Leitung der Werkstatt für Glasmalerei. Dass er auch sporadisch in anderen Werkstätten arbeiten konnte, ist charakteristisch für das Bauhaus, das die Öffnung und Verbindung der einzelnen Bereiche förderte. Neben der Tischlerei war es vor allem die Metallwerkstatt, deren Nähe Josef Albers hin und wieder suchte. Dort entstand einer seiner radikalsten Entwürfe – eine Frucht- oder Obstschale.

Reduziert auf das Wesentlichste, besteht diese Schale aus vier verschiedenen Teilen: Eine dicke Glasplatte, gehalten von drei schwarz lackierten, auf der Innenseite horizontal geschlitzten Holzkugeln, die von einem oben rechtwinklig gebogenen Rundstab durchdrungen sind. Dieser trägt den verchromten Messingstreifen mit dem rechtwinklig abgeflachten Rand.

Industrielle Fertigung

Da all diese Teile maschinell produzierbar sind und sich ohne großen Aufwand montieren lassen, erfüllt die Schale den Anspruch der industriellen Fertigung und damit eine der wichtigsten Forderungen des Bauhauses: die Vereinigung von Kunst und Technik. In Serienproduktion ging die Fruchtschale jedoch nicht – zumindest nicht zu Zeiten des Bauhauses, sondern erst in den Siebzigerjahren, in denen die Rezeption des Bauhauses verstärkt einsetzte.

Albers fertigte ursprünglich lediglich drei leicht unterschiedliche Schalen: Eine kam als Geschenk von Walter Gropius an das Museum of Modern Art in New York, die zweite spendete Josef Albers 1961 dem Bauhaus-Archiv in Berlin und die dritte ist verschollen.

Die Verbindung von Glas, Holz und Metall ist eigentlich nichts Besonderes – Vorläufer dazu gab es bereits Ende des 19. Jahrhunderts, aber die radikale Beschränkung auf elementare Grundformen wie Kreis und Kugel, der technisch kühl anmutende Gesamtcharakter und vor allem die extreme Reduktion seiner Bestandteile waren neu und ungewöhnlich. Mit einer normalen Obstschale hat dieses Objekt wenig zu tun – ja, sogar die Bezeichnung des Gefäßes als Schale wird in Frage gestellt. Durch den spiegelnden Glanz des Metalls, die Transparenz des Glases und die Öffnung zwischen Wandung und Bodenplatte wirkt die ›Schale‹ schwerelos und leicht. Die offene Konstruktion und die strenge Form negieren den Typus Schale, eigentlich negieren sie auch die Funktion, denn im Gebrauch würde jede Frucht die Kompromisslosigkeit der Form beeinträchtigen.

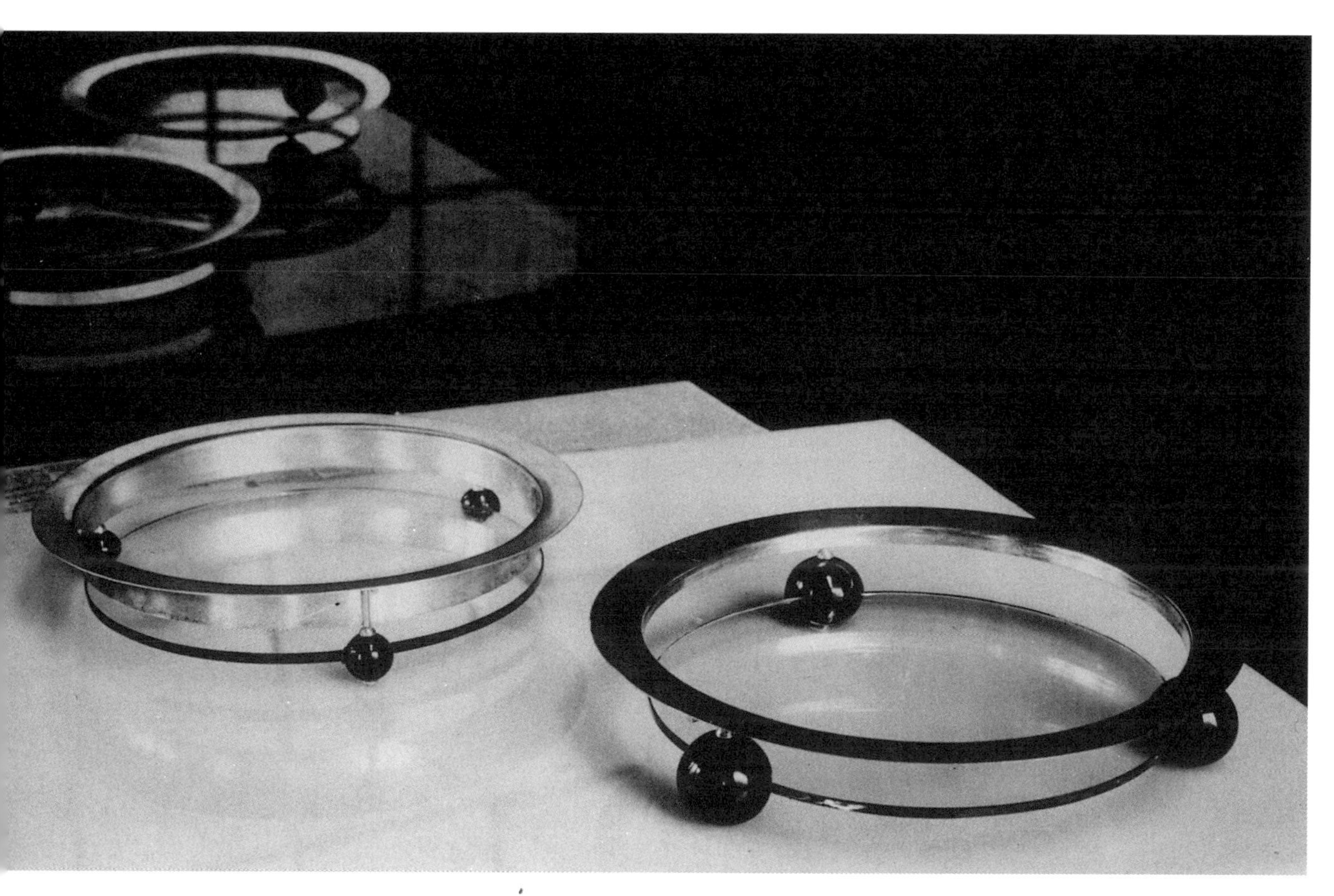

Fruchtschalen, 1924,
Glas, Metall, schwarz lackiertes Holz

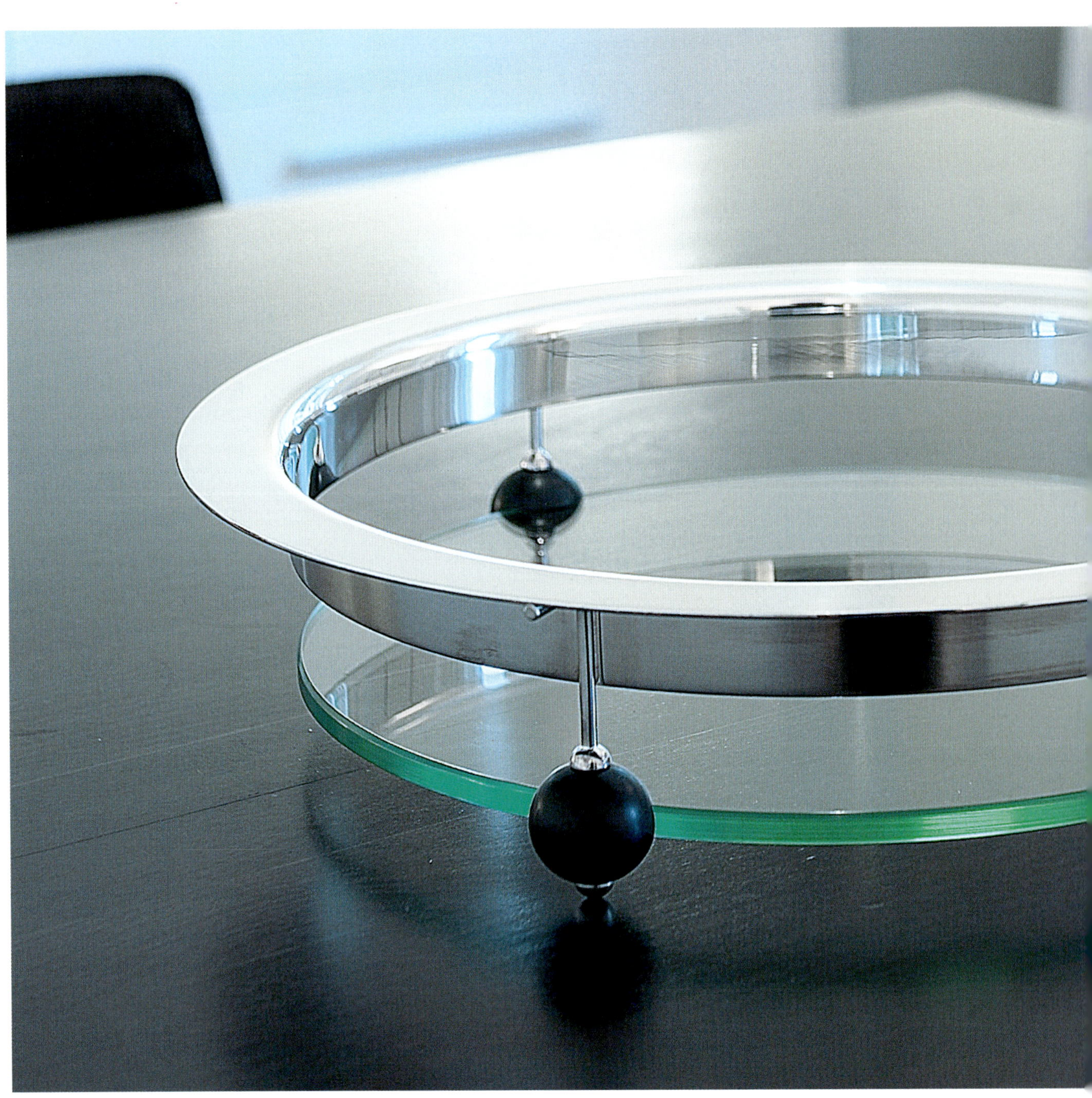

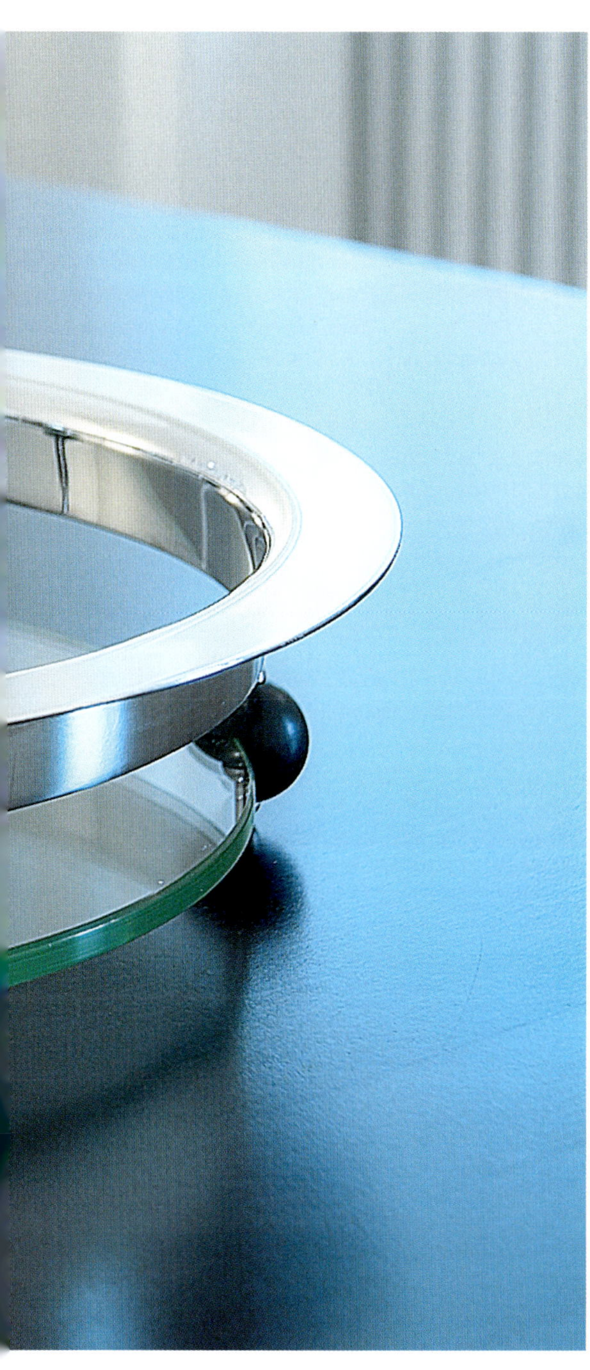

Fruchtschale, 1923, Spiegelglas; Messing, verchromt;
Holz, schwarz lackiert, Höhe 7,5 cm, Durchmesser 36,5 cm,
Neuauflage von Tecnolumen

19

KURT SCHMIDT

Mechanisches Ballett

Die abstrakten Formen der Bildkompositionen lösen sich von der Leinwand, sie werden beweglich und bilden im Rhythmus der Klaviermusik immer neue Form- und Farbkonstellationen. Damit betritt die moderne Industriewelt, die Welt der Maschinen und der Technik, die Theaterbühne.

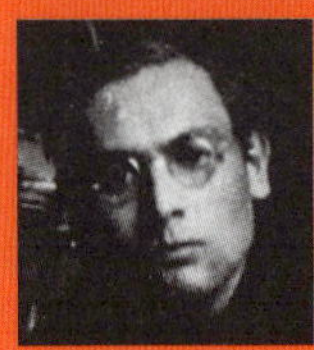

1901 am 10. März in Limbach/Sachsen geboren
1919 Zeichenklasse der Kunstgewerbeschule Hamburg
1920 Beginn des Studiums am Bauhaus; Vorkurs bei Johannes Itten
1921 Werkstatt für Wandmalerei
1923 Wechsel in die Bühnenwerkstatt
1925 Abschlusszeugnis des Bauhauses
1925–29 in Stuttgart Gestaltungs- und Werbearbeiten
1929 Übersiedelung nach Gera
1930 Besuch der Webschule in Greiz
1941–45 Kriegsdienst
1985 Ehrenmitgleid des Verbandes Bildender Künstler der DDR
1991 am 5. Mai in Gera gestorben

Die Einrichtung einer Theaterbühne an einer auf Kunst und Gestaltung ausgerichteten Schule hatte keine Vorbilder. Das Bauhaus nahm auch in dieser Hinsicht eine Sonderstellung ein. Für Walter Gropius gehörte die Bühne zur ganzheitlichen Erziehung und Ausbildung des Menschen. Bereits im Gründungsmanifest des Bauhauses (1919) ist die »Pflege des freundschaftlichen Verkehrs zwischen Meistern und Studierenden außerhalb der Arbeit, dabei Theater, Vorträge, Dichtkunst, Musik und Kostümfeste, Aufbau eines heiteren Zeremoniells bei diesen Zusammenkünften« programmatisch verankert.

Ende 1921 beauftragte Walter Gropius den Maler, Schriftsteller und Dramaturgen Lothar Schreyer mit dem Aufbau einer Experimentierbühne. Schreyers am Expressionismus des Berliner Sturm-Kreises orientierte Vorstellungen stießen jedoch bald auf Kritik. Die Bühne als rein geistiges Geschehen, als Stätte der Reinigung und Erlösung des Menschen entsprach zunehmend weniger den Bauhaus-Idealen. Folgerichtig übernahm im April 1923 Oskar Schlemmer offiziell Schreyers Position, denn Schlemmer definierte das abstrakte Theater als Raum- und Bewegungskunst.

Die Uraufführung

Ihre erste Bewährungsprobe erlebte die Bühne anlässlich der Bauhauswoche 1923. Im Rahmen der großen Bauhaus-Ausstellung wurde auch das *Mechanische Ballett* von Kurt Schmidt am 17. August 1923 im Jenaer Stadttheater uraufgeführt. Insgesamt fünf bunte geometrische Flächenformen bilden die sogenannten Klappfiguren, die stilisierte menschliche Körper assoziieren sollen. Vier entwarf Kurt Schmidt, die fünfte Georg Teltscher. Gebaut wurden die in den Gelenken beweglichen Pappfiguren von Friedrich Wilhelm Bogler. Für die Aufführung befestigte man die Flächenformen an den schwarzen Trikots der Tänzer, die sich fast unsichtbar auf der schwarz ausgeschlagenen Guckkastenbühne im Rhythmus der von Hans Heinz Stuckenschmidt komponierten und gespielten Klaviermusik bewegten. »Hier sollten die dynamischen Kräfte, die in den Formen der abstrakten Bilder verfestigt sind, losgelöst von der Bildkomposition, in Bewegung dargestellt werden«, so Kurt Schmidt im Rückblick. Weiter schreibt er, die Choreographie »bestand darin, durch Begegnungen, durch Hintereinanderstehen, durch Verschiebungen immer neue Formen und Farbkompositionen zu bilden«.

Die moderne Industriewelt als Schauspiel

Die mechanisch agierenden Figurinen stehen für die moderne Industriewelt, für die Welt der Maschinen und der Technik. Mit der zunehmenden Mechanisierung setzte sich auch die künstlerische Avantgarde auseinander. Da Schmidt den absoluten Maschinenkult jedoch ablehnte, versuchte er seinen Maschinenwesen individuelle Züge zu verleihen, was sich deutlich auf den Erfolg seines Werkes auswirkte. Denn die Uraufführung des Mechanischen Balletts geriet zum Höhepunkt des abstrakten Theaters in Weimar.

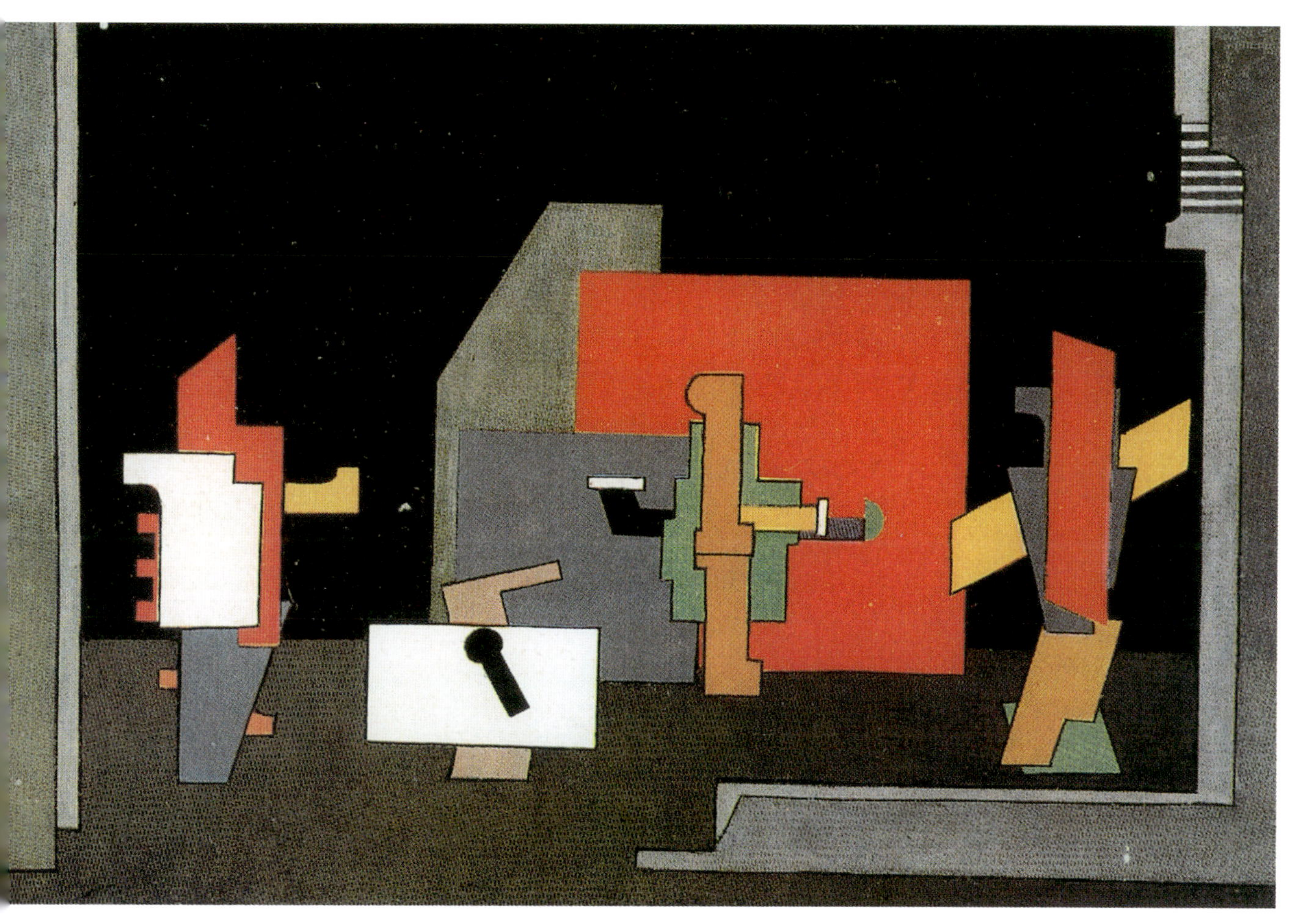

Entwurf für das Mechanische Ballett, 1923, Deckfarben auf Karton,
33,5 x 48,5 cm, Klassik Stiftung Weimar

20

WASSILY KANDINSKY

Fröhlicher Aufstieg

Dank Walter Gropius unterrichtete mit Wassily Kandinsky einer der bedeutendsten Künstler seiner Zeit am Bauhaus.

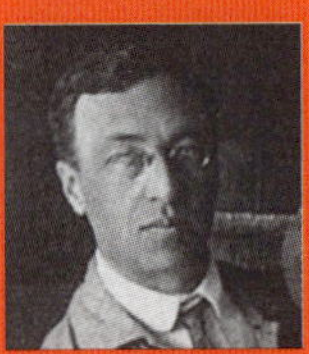

1866 am 4. Dezember in Moskau geboren
1885 Beginn des Studiums (Jura/VWL)
1892 Juristisches Staatsexamen
1896 Besuch der privaten Malschule von Anton Azbé in München
1900 Aufnahme an der Kunstakademie; Studium bei Franz von Stuck
1901 Mitbegründer der Künstlervereinigung Phalanx; Begegnung mit Gabriele Münter
1909 Gründung der Neuen Künstlervereinigung München
1911 Gründung des Blauen Reiter mit Franz Marc
1914 Flucht in die Schweiz, dann nach Russland
1916 Trennung von Gabriele Münter
1917 Heirat mit Nina Andreevskaja
1919–21 Direktor des neu gegründeten Museums für Malkultur in Moskau
1922 Berufung an das Bauhaus in Weimar
1922–25 Leiter der Werkstatt für Wandmalerei
1925 Umzug mit dem Bauhaus nach Dessau
1932 Umzug nach Berlin
1933 Übersiedelung nach Neuilly-sur-Seine bei Paris
1939 französischer Staatsbürger
1944 am 13. Dezember in Neuilly gestorben

Für die große Bauhaus-Ausstellung im Sommer 1923 entstand die Meistermappe des Bauhauses. Nach einer ersten Folge mit dem Titel *Neue europäische Graphik* aus dem Jahr 1921 erschien damit die zweite Zusammenstellung graphischer Arbeiten der Bauhaus-Meister. Das Unternehmen diente zugleich der Demonstration der Leistungsfähigkeit der Druckerei des Bauhauses. Unter den von den Bauhaus-Meistern beigesteuerten Arbeiten befanden sich technisch verhältnismäßig unkomplizierte Holzschnitte und Radierungen, aber auch so komplexe Arbeiten wie die vierfarbige Lithographie von Wassily Kandinsky.

Kandinskys Graphiken

Bereits im Jahr zuvor hatte Kandinsky für seine Graphikfolge *Kleine Welten* neben Radierungen und Holzschnitten auch mehrere Lithographien angefertigt, so dass er für das Blatt der *Meistermappe* auf die dabei gewonnenen Erfahrungen zurückgreifen konnte.

Für den Druck benützte er vier Steine: Schwarz für das graphische Gerüst sowie drei Steine in den Primärfarben Gelb, Blau und Rot für die Flächen. Damit füllte er einerseits die in ihren Umrissen vorgegebenen Formen und generierte andererseits konturlose Formen.

Die Komposition ist zweigeteilt. Links oben scheint ein gelbgrauer Kreis mit Begleitformen wie ein Ballon mit angehängter Gondel schwerelos aufwärts zu schweben. Das restliche Blatt dominiert ein diagonal von links unten nach rechts oben angelegter vielfältiger Formkomplex aus Linien, Kreisen, Kreissegmenten, rechteckigen und trapezförmigen Flächen in den verschiedenen Farben. Die Komposition ist bezeichnend für Kandinskys außergewöhnliche Formauffassung, die sich über alle klassischen und modernen Regeln der Malerei hinwegsetzt. Er stellt Lineares gegen Flächiges, Rundes gegen Kantiges, Geschlossenes gegen Offenes. Reste von Gegenständlichem, hier das ballonartige Element, finden sich neben abstrakten Bildteilen und Formen. Der Titel *Fröhlicher Aufstieg* umschreibt eine kontinuierliche, ohne größere Widerstände ablaufende Aktion, die in eine Bewegung von links unten nach rechts oben mündet.

Im Gegensatz zu seinen eigenen, größtenteils sehr individuellen Werken bestimmte seine Tätigkeit am Bauhaus die Suche nach einer allgemeingültigen Grammatik der Formen und Farben. Ausgehend vom Elementaren, versuchte er Wirkungen und Beziehungen der Formen und Farben untereinander und aufeinander systematisch zu analysieren.

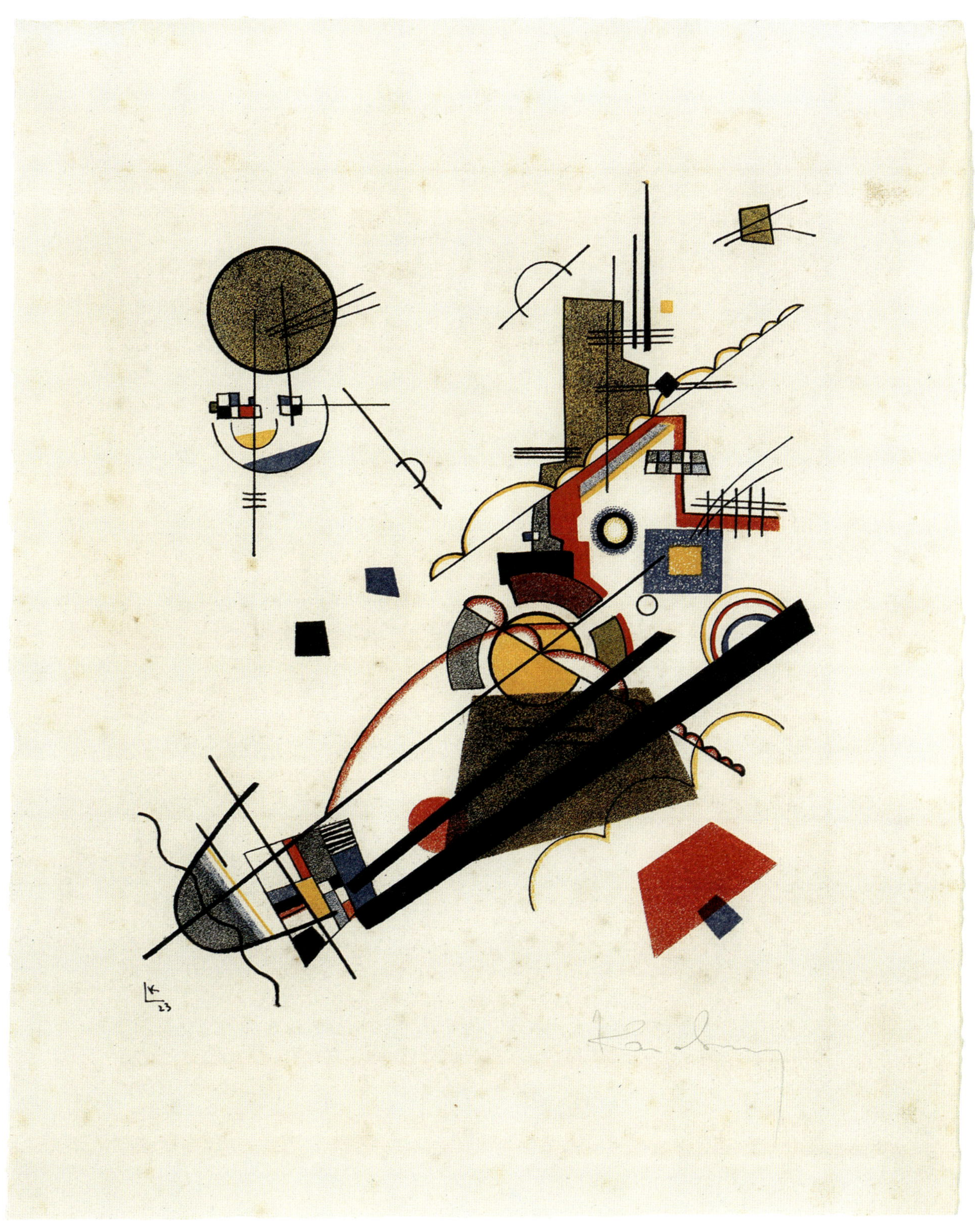

Wassily Kandinsky, *Fröhlicher Aufstieg* (aus der Meistermappe des Staatlichen Bauhauses), 1923, Farblithographie auf Velin, 23,8 x 19,3 cm (Druck), 34,2 x 26,7 cm (Blatt)

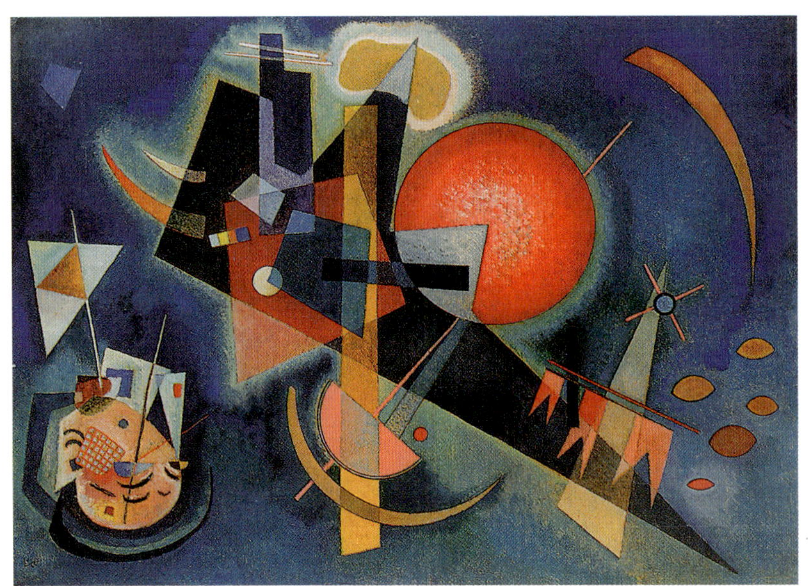

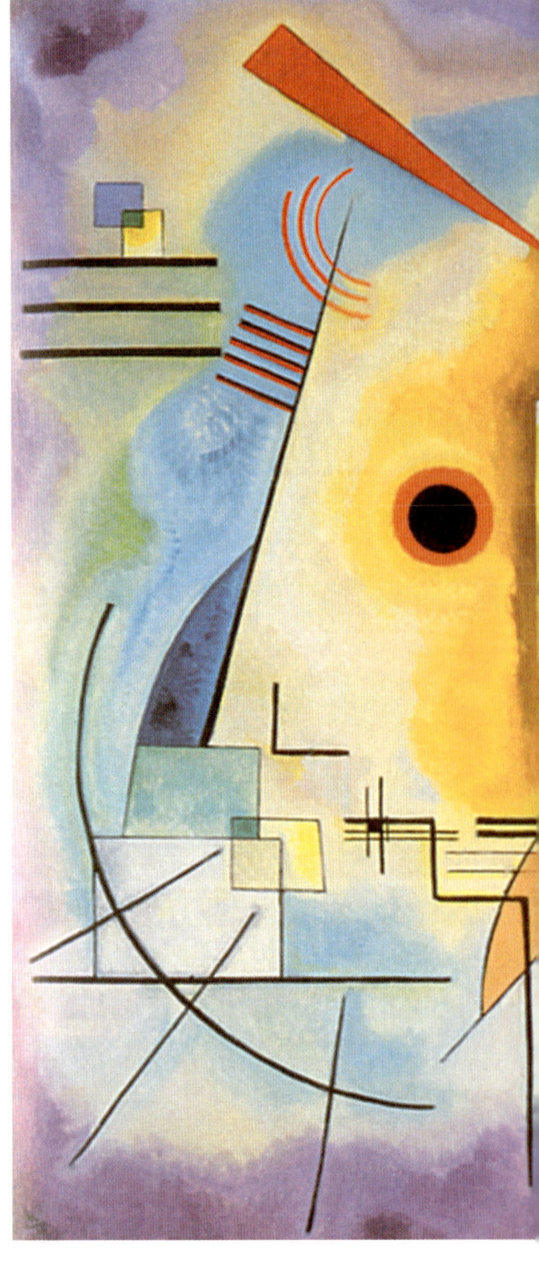

Wassily Kandinsky, *Im Blau*, 1925, Öl auf Leinwand, 80 x 110 cm, Kunstsammlung Nordrhein-Westfalen, Düsseldorf

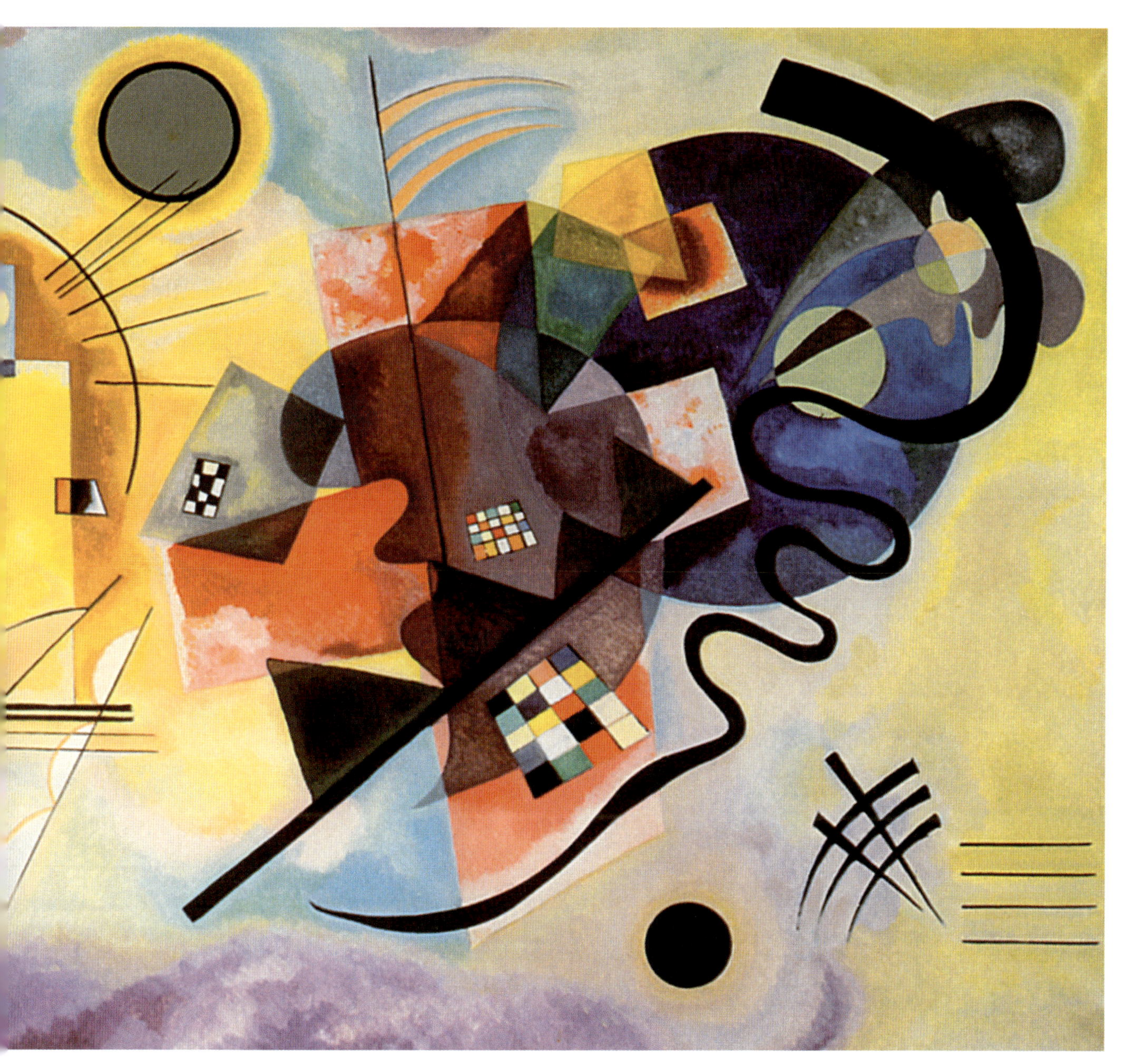

Wassily Kandinsky, *Gelb – Rot – Blau*, 1925, Barnett, Bd. II, Nr. 1078, S. 331,
Öl auf Leinwand, 127 x 200 cm, Museé National d'Art Moderne, Centre Georges Pompidou, Paris

21

WALTER GROPIUS

Direktorenzimmer

Walter Gropius gestaltete für die Bauhaus-Ausstellung 1923 sein Arbeitszimmer zu einem programmatischen Gesamtkunstwerk.

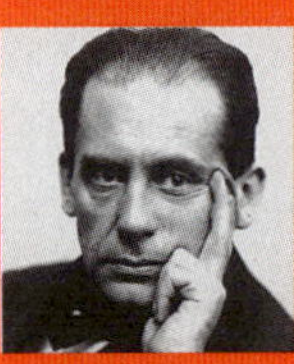

1883 am 18. Mai in Berlin geboren
1903–07 Studium an den Technischen Hochschulen in München und Berlin
1908–10 Assistent bei Peter Behrens in Berlin
1910 Gründung eines eigenen Büros in Berlin
1911–13 Bau des Fagus-Werkes in Alfeld
1911–25 Zusammenarbeit mit Adolf Meyer
1916 Heirat mit Alma Schindler Mahler
1919 Berufung an die Hochschule für bildende Kunst in Weimar, Umbenennung der Schule in »Bauhaus«
1928 Rücktritt von der Leitung des Bauhauses; eigenes Büro in Berlin
1934–37 Exil in England; Zusammenarbeit mit Maxwell Fry
1937 Berufung an die Universität Harvard
1938 Organisation der Ausstellung Bauhaus 1919–1928 in New York
1938–41 Gemeinsames Büro mit Marcel Breuer
1946 Gründung des Büros The Architects Collaborative
1965 Bau der Porzellanfabrik Rosenthal in Selb
1969 am 5. Juli in Boston gestorben

Der Programmzettel zur Ausstellung führt das Direktorenzimmer lediglich als Arbeitsraum auf. Eine Bezeichnung, die sicherlich bewusst gewählt wurde, um einer öffentlichen Kritik an einem Ausbau zu Repräsentationszwecken vorzubeugen. Innerhalb des Ausstellungsprogramms kam dem Direktorenzimmer jedoch eine große Bedeutung zu, schließlich war dies der einzige Ort in dem Gebäude, an dem das Bauhaus eine ganzheitliche Innengestaltung demonstrieren konnte.

Der Raum, ein Kubus von jeweils fünf Metern Kantenlänge, stellt eine ›Hommage an das Quadrat‹ dar. Der Zutritt vom Flur aus erfolgte über einen dunklen Vorraum, der durch das Einziehen einer für das kubische Raummaß notwendigen Zwischenwand entstand.

Einrichtung im Liniennetz

Von Gropius selbst stammen die Entwürfe für die Möbel und das an den De Stijl-Künstler Gerrit Thomas Rietveld erinnernde Beleuchtungssystem, dessen Stromzuführungen und Halterungen die geometrische Raumkonstruktion gliedern. Den Wandteppich entwarf Else Möglin, den Bodenteppich Gertrud Arndt bzw. Benita Otte. Alle Einrichtungsgegenstände sind einem strengen orthogonalen Liniennetz unterworfen. Alles – vom Teppich bis zur Beleuchtung – ist auf das Quadrat abgestimmt. Jeder Einrichtungsgegenstand hat dadurch seinen ›unverrückbaren‹ Platz.

In künstlerischer Hinsicht zählt das Gropiuszimmer zu den wenigen Meisterarbeiten, die den Weg der klassischen Moderne eindrucksvoll kennzeichnen. Es entstand am Ende der vom Expressionismus gekennzeichneten Phase, als der Übergang zum konstruktivistischen und funktional bestimmten Gestalten schon erkennbar wurde, in einer Zeit, als Gropius als Bauhausdirektor diese Richtungsänderung nach dem Motto »Kunst und Technik eine neue Einheit« maßgeblich selbst mit vorantrieb.

Das Direktorenzimmer hatte nur kurze Zeit Bestand. Nach dem Umzug des Bauhauses nach Dessau wurde die verbliebene Einrichtung entfernt. Erst in jüngster Zeit (1999) konnte der Raum rekonstruiert werden. Er steht heute dem jeweiligen »Gropius-Professor« der Bauhaus-Universität Weimar als Arbeitsraum zur Verfügung.

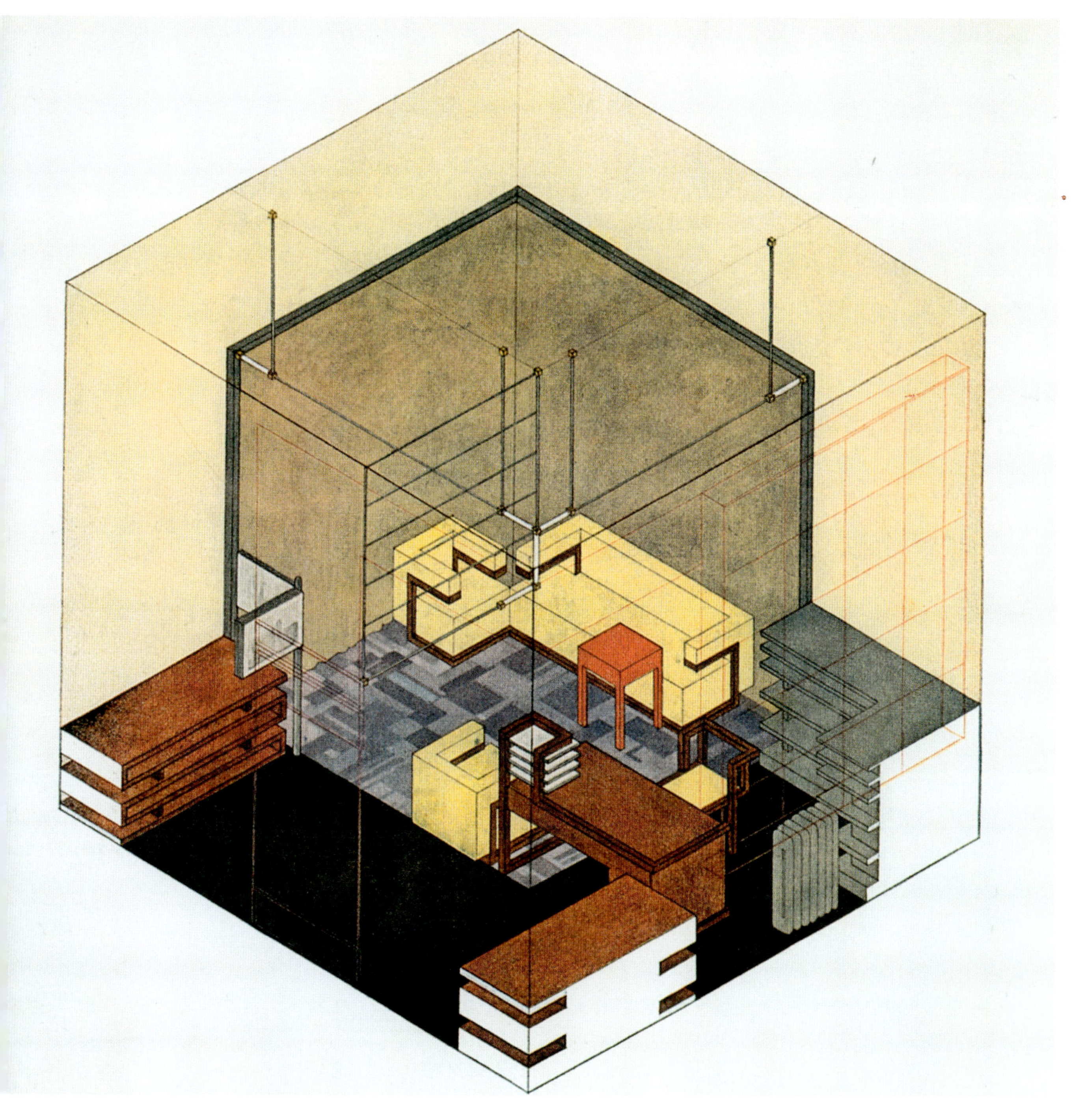

Isometrie des Arbeitszimmers von Walter Gropius im Bauhaus Weimar, 1923,
Bauhaus-Archiv, Berlin

W.GROPIUS: Beleuchtungskörper aus Soffittenlampen. Die Zuleitungen in Aluminiumröhren gliedern den Raum.

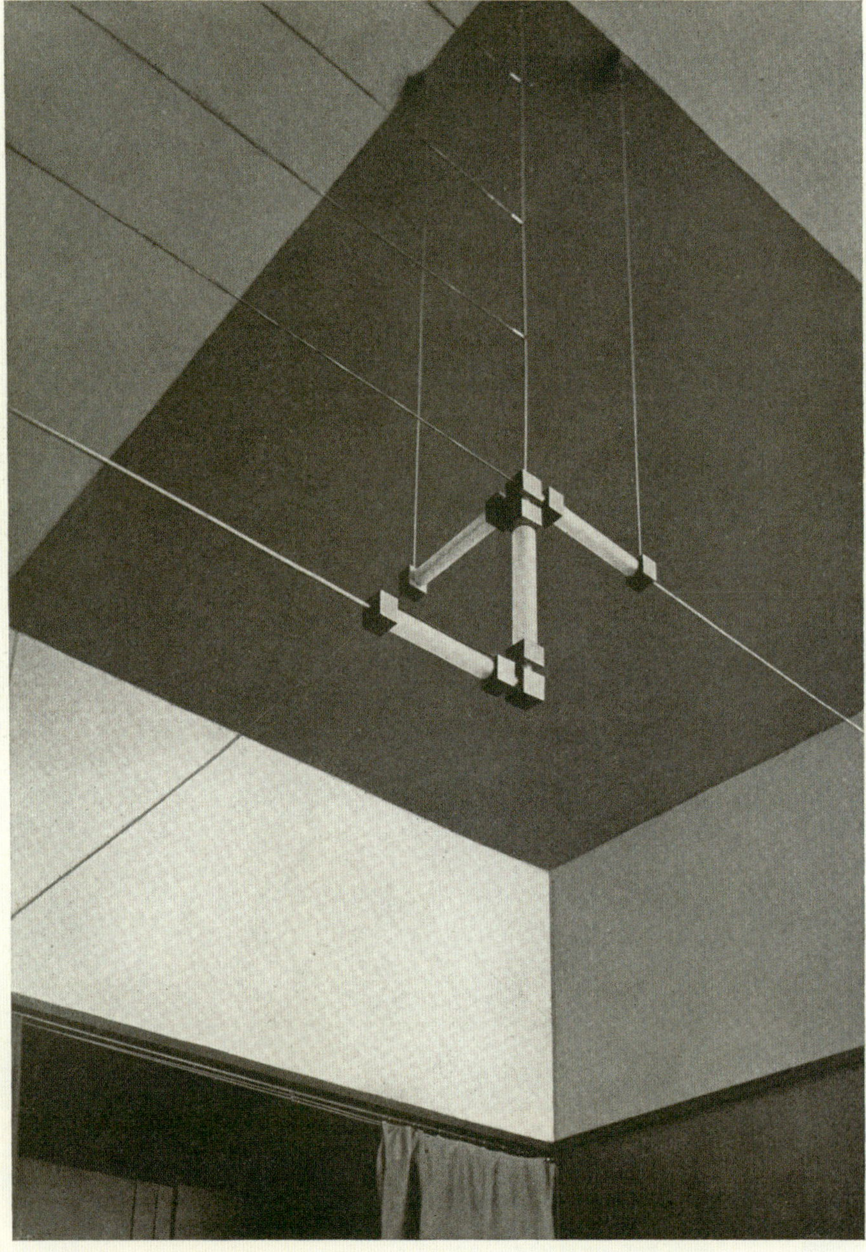

1923

Direktorenzimmer, Bauhausgebäude Weimar (Deckenansicht), Foto aus: Neue Arbeiten der Bauhauswerkstätten (Bauhausbücher, Bd. 7), München 1925, Die Neue Sammlung, München

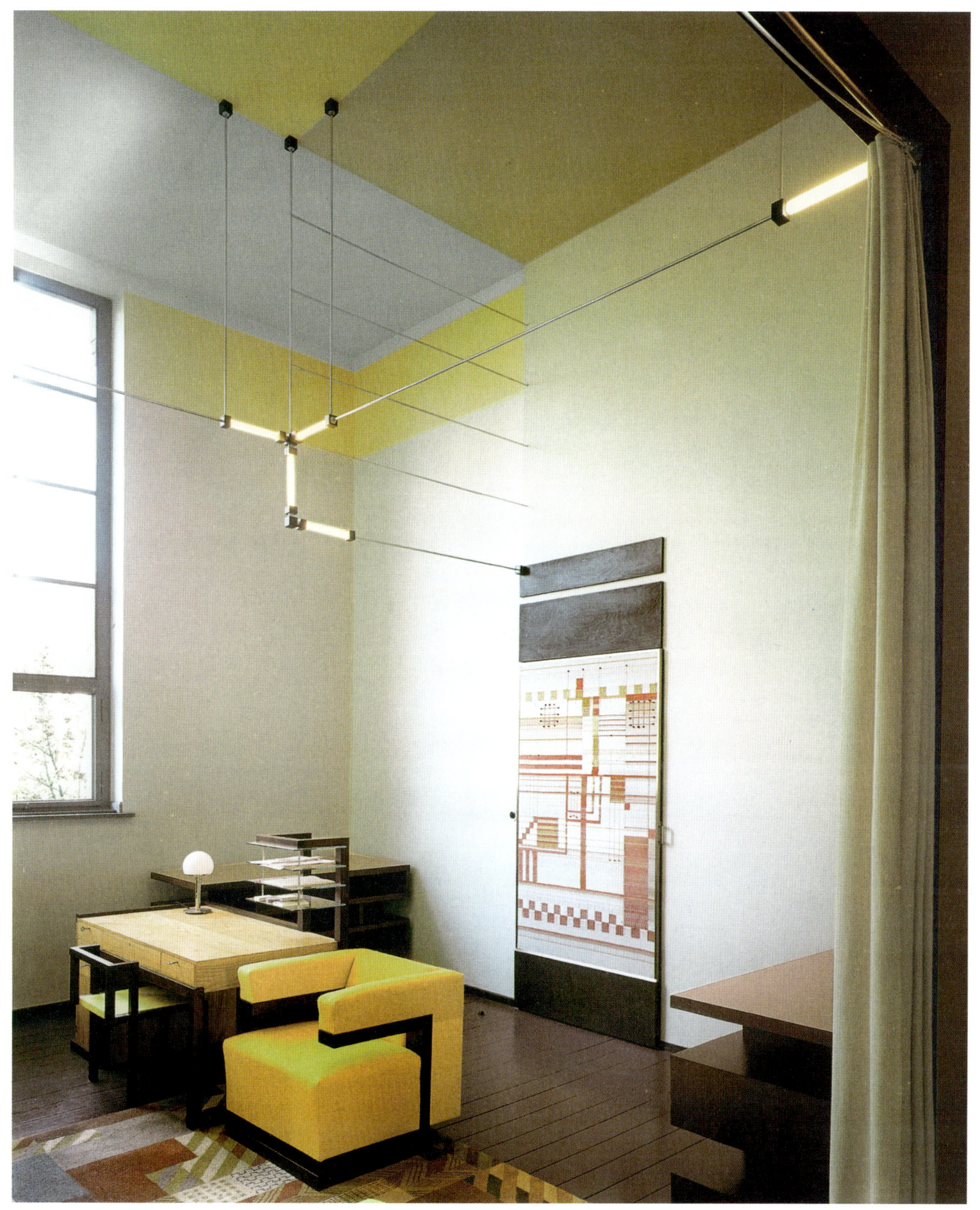

Direktorenzimmer (Rekonstruktion), Bauhausgebäude Weimar, 1923

22

WILHELM WAGENFELD

Tischleuchte MT 8

Das wohl bekannteste Produkt des Bauhauses steht für die Evolution einer neuen Formensprache und verkörpert die Moderne schlechthin. Lange war die Urheberschaft der Bauhaus-Leuchte umstritten.

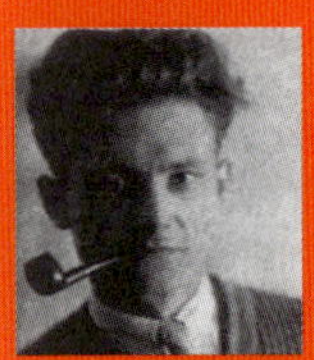

1900 am 15. April in Bremen geboren
1914–18 Lehre im Zeichenbüro der Bremer Silberwarenfabrik Koch & Bergfeld
1916–19 Besuch der Bremer Kunstgewerbeschule
1919–22 an der Zeichenakademie in Hanau
1923 Beginn des Studiums am Bauhaus; Vorkurs bei Moholy-Nagy
1924 Gesellenprüfung als Silberschmied in Weimar
1925–30 an der Bauhochschule in Weimar
1931–35 Professor an der Staatlichen Kunsthochschule Grunewaldstraße in Berlin
1935 künstlerischer Leiter der Vereinigten Lausitzer Glaswerke
1942–45 Militärdienst
1947–49 Professor für Industrielle Formgestaltung an der Hochschule der Bildenden Künste Berlin
1949/50 Referent für Industrielle Formgebung im Württembergischen Landesgewerbeamt
1950 Beginn der Zusammenabeit mit der WMF
1954–78 Werkstatt Wagenfeld
1990 am 28. Mai in Stuttgart gestorben

Zur Vorgeschichte

Statt »Kunst und Handwerk« sollte mit der 1923 erfolgten Neuorientierung des Bauhauses eine Symbiose von »Kunst und Technik« entstehen. Mit dem ungarischen Künstler László Moholy-Nagy, der seit Frühjahr 1923 die Metallwerkstatt leitete, begann diese Neuorientierung vehement Gestalt anzunehmen. Er forderte und förderte die Entwicklung einer neuen Formensprache, unter anderem durch die Verwendung und ungewohnte Kombination preiswerter Materialien. Auf seine Anregung hin entwarf die Metallwerkstatt Beleuchtungskörper, um damit das geplante Musterhaus am Horn einzurichten. Für dieses Haus entwickelte der Schweizer Silberschmied Carl Jacob Jucker verschiedene Leuchten mit Glasfuß und Glasschaft, die er – formal wenig überzeugend – mit verspiegelten Glühlampen oder halbkugelförmigen Reflektoren versah. Juckers gestalterische Leistung bestand in der Verwendung eines Glasschaftes und in der Offenlegung der Funktion durch die sichtbare Kabelführung im Inneren.

Wilhelm Wagenfeld

Im April 1924 legte Wilhelm Wagenfeld seine Gesellenprüfung als Silberschmied ab. Wieder war es Moholy-Nagy, der die Anregung zur Entwicklung einer Metall-Leuchte gab. Wagenfeld, der das Jucker´sche Experiment, das sich nicht für eine industrielle Verwertung eignete, kannte, schuf mit seiner ausgewogenen Konzeption eine sofort überzeugende Lösung. Das Problem des Reflektors löste er mit einer Milchglaskuppel, die auf verlöteten Metallstreben und einem umlaufenden Metallband ruht. Damit gelang Wagenfeld ein Entwurf, der die ästhetischen Kriterien des Bauhauses erfüllte. Fuß, Schaft und Kuppel bilden nun eine formale Einheit, ihre Proportionen sind stimmig, die Lichtwirkung angenehm. Die Leuchte blendet nicht, da der Schirm das Leuchtmittel umschließt, aber auch selbst leuchtet.

Moholy-Nagy veranlasste, dass Wagenfeld seine Leuchte als Materialvariante mit den von Carl Jucker verwendeten Glasteilen für Fuß und Schaft ausführte. Wagenfeld verlegte das bei Jucker sichtbare Kabel in ein Metallrohr (MT 9 und ME1). Doch trotz zahlreicher Modifizierungen blieb der bei Architekten sehr beliebten Bauhaus-Leuchte der breite Erfolg damals versagt. Zu teuer war die Herstellung, die trotz industrieller Ästhetik nicht industriell, sondern überwiegend handwerklich erfolgte, und zu ungewohnt war das Erscheinungsbild.

Wechselnde Hersteller

Ab 1928 fertigten wechselnde Lizenznehmer die Leuchte mit geringfügigen, ästhetisch aber häufig gewichtigen Veränderungen; 1930 schuf Wagenfeld selbst eine Formvariante der beiden Leuchten. Die seit 1980 von der Bremer Firma Tecnolumen gemeinsam mit Wagenfeld überarbeitete Version von 1924 entspricht bis auf minimale Änderungen – wie dem Durchmesser der Fußplatte – dem ursprünglichen Entwurf. Gerade durch den Designboom der 1980er-Jahre entwickelte sich die Bauhaus-Leuchte zu einem der modernen Klassiker, der paradigmatisch für die gesamte Bauhaus-Ästhetik steht.

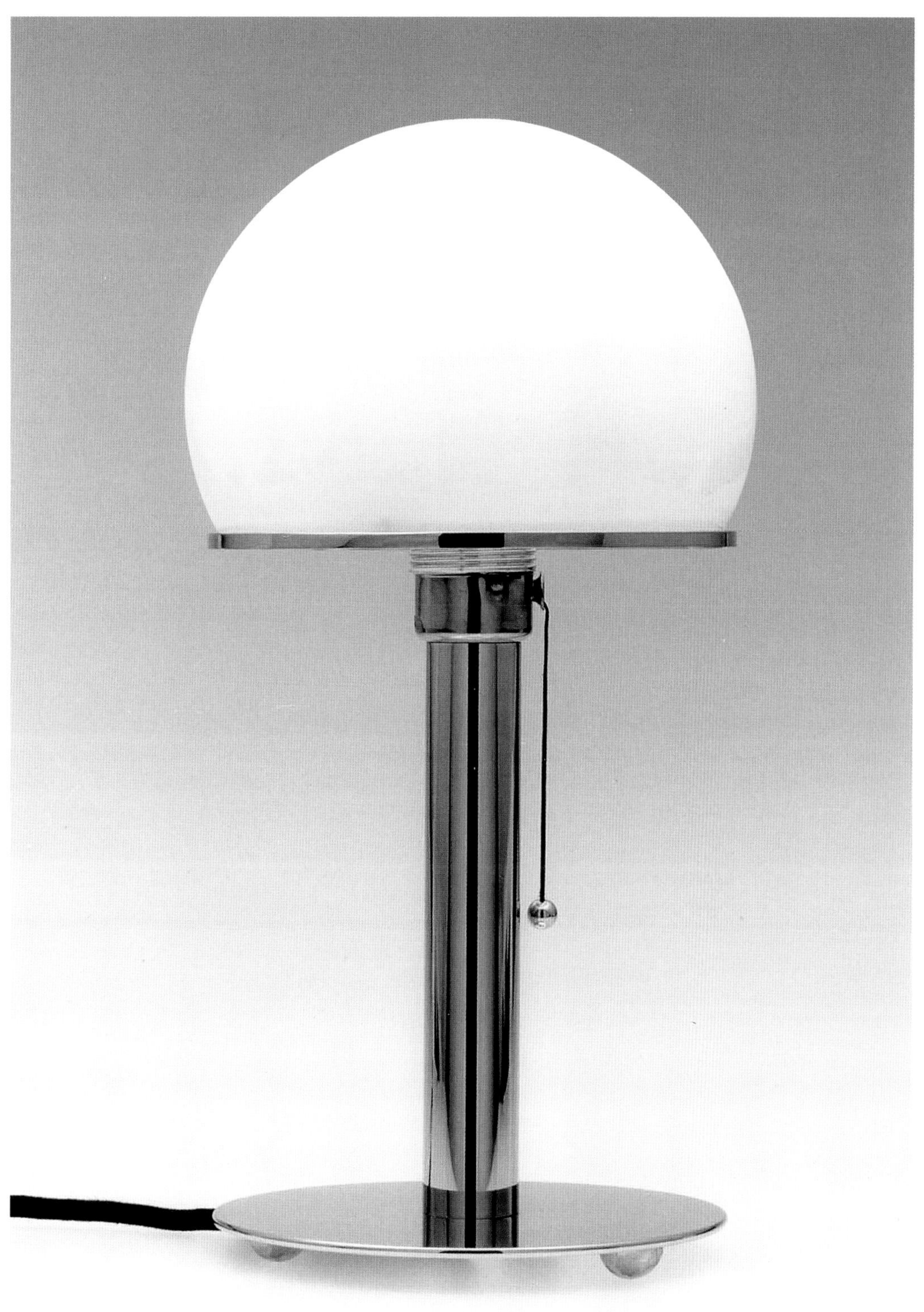

Tischleuchte, 1924, Messing, vernickelt, Glas, Höhe 36,5 cm, Durchmesser 18 cm,
Wilhelm Wagenfeld Stiftung, Bremen

23

ERICH DIECKMANN

Runder Tisch

Indem er Qualitäts-Hölzer und traditionelle Holzverbindungen mit neuen konstruktiven Lösungen, mit der Ästhetik von Farb- und Formkontrasten kombinierte, entwickelte Erich Dieckmann jene Möbel, die zu den bemerkenswertesten Leistungen des Bauhauses zählen.

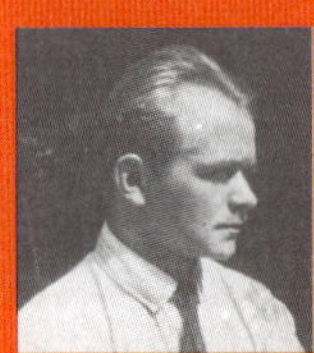

1896 am 5. November in Kauernick/Westpreußen geboren
1918–20 Architekturstudium an der technischen Hochschule in Danzig
1920 Studium der Malerei in Dresden
1921 Beginn des Studiums am Bauhaus; Lehre in der Tischlerei
1924 Gesellenprüfung
1926–30 Leiter der Tischlerei an der Staatlichen Bauhochschule Weimar
1931–33 Meister an der Kunstgewerbeschule Burg Giebichenstein in Halle
1936 Referent und Sachbearbeiter für Betriebsgestaltung beim Amt Schönheit der Arbeit in Hannover
1939 Übersiedelung nach Berlin; Referent für das deutsche Kunsthandwerk bei der Reichskammer der bildenden Künste
1944 am 8. November in Berlin gestorben

Mit 16 Jahren fuhr Erich Dieckmann zur See, mit 17 meldete er sich freiwillig an die Front. Eine Verwundung brachte die Wende. Er beschloss, wieder die Schule zu besuchen, einen Abschluss zu machen und sich verstärkt seinen künstlerischen Interessen zu widmen. Dieckmann studierte zunächst Architektur, später Kunst, doch erst mit dem Besuch des Bauhauses konnte er seine künstlerische Arbeit in jene Richtung lenken, die ihm vorschwebte.

»Wir sind nicht dazu da, um Geschäfte zu machen, sondern um in jeder Beziehung gute und vorbildliche moderne Möbel zu schaffen, an denen wir selbst lernen, die Außenwelt sich aber anregen und beeinflussen, der Auftraggeber und Besitzer wiederum seine Befriedigung und Freude haben soll, indem die Gegenstände ihren Zweck erfüllen und ihren Besitzer gleichzeitig angenehm und wohltuend umgeben.« (Dieckmann an die Auftraggeberin des Tisches, 1925)

Dieckmanns Worte stellen klar, dass das Bauhaus kein Unternehmen, sondern eine Schule war. Die ungewöhnliche Position dieser Schule zeigt sich nicht nur an den avantgardistischen Entwürfen, sondern auch an der Möglichkeit, Aufträge auszuführen. Im Idealfall sollten dies Aufträge für die Industrie sein, denn damit ließ sich nicht nur Geld verdienen, sondern auch Erfahrung für die weitere Ausbildung gewinnen, deren erklärtes Ziel die Verbindung von Kunst und Technik sein sollte.

Ein privater Auftrag

Der runde Tisch von Erich Dieckmann entstand nicht für die Serienfertigung, zumindest ist nichts Derartiges überliefert. Dieser Tisch war eine Auftragsarbeit. Die Oberschulrätin Pauline Schwickert bestellte 1924 beim Bauhaus eine ganze Reihe von verschiedenen Möbeln, darunter auch diesen Tisch. Dieckmann variierte bei seinem Entwurf ein Modell, das er für die große Bauhaus-Ausstellung im Haus am Horn 1923 geschaffen hatte.

Ungewöhnlich und ästhetisch bemerkenswert ist die Konstruktion des Tisches. Eine quadratische schwarze Mittelstütze ruht auf einer schwarzen Kreisscheibe, klammerartig umschlossen von mehrfach gewinkelten Füßen aus hellem Kirschbaumholz. Dieckmann kombiniert hier geschickt Farbkontraste – helles Holz, dunkles Holz – mit Formkontrasten wie rund und kantig. Im Gegensatz zu vielen anderen Schülern der Tischlerei verzichtet Dieckmann nicht auf die Möglichkeiten traditioneller Holzverbindungen und auf die Betonung der natürlichen Eigenschaften des Holzes. Für ihn spielte die Verwendung von qualitätvollen Hölzern eine große Rolle; im Fall des Tisches arbeitete er mit Mahagoni, Kirsche und schwarz polierter Birne.

Erich Dieckmanns Möbel tragen unverwechselbar die typischen Zeichen der Auflösung der Konstruktion in ihre Einzelteile und deren Zusammensetzen nach künstlerischen Kriterien. Ein Prinzip, das – am Bauhaus für Stahl entwickelt – von keinem so konsequent auf Holzmöbel angewandt wurde wie von ihm.

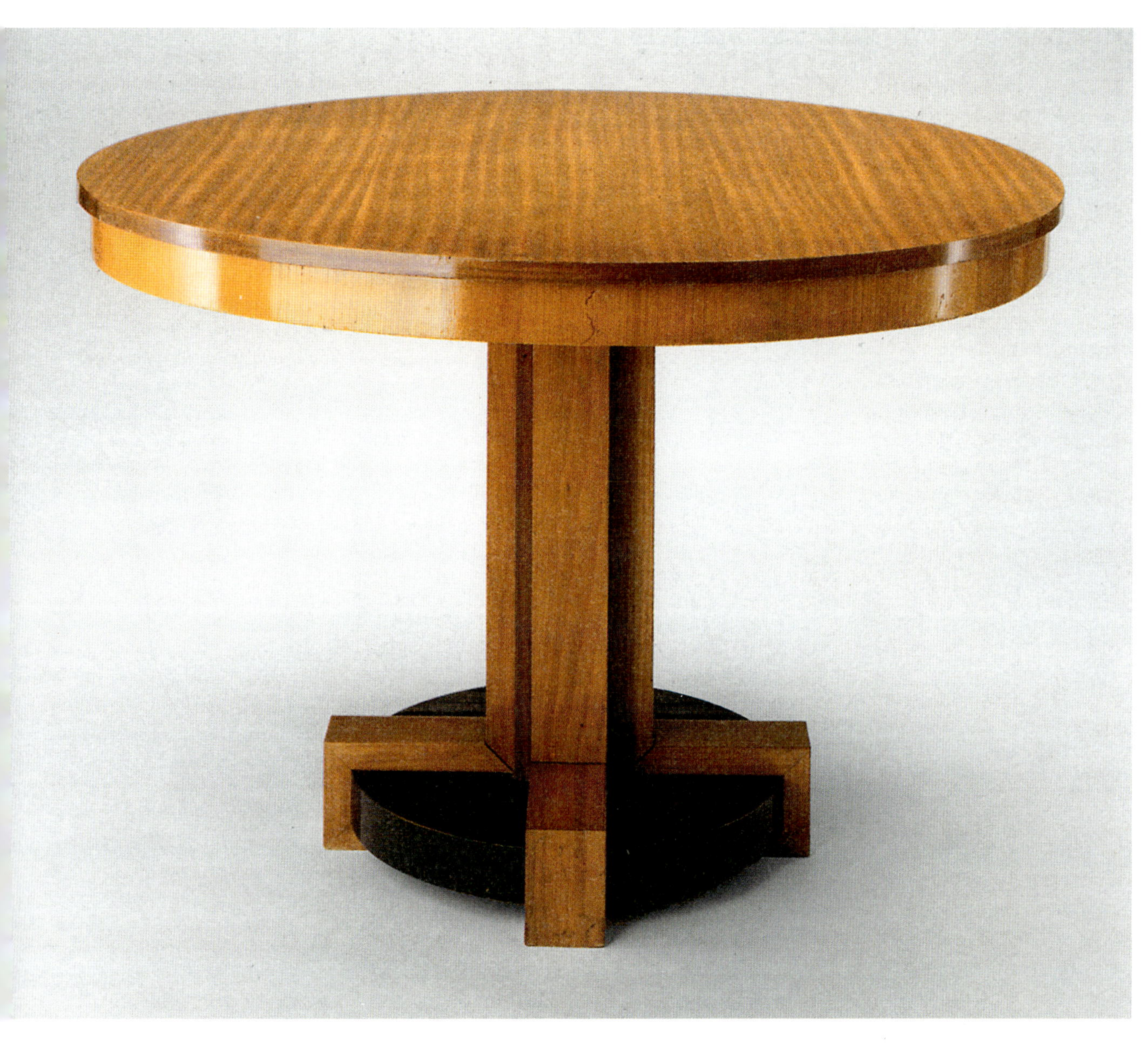

Runder Tisch, 1923/24, Mahagoni, Kirsche, Birne, schwarz poliert,
Höhe 73,5 cm, Durchmesser 104 cm

24

LUDWIG HIRSCHFELD-MACK

Farbkreisel

Aus seinen Überlegungen zu den Gesetzmäßigkeiten optischer Farbmischung und den dazugehörigen Kontrasten entwickelte Ludwig Hirschfeld-Mack seinen Farbkreisel als Lehrmittel und Kinderspielzeug.

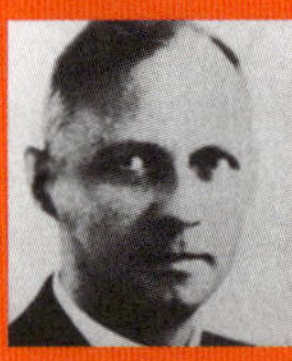

1893 am 11. Juli in Frankfurt a.M. geboren
1912 Besuch der Debschitz-Schule in München
1914–18 Kriegsdienst
1919 Umzug nach Stuttgart und Beginn des Studiums an der Akademie bei Adolf Hölzel und Ida Kerkovius
1919 Lehrling am Bauhaus
1921 Gesellenprüfung
1922–24 Lehrverhältnis für Lithographie
1925 Kündigung durch die Regierung
1926 Kunsterzieher an der freien Schulgemeinde Wickersdorf
1928 Berufung an die Staatliche Hochschule für Handwerk und Baukunst Weimar
1930–33 Lehrtätigkeit an verschiedenen Schulen und Hochschulen in Frankfurt, Kiel und Berlin
1936 Emigration nach England
1936–39 Kunsterzieher und Werklehrer
1940 Deportation nach Australien und Internierung
1942 Australischer Staatsbürger
1942–57 Leiter einer Kunstschule
1965 am 7. Januar in Sidney gestorben

Nach seiner ersten Ausbildung an der Debschitz-Schule in München unterbrach der Erste Weltkrieg Hirschfeld-Macks künstlerische Laufbahn. 1919 zog er mit seiner Familie nach Stuttgart, um bei dem Maler Adolf Hölzel Farbenlehre zu studieren. Er hatte jedoch nicht damit gerechnet, dass dessen Emeritierung unmittelbar bevorstand und er sich dadurch neu orientieren musste. Nachdem er in einem Zeitungsbericht über das Bauhaus-Manifest von Walter Gropius gelesen hatte, beschloss er, nach Weimar zu gehen. Am 6. Oktober schrieb sich Hirschfeld-Mack am Bauhaus ein und schloss einen Lehrvertrag für das Kunstdruckhandwerk ab.

Nach seiner Lehre war Hirschfeld-Mack als sogenannter Etat-Geselle an der graphischen Druckerei des Bauhauses angestellt. 1922 begann er ein neues Lehrverhältnis für Lithographie und Steindruck, das bis zum 31. Dezember 1924 bestand. Sein Aufgabenbereich erstreckte sich nun auch auf eine Vermittlerfunktion zwischen der Werkstatt und der Bauhaus-Leitung. Zudem war er für die Betreuung von neuen Werkstattmitgliedern zuständig.

Optische Farbmischungen

Im Wintersemester 1922/23 initiierte Hirschfeld-Mack ein Farbenseminar, das im Bauhaus-Buch von 1923 als Lehrveranstaltung Wassily Kandinskys publiziert wurde, illustriert mit Farbtafeln Hirschfeld-Macks. Er überlegte, wie er die Gesetzmäßigkeiten optischer Farbmischung, insbesondere den Zusammenhang von Quantitäts- und Intensitätskontrast, anderen Menschen auf einfache Weise nahe bringen könnte und entwickelte einen Kreisel mit unterschiedlichen Farbflächen. Beim Drehen des Kreisels verändern sich je nach Geschwindigkeit Verteilung und Intensität der einzelnen Farben. Hirschfeld-Mack gestaltete zwei Versionen des Kreisels: als Lehrmittel und als Kinderspielzeug. Für Lehrzwecke versah man den Kreisel mit verschiedenfarbigen aufsteckbaren Farbscheiben. Zum Spielzeugkreisel gehörten dagegen einfarbige, exzentrisch gelochte Glanzpapierringe in Gelb, Blau und Rot, die übereinander auf den Kreisel gelegt werden sollten. Kam beim Spielen etwa der blaue Ring auf dem Gelben zu liegen, mischten sich die beiden Farben auf der durchscheinenden, ausgesparten Fläche des unteren Rings zu Grün.

Der Farbkreisel gehörte zu den erfolgreichsten Spielzeugen, die die Bauhauswerkstätten 1924 auf den Markt brachten. Da der Kreisel seine Funktion praktisch erfüllte, ästhetisch ansprechend war und sich zugleich für die industrielle Herstellung eignete, wurde er 1925 in den Bauhaus-Büchern als mustergültiges Spielzeug vorgestellt.

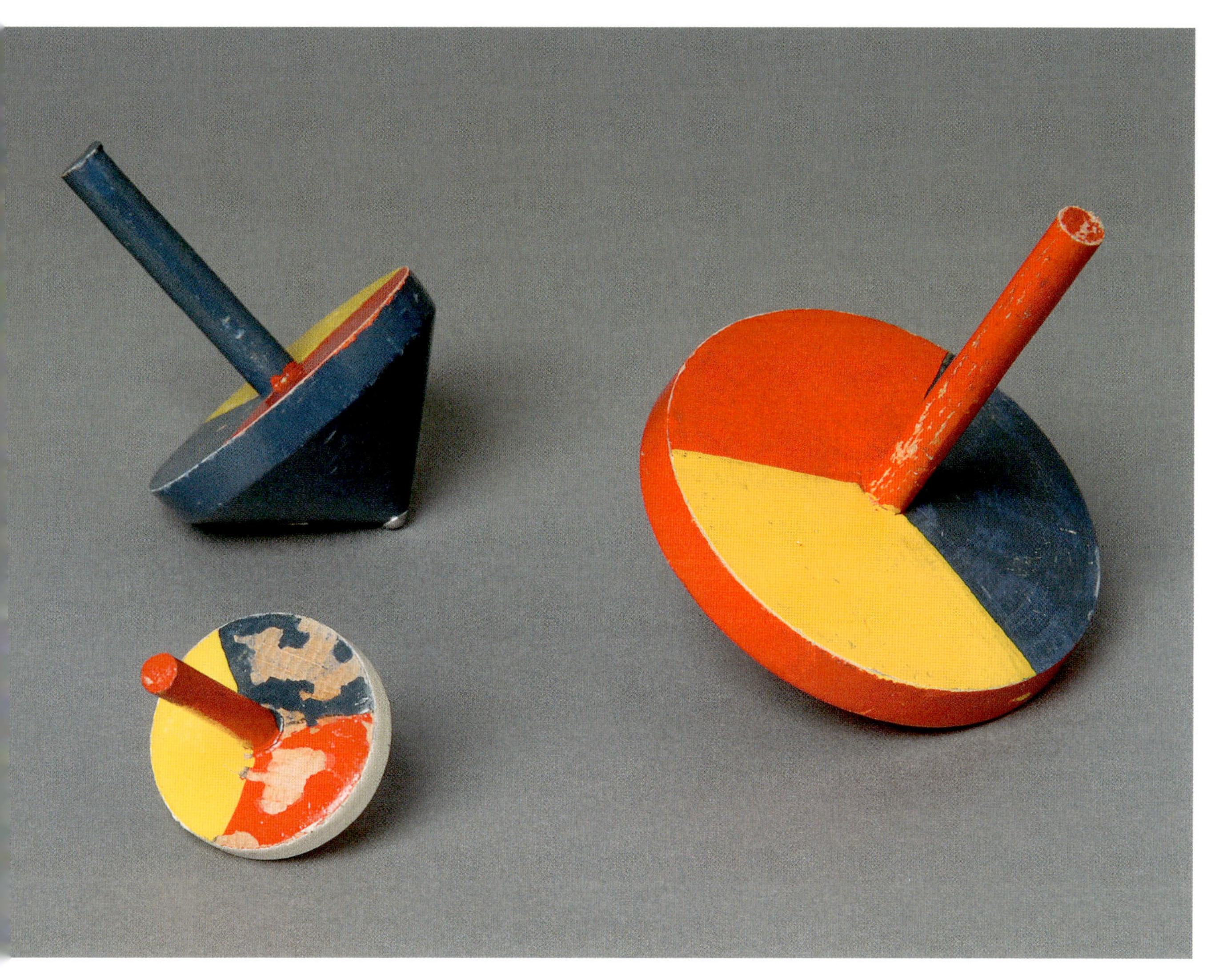

Farbkreisel, 1924, Holz, farbig lackiert, Höhe 5,5–9,5 cm, Durchmesser 3,6–8 cm,
Die Neue Sammlung, München

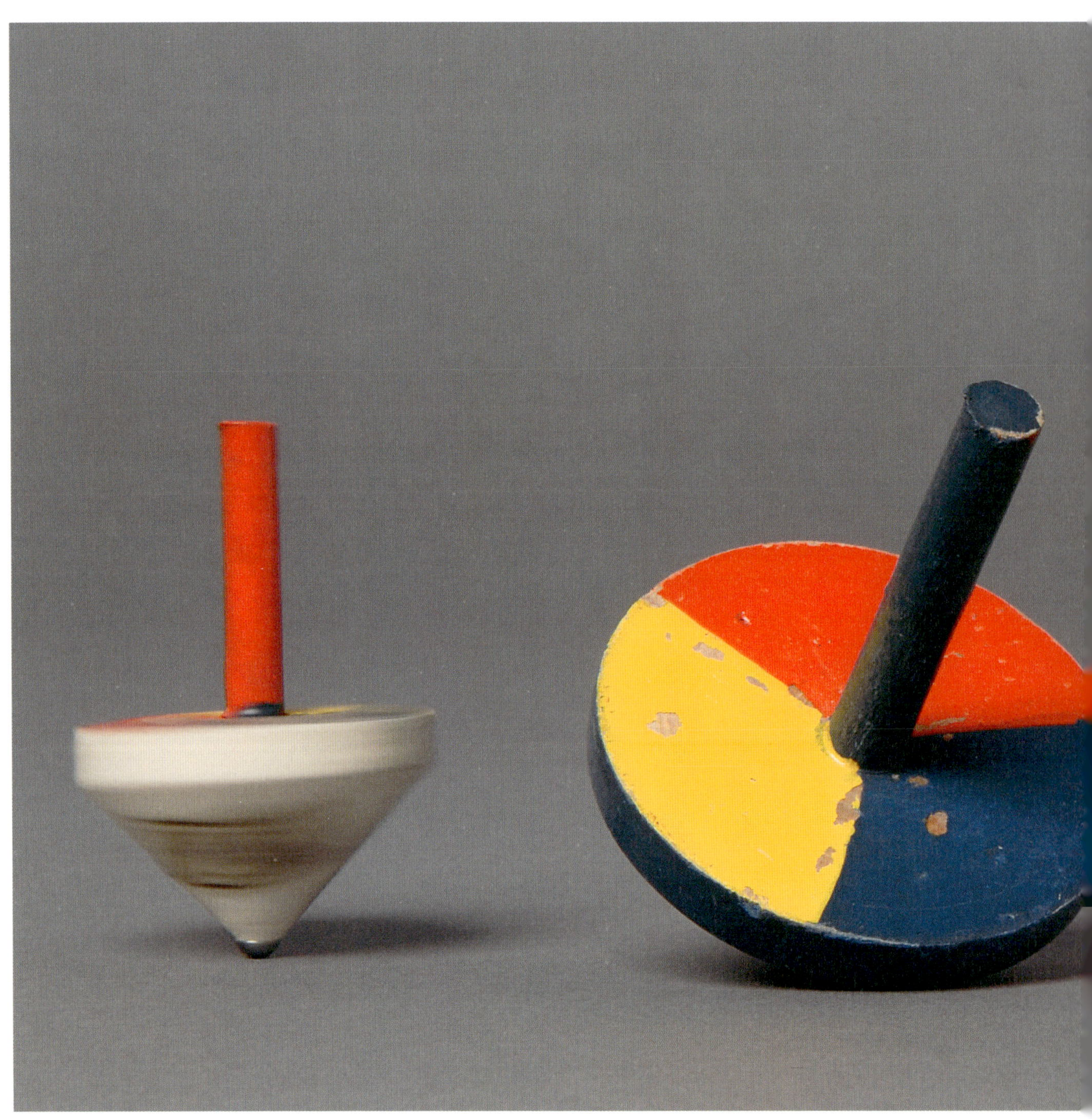

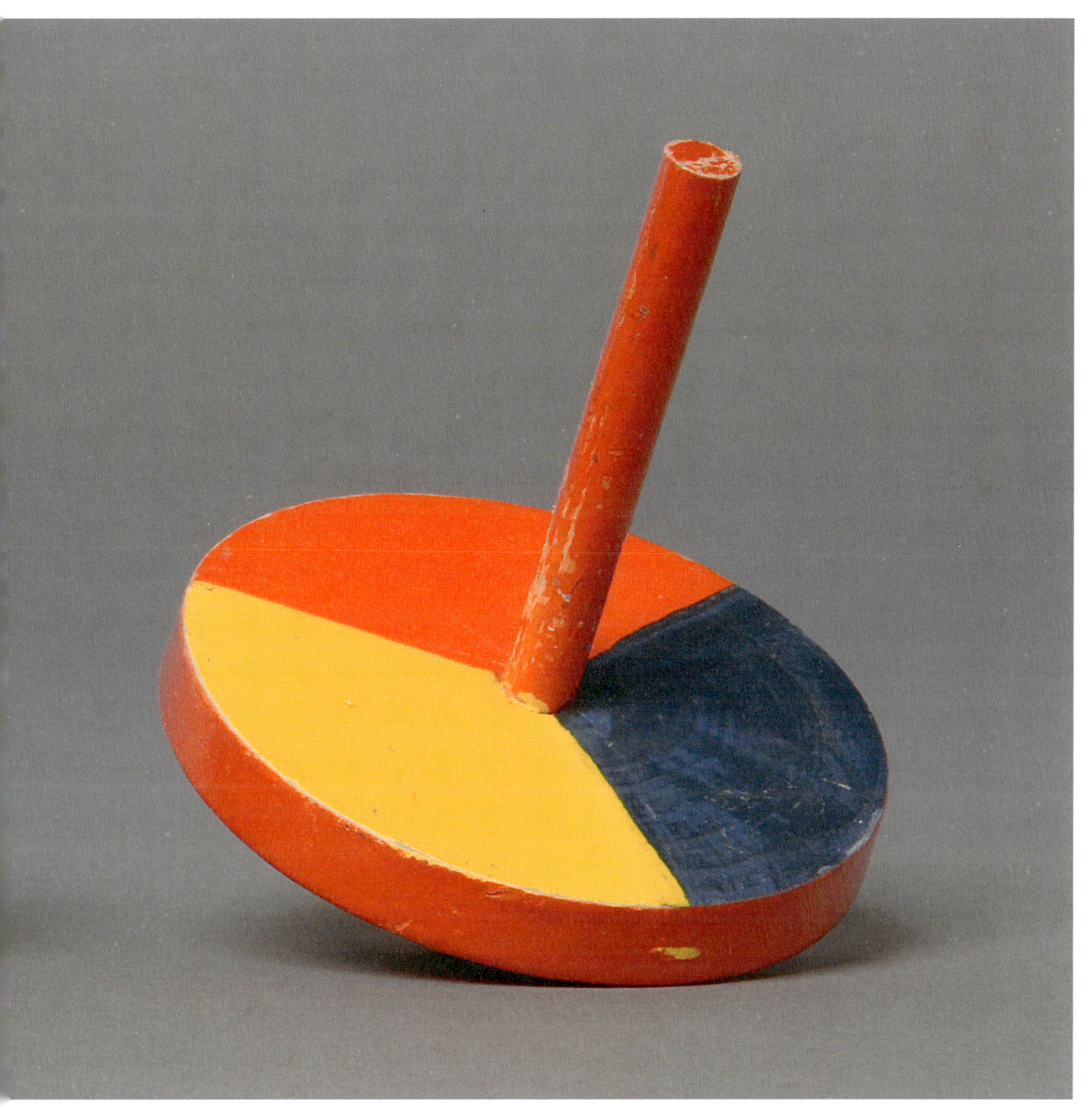

25

WOLFGANG TÜMPEL, OTTO RITTWEGER

Teekugeln

An den Teekugeln zeigt sich der Wandel bei der Gestaltung am Bauhaus zu Beginn der Zwanzigerjahre besonders deutlich: Statt Geometrie und Experiment standen nun Funktion und Technik im Mittelpunkt.

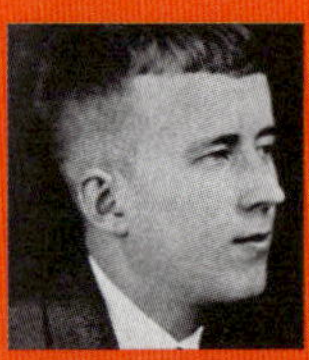

Wolfgang Tümpel (oben)

1903 am 1. September in Bielefeld geboren
1921–22 Goldschmiedlehre
1922/23 Studienbeginn am Bauhaus
1925 Kunstgewerbeschule Halle
1929–32 Entwurfstätigkeit für die WMF
1934 Werkstatt in Bielefeld und Heirat
1951 Leiter der Metallwerkstatt an der Landeskunstschule Hamburg
1955–72 Entwürfe für Firmen wie Pott, Elektro Waldmann, Tchibo etc.
1978 am 12. Januar in Herdecke/Ruhr gestorben

Otto Rittweger

1904 am 6. November in München geboren
1923/24 Studienbeginn am Bauhaus
1930/31 künstlerischer Leiter der Lampenfabrik Goldschmidt & Schwabe, Berlin
1965 am 20. Juni in Haltingen gestorben

Ende 1922 kam Wolfgang Tümpel an das Bauhaus. Nach dem Besuch des Vorkurses bei Johannes Itten – dem letzten, den dieser abhielt – trat er als Lehrling von Christian Dell in die Metallwerkstatt ein. Seine Lehrzeit fiel in eine Phase der Umorientierung der Metallwerkstätte.

Auf Bestreben von László Moholy-Nagy, dem Nachfolger von Johannes Itten als Formmeister der Metallwerkstätte, und Walter Gropius sollten nun verstärkt Modelle für die Industrie entstehen. Mit neuen Materialien und neuen Aufgaben vollzog sich auch ein Wandel der Formgebung – statt Experiment und Geometrie standen nun Funktion und Technikorientierung im Vordergrund, wie bereits an der ersten selbst gestellten Lehraufgabe Wolfgang Tümpels zu sehen ist.

Eine selbst gestellte Aufgabe

Im März 1924 widmete er sich der Entwicklung eines Teesiebs, kombiniert mit einer Ablageschale beziehungsweise einem Halter. Das Endergebnis bestand in einer glatten, durchlöcherten Kugel und einem langen, schlanken Stiel mit Metallgriff, der später durch einen die Hitze nicht leitenden Holz- oder Elfenbeingriff ersetzt wurde. Tümpels Überlegungen zur Funktion des Teesiebs schlagen sich in zwei Entwurfsvarianten nieder: Die beiden Halbkugelschalen lassen sich auf zwei verschiedene Arten öffnen. Einmal über ein Scharnier, das am Stab befestigt ist – die Kugel ist dadurch vertikal geteilt und kann einfach aufgeklappt werden – oder über eine Führung an der Stabachse, hier wird die obere Hälfte der horizontal geteilten Kugel nach oben weggeschoben. Später entwickelte Wolfgang Tümpel noch eine weitere Variante mit doppeltem Griffstab und einer Spiralfeder am Ende, durch deren Spannkraft sich die Kugel öffnen ließ.

Zu den Teekugeln – ein Thema, zu dem auch andere Bauhaus-Entwerfer wie Josef Knau Beiträge lieferten – gestalteten teilweise in gemeinsamer Arbeit Wolfgang Tümpel, Wilhelm Wagenfeld und Otto Rittweger auch Halter und Ablageschalen. Vor allem die Entwürfe von Tümpel und Rittweger variieren das Thema der Gestelle, die für zwei, vier oder sechs Teekugeln gedacht waren.

Die Vorteile werden formuliert

Die Teekugeln gehören zu den Entwicklungen für neuartiges Gebrauchsgerät, dessen Vorteile im Katalog der Bauhausmodelle angepriesen werden:

»1 Jeder macht seinen Tee so stark wie er will!
2 sauberes Öffnen, leichtes Einfüllen, sicheres Schließen
3 bequeme Reinigung
4 einfache, handliche Form«

Die Teekugeln mit Halterungen wären hervorragend für die industrielle Produktion geeignet gewesen, doch entstand trotz aller Bemühungen um Kontakte zur Industrie nur eine am Bauhaus selbst gefertigte kleine Serie – erst seit 1995 erfolgt eine Serienproduktion in Edelstahl.

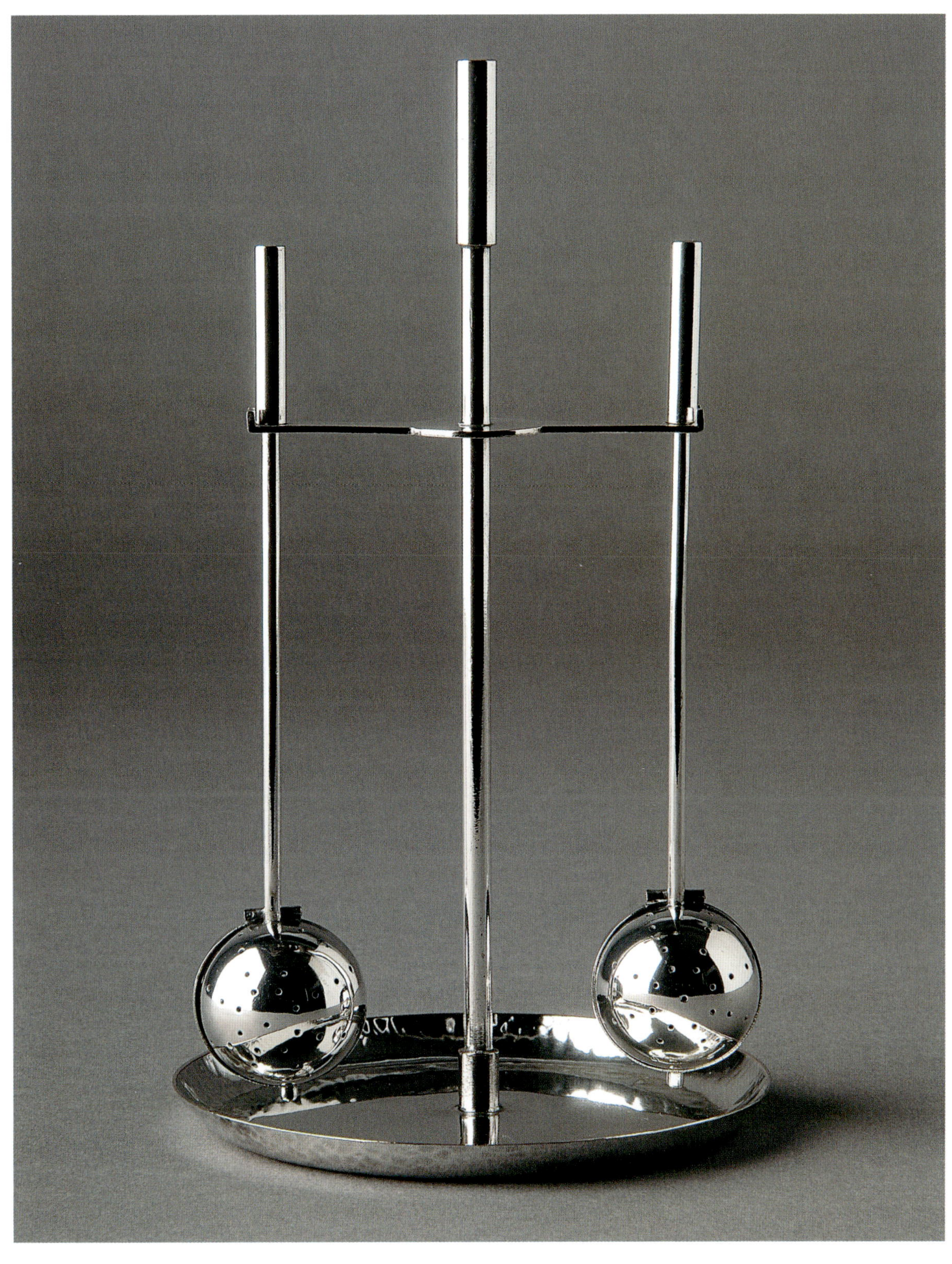

Ständer mit zwei Teekugeln, 1924, Neusilber, z.T. verchromt, Höhe 20,5 cm,
Die Neue Sammlung, München

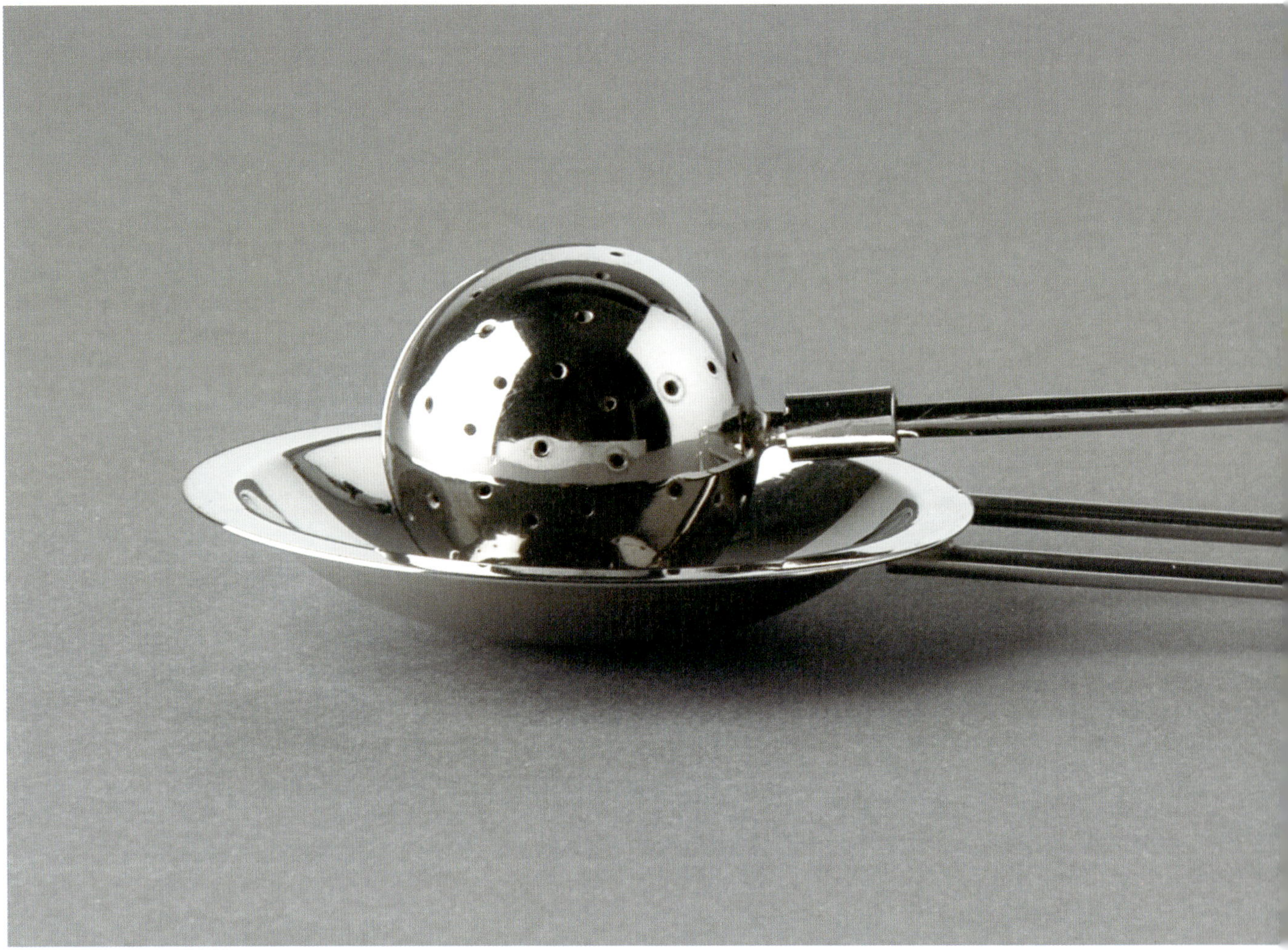

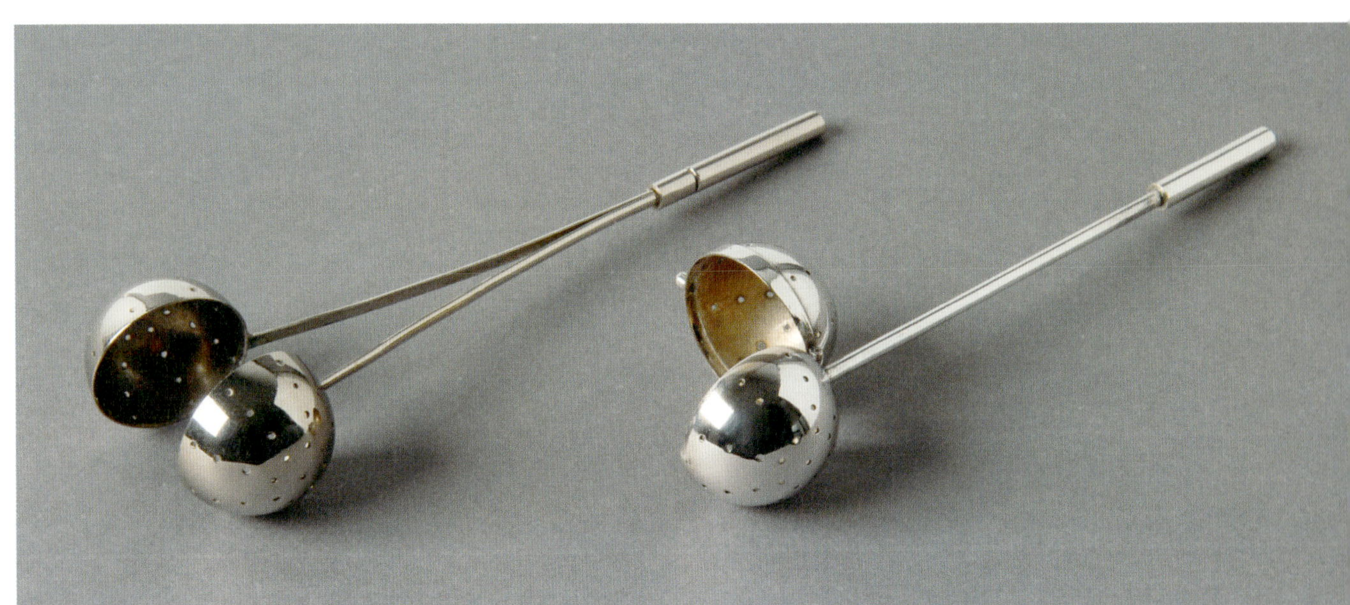

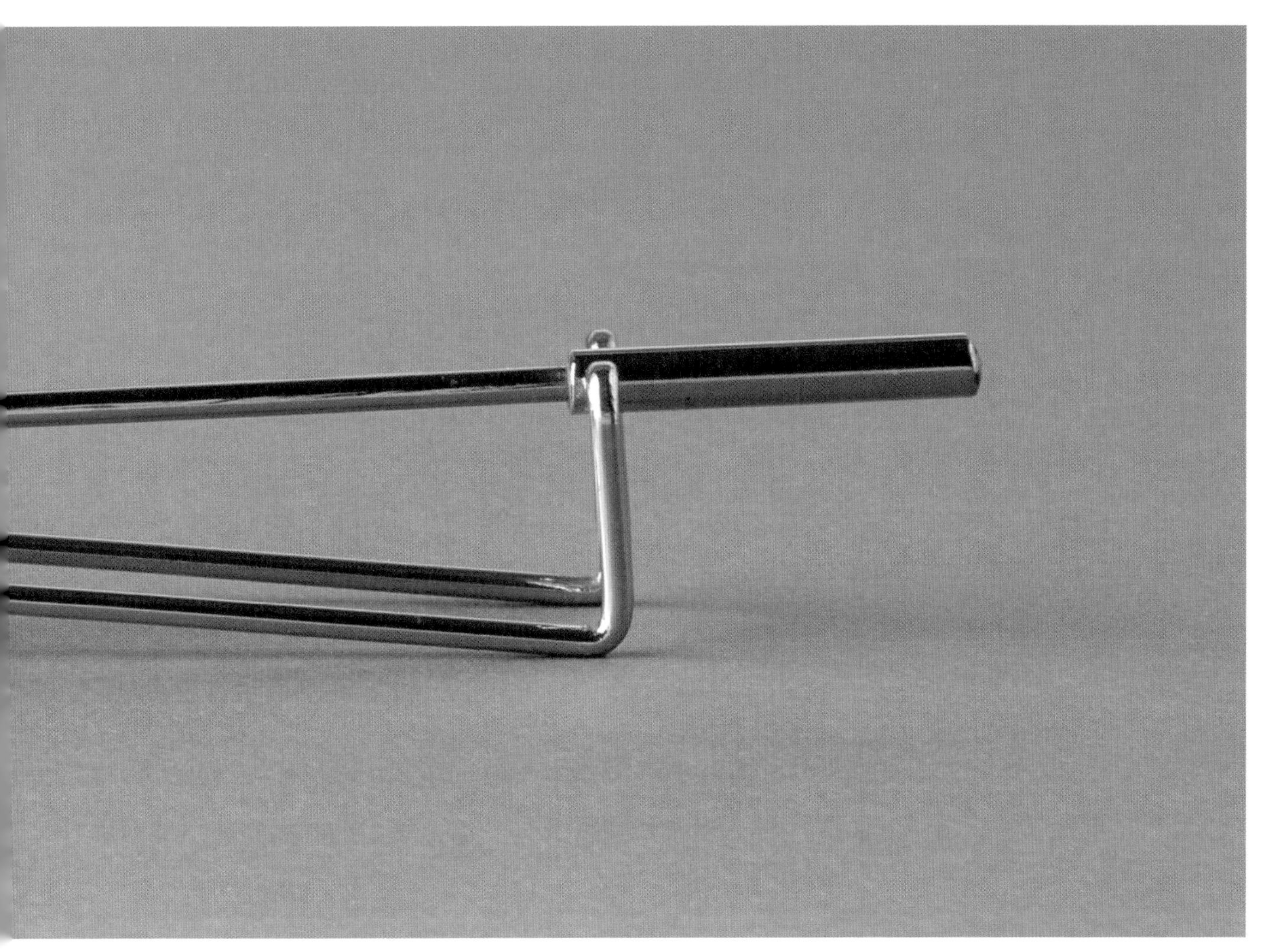

oben:
Wolfgang Tümpel, Teekugel MT 11, 1924, Neusilber, Länge: 15,3 cm;
Wilhelm Wagenfeld, Ablageschale MT 59, 1924, Neusilber, Länge 14,2 cm,
Die Neue Sammlung, München

links:
Josef Knau, Teekugel mit Schiebemechanismus, 1924 (links),
Wolfgang Tümpel, Teekugel mit Klappscharnier, 1924 (rechts),
Die Neue Sammlung, München

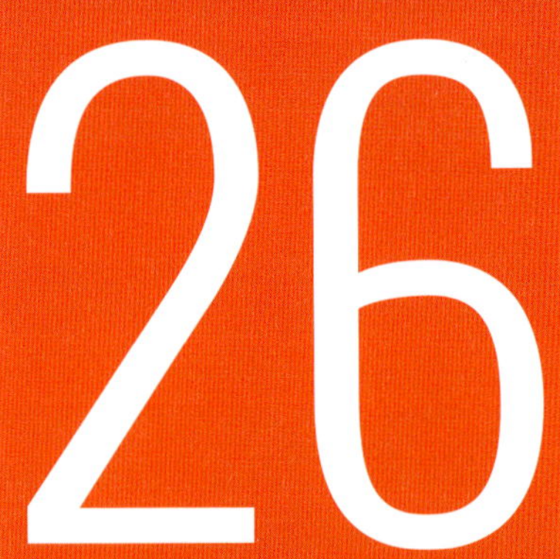

LÁSZLÓ MOHOLY-NAGY

Blatt aus der Mappe für Walter Gropius

Der ungarische Konstruktivist Moholy-Nagy war ein konsequenter Verfechter der Moderne. Für ihn war die künstlerische Bewältigung der technischen Welt zentral. In seinem Werk beobachtete und untersuchte er den Einfluss der Technologie auf das Leben und die Wahrnehmung des Menschen.

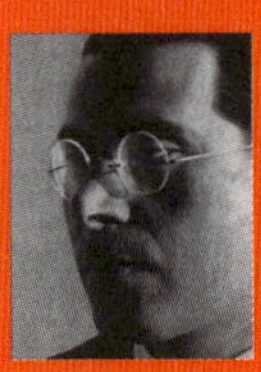

László Moholy-Nagy

1895 am 20. Juli in Bácsborsód (Ungarn) geboren
1913 Jurastudium in Budapest
1914–17 Militärdienst
1919 Emigration nach Wien
1920 Übersiedelung nach Berlin
1922 Teilnahme am Konstruktivisten- und Dadaistenkongress in Berlin
1923 Berufung an das Bauhaus; Leiter des Vorkurses und Formmeister der Metallwerkstatt bis 1928. Beschäftigung mit Malerei, Typographie, Fotografie und Film; Herausgeber der Bauhausbücher
1928–34 eigenes Atelier für Typographie und Ausstellungsgestaltung in Berlin
1934 Emigration nach Amsterdam
1935/36 Arbeit als Graphikdesigner in London; Dokumentarfilme und Fotobücher
1937 Übersiedelung in die USA, Leiter des New Bauhaus in Chicago
1946 am 24. November in Chicago gestorben

Als Künstler war er nicht an ein Medium gebunden. Er fotografierte, malte, schuf Fotogramme, Fotomontagen und Layouts. Die Herstellung von Kunst war für ihn kein handwerklicher, sondern ein mentaler Prozess. Moholy-Nagy erkannte schon sehr früh die Bedeutung der Massenmedien für die moderne Welterfahrung.

Anlässlich des 41. Geburtstages von Walter Gropius sollte eine Künstlermappe zusammengestellt werden. Von Moholy-Nagy kam der Vorschlag, die übrigen Bauhausmeister um künstlerische Arbeiten auf der Basis eines Zeitungsausschnitts zu bitten. Das Zeitungsfoto zeigt einen Radioempfänger mit Lautsprechertrichter auf einem Fenstergesims vor der dicht gedrängten Volksmenge auf dem Postdamer Platz in Berlin. Erstmalig verkündigt ein Radiogerät der Öffentlichkeit die Ergebnisse der Reichstagswahl von 1924.

Fünf Künstler – ein Thema

Dieses mediale Ereignis, das den Anbruch neuer Zeiten ankündigte, interpretierten die sechs BauhausMeister auf sehr unterschiedliche Weise: Georg Muche hielt sich noch am engsten an die räumliche Situation der Vorlage, für Schlemmer und Klee stand das Motiv des trichterförmigen Lautsprechers im Zentrum ihrer jeweils sehr unterschiedlichen Kompositionen, Feininger skizzierte eine Meereslandschaft bei Mondschein und Kandinsky übersetzte das Ereignis in seine abstrakte Bildsprache aus Linien, farbigen Punkten und Flächen. Am modernsten wirkte jedoch die Interpretation László Moholy-Nagys, der aus der Vorlage eine konstruktivistische Zeichnung gestaltete. Stürzende, einander überlagernde Diagonalen bilden auf drei Seiten einen instabilen, dynamischen Bildraum. Ein rotes Quadrat und ein orangefarbener Kreis stehen für den in seine Bestandteile – Empfänger und Lautsprecher – aufgelösten Radioapparat. Der im Foto erkennbare kahle Baum erscheint als schwarzes und als weißes Kreuz.

Moholy-Nagy entwickelte aus der Vorlage eine rein formalistische Inszenierung, die auf inhaltliche Aspekte oder Interpretationen völlig verzichtet. Das ist um so erstaunlicher, als er gerade mit der Auswahl des Zeitungsausschnittes das Thema der neuen Kommunikationstechniken aufgegriffen hatte, das für ihn von besonderer Bedeutung war und dessen Auswirkungen sich in naher Zukunft zeigen sollten. 1924 konnte man noch kaum absehen, dass bereits ein knappes Jahrzehnt später das neue Medium Rundfunk für politische Zwecke eingesetzt und sich bald zu einem der wichtigsten Propagandamittel entwickeln würde.

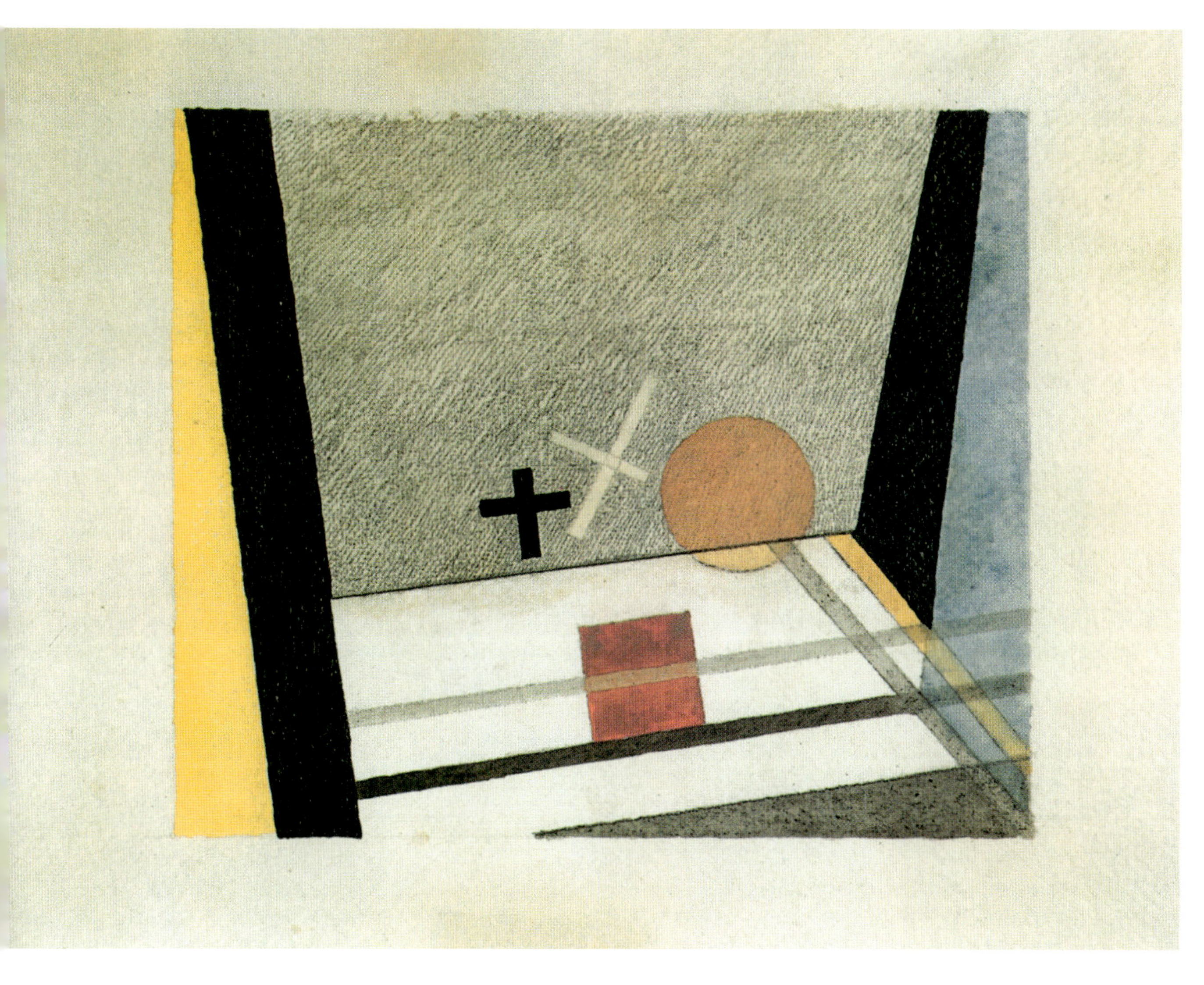

Blatt aus der Mappe für Walter Gropius, »1924 18/V« zu seinem 41. Geburtstag, gewidmet von sechs Bauhausmeistern, 1924, Bleistift, Tusche und Aquarell auf Aquarellpapier, Blatt 25,4 x 31,7 cm, Darstellung 19,1 x 22 cm, Bauhaus-Archiv, Berlin

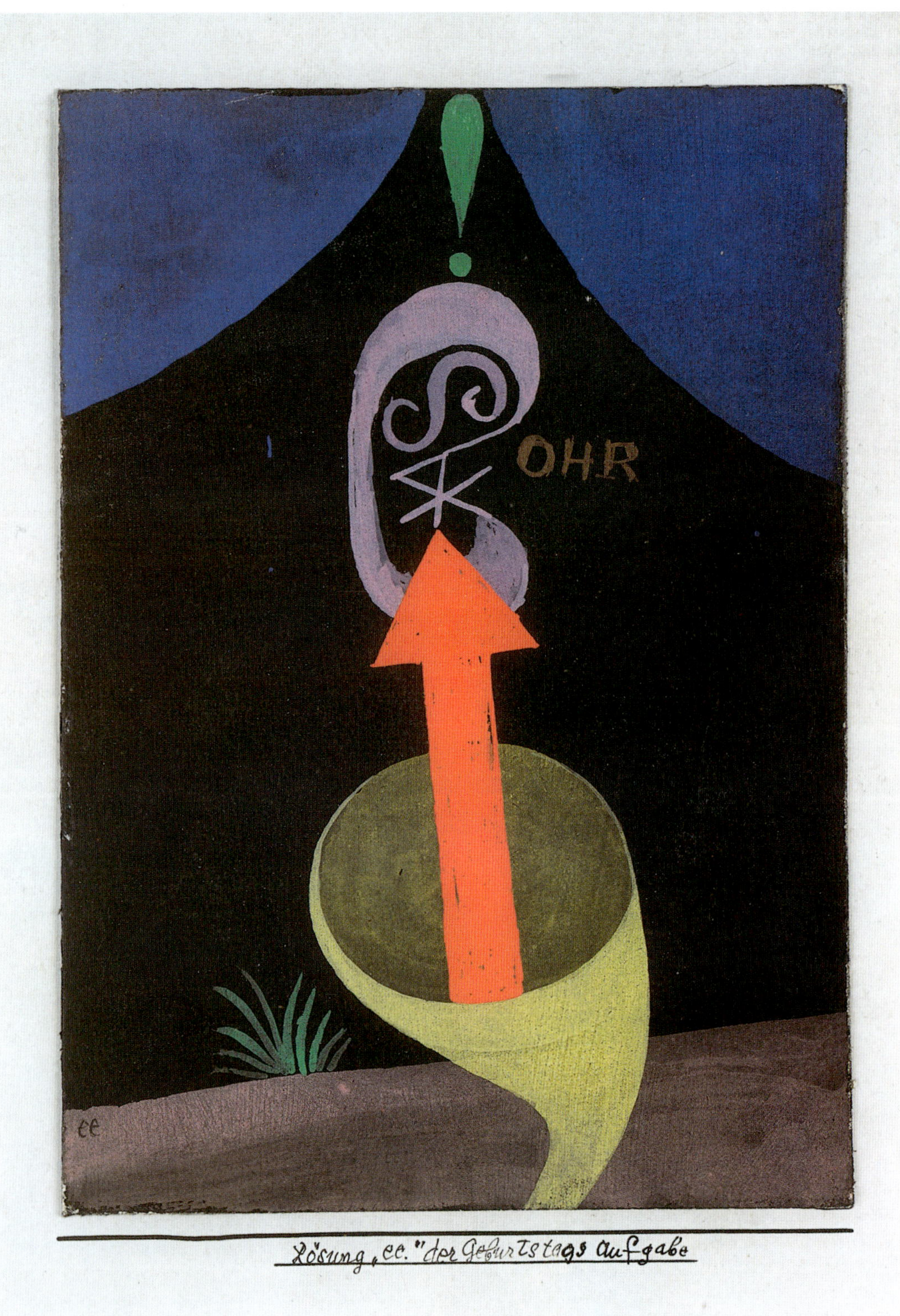

Wassily Kandinsky, *Blatt aus der Mappe für Walter Gropius, »1924 18/V« zu seinem 41. Geburtstag, gewidmet von sechs Bauhausmeistern*, 1924, Bauhaus-Archiv, Berlin

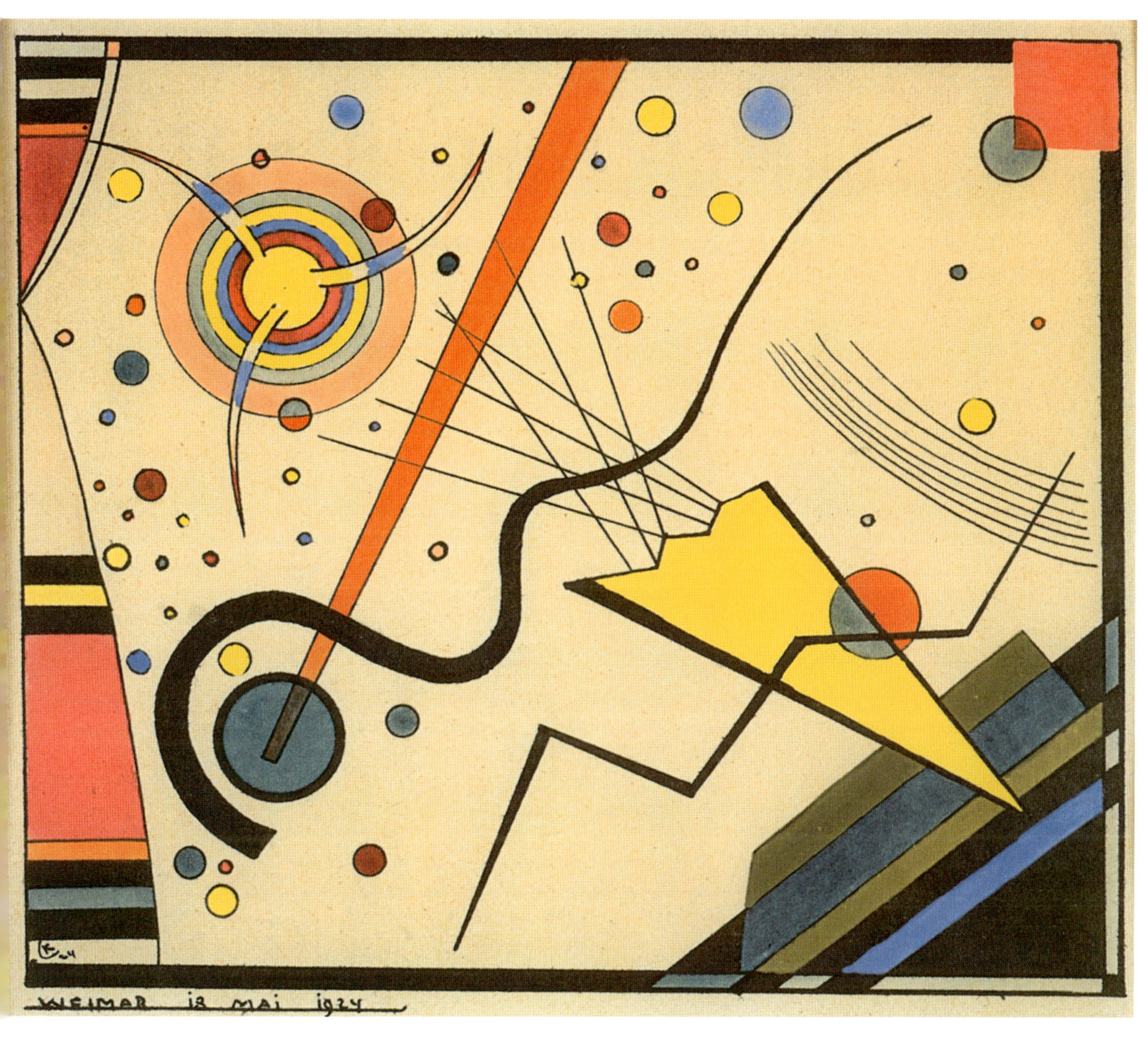

Paul Klee, *Blatt aus der Mappe für Walter Gropius, »1924 18/V« zu seinem 41. Geburtstag, gewidmet von sechs Bauhausmeistern*, 1924, Bauhaus-Archiv, Berlin

27

MARIANNE BRANDT

Tee-Extraktkännchen

»ihre ausgeführten arbeiten und entwürfe können zu den besten bauhausarbeiten gerechnet werden; die meisten von der industrie zur serienmässigen herstellung übernommenen modelle stammen von ihr.« (Gropius, Moholy-Nagy).

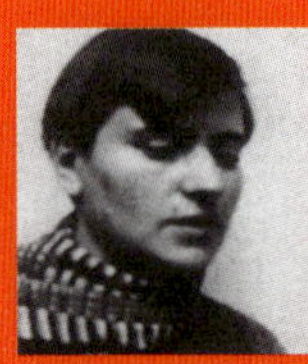

1893 am 6. Oktober in Chemnitz geboren
1911–17 Studium der Malerei und Plastik an der Großherzoglich Sächsischen Hochschule für Bildende Kunst in Weimar
1917–23 eigenes Atelier in Weimar; freischaffende Künstlerin
1919 Heirat mit dem norwegischen Maler Erik Brandt
1923/24 Studienbeginn am Bauhaus
1928 stellvertretende Leiterin der Metallwerkstatt
1928/29 Organisation der Zusammenarbeit mit den Firmen Körting & Mathiesen AG (Kandem) und Schwintzer & Gräff
1930–1932/33 Mitarbeit in der Metallwarenfabrik Ruppelwerk GmbH in Gotha
1933–49 freie künstlerische Tätigkeit
1949 Dozentin an der Staatlichen Hochschule für Werkkunst in Dresden
1951–54 an der Hochschule für angewandte Kunst Berlin-Weißensee
1983 am 18. Juni in Kirchberg/Sachsen gestorben

Als sie nach dem Vorkurs in die Metallwerkstätte eintrat, war sie zwar nicht der erste weibliche Lehrling dort, doch mit Freude wurde sie nicht gerade empfangen. Eine Frau gehöre nicht in die Metallwerkstatt, so hieß es. Man trug ihr überwiegend langweilige und mühselige Arbeiten auf.

Doch ihre ersten eigenen Entwürfe setzten allen Vorurteilen ein abruptes Ende. Ganz im Sinne der Prinzipien des Bauhauses schlug sie bei den Gebrauchsgeräten völlig neue Wege ein.

Das Tee-Extraktkännchen ist ein Paradebeispiel dafür. Wie bei einer Reihe gleichzeitiger Entwürfe leiten anstelle des herkömmlichen Standrings zwei kreuzförmig angebrachte Stege von der Kugelwölbung zur Standfläche über. Ohne den Umriss der Halbkugel zu unterbrechen, betonen sie die Hauptachse der Kanne und verleihen ihr zusätzlich eine gewisse Schwerelosigkeit. Marianne Brandt halbierte den Kugelkörper exakt in der Mitte, schloss die Oberseite in einer Ebene flach ab und versetzte die flache zylindrische Einfüllöffnung mit dem flachen Deckel azentrisch zum halbmondförmigen Griff.

In der Metallwerkstatt des Bauhauses entstanden mehrere Stücke dieses Modells, teils mit leichten Variationen, teils in unterschiedlichen Materialien. Eine industrielle Serienproduktion wurde jedoch nie aufgenommen.

Monumentalität im Kleinen

So klein dieses Kännchen von den Dimensionen her ist, so monumental verkörpert es die Gestaltungsgrundsätze der Metallwerkstatt: Bei keinem anderen Stück sind die Einzelformen so einfach gewählt, so klar gegeneinander abgesetzt, der Kontrast der verschiedenen Materialien so geschickt gewählt wie bei diesem Kännchen. Und was nahezu unglaublich ist: Marianne Brandt entwarf dieses großartige Tee-Extraktkännchen in ihrem ersten Lehrjahr. Im Gegensatz zu manch anderen Studierenden, die, wie Wilhelm Wagenfeld etwa, bereits eine abgeschlossene Ausbildung als Silber- oder Goldschmied hinter sich hatten, konnte Marianne Brandt diesbezüglich ›nur‹ auf ein Studium der Malerei und Bildhauerei zurückblicken.

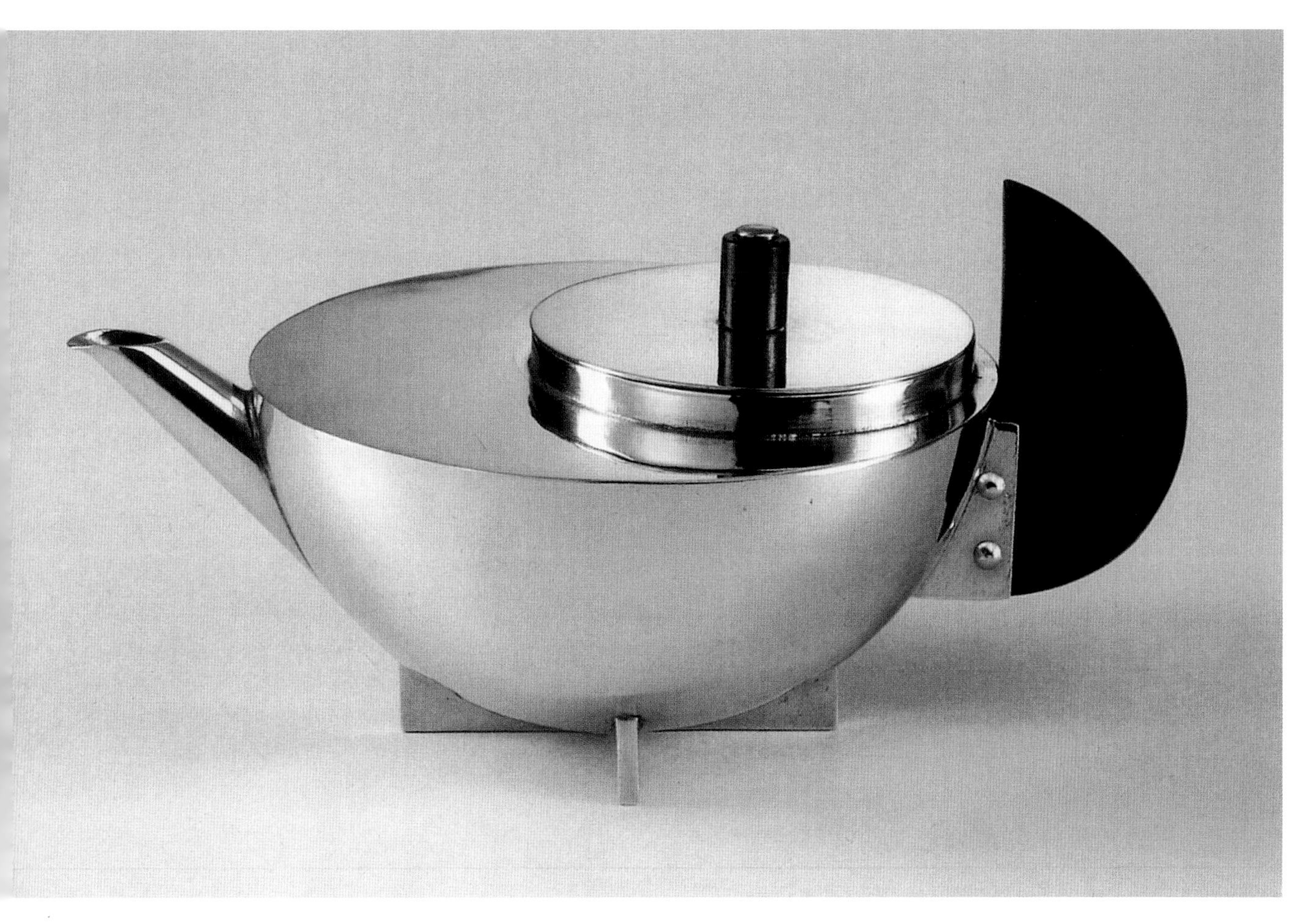

Tee-Extraktkännchen MT 49, 1924, Silber, Ebenholz, Höhe 7,3 cm, Bauhaus-Archiv, Berlin

28

WILHELM WAGENFELD

Teedose

In ihrer radikalen Reduziertheit steht die Teedose von Wilhelm Wagenfeld beispielhaft für die Gestaltungsprinzipien des Bauhauses.

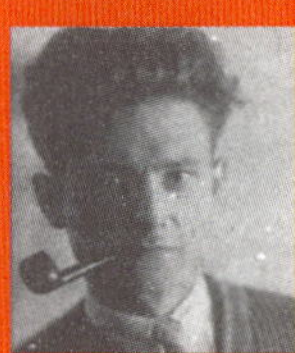

1900 am 15. April in Bremen geboren
1914–18 Lehre im Zeichenbüro der Bremer Silberwarenfabrik Koch & Bergfeld
1916–19 Besuch der Bremer Kunstgewerbeschule
1919–22 an der Zeichenakademie in Hanau
1923 Beginn des Studiums am Bauhaus; Vorkurs bei Moholy-Nagy
1924 Gesellenprüfung als Silberschmied in Weimar
1925–30 an der Bauhochschule in Weimar
1931–35 Professor an der Staatlichen Kunsthochschule Grunewaldstraße in Berlin
1935 künstlerischer Leiter der Vereinigten Lausitzer Glaswerke
1942–45 Militärdienst
1947–49 Professor für Industrielle Formgestaltung an der Hochschule der Bildenden Künste Berlin
1949/50 Referent für Industrielle Formgebung im Württembergischen Landesgewerbeamt
1950 Beginn der Zusammenabeit mit der WMF
1954–78 Werkstatt Wagenfeld
1990 am 28. Mai in Stuttgart gestorben

Fasziniert von den Ideen des Bauhauses brach der junge Künstler und Silberschmied Wilhelm Wagenfeld vehement mit seiner Vergangenheit. Er verschenkte in einem radikalen Befreiungsakt seine Graphiken und zerstörte alle seine Radierplatten und Druckstöcke. So kam er, abgesehen von ein paar Silberschmiedearbeiten, unbelastet an das Bauhaus in Weimar.

Unter dem Lehrer der Metallwerkstatt, László Moholy-Nagy, entdeckte Wagenfeld neue Ansätze für eine Synthese von Form und Inhalt, Kunst und Technik, ästhetischer Gestaltung und lebensnaher Funktionalität. Moholy-Nagy zeigte ihm neue Perspektiven auf: »Handwerk und Industrie von heute sind in ständiger Annäherung begriffen und müssen allmählich ineinander aufgehen zu einer neuen Werkeinheit, die jedem Individuum den Sinn der Mitarbeit am Ganzen und damit den spontanen Willen zu ihr wiedergibt. [...] Das Handwerk der Zukunft wird in dieser Werkeinheit das Versuchsfeld für die Industrie bedeuten.«

Radikale Formgebung

Bereits eine seiner ersten Arbeiten, eine Mokkamaschine, spiegelte Wagenfelds neu eingeschlagenen Weg deutlich wider: Kessel und Untersatz sind in konstruktivistischen Formen aus Kupfer getrieben und zu einem Gesamtgerät zusammengefügt. Am radikalsten verkörpert jedoch seine Teedose diesen Neuansatz. Ein Blech aus Neusilber ist hier zu einem Zylinder gearbeitet und an der seitlichen Naht verlötet. Ebenfalls verlötet ist der flache Boden. Oben schneidet Wagenfeld den Zylinder zur Hälfte horizontal ab, die andere Hälfte bildet den abgerundeten Schüttrand. Dieses formale Detail ermöglicht erst das gezielte Ausschütten des Tees aus der Büchse und ist damit zugleich funktional bedingt. Abgeschlossen wird das Ganze durch einen flachen Deckel mit einem rundbogigen Griff, der einen kunstvollen Blickfang darstellt. Hier ist nicht das stilvoll gesetzte Ornament im Mittelpunkt – ganz im Gegenteil – gerade der Verzicht darauf lässt die raffinierten Proportionen erst richtig zur Geltung kommen.

Mit dieser absolut reduzierten Form sollte sich auch der Weg zu der vom Bauhaus angestrebten industriellen Serienproduktion öffnen. Doch dazu kam es nicht. Zwar stellte die Metallwerkstatt selbst einige dieser Teedosen in zwei verschiedenen Größen her, ein Industrieprodukt entstand daraus erst durch die – allerdings in einem anderen Material ausgeführte – Reedition der 1980er-Jahre.

Ursprünglich bestand die Teedose wie so viele andere Bauhausarbeiten auch aus Neusilber, einer Legierung aus Kupfer, Nickel und Zink. Diese Legierung sieht aus wie Silber, ist jedoch weitgehend korrosionsfrei und vor allem wesentlich preiswerter.

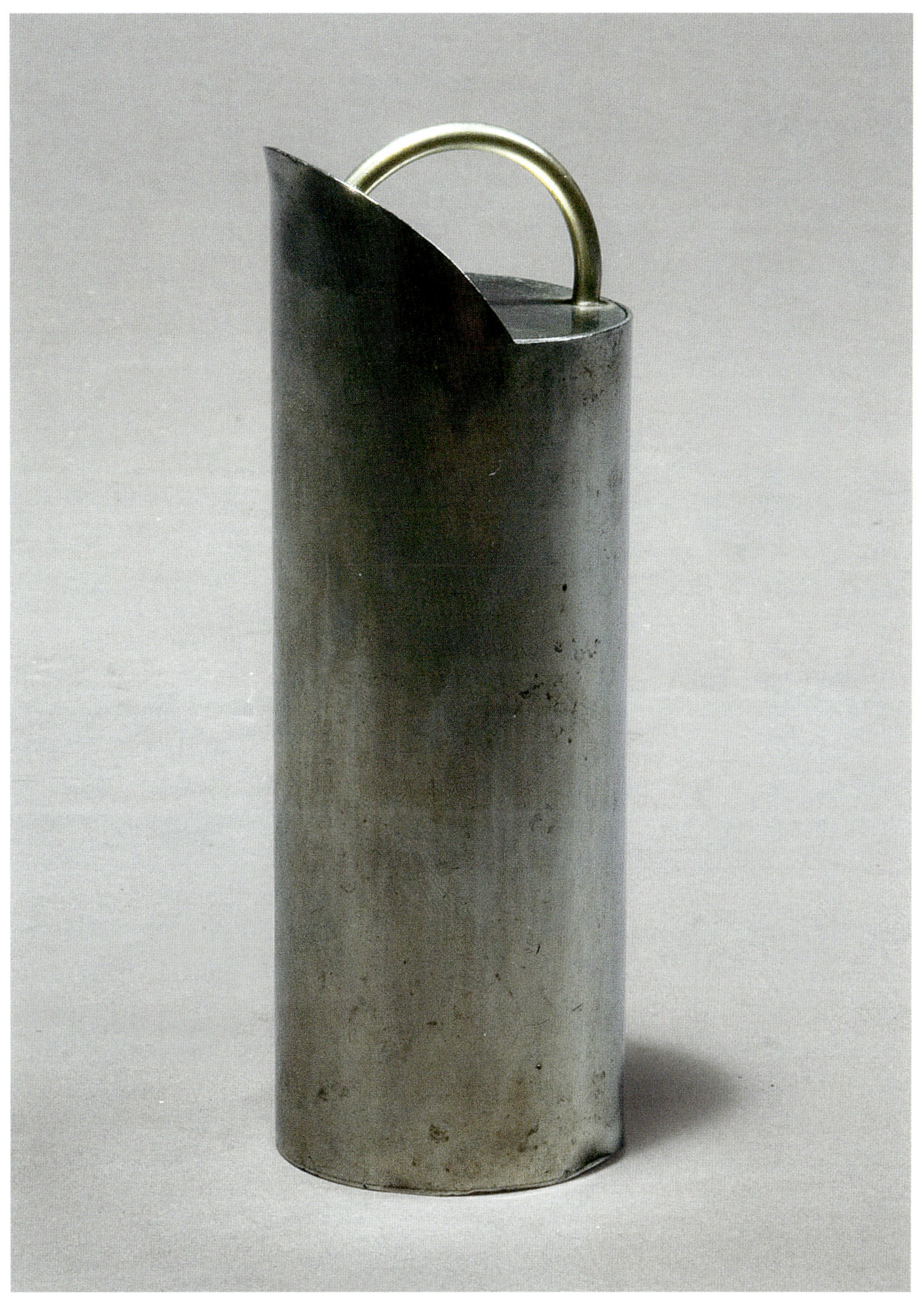

Wilhelm Wagenfeld, Teedose, 1924, getriebenes und verlötetes Blech aus Neusilber,
Höhe: 14,7 cm; Durchmesser: 5 cm

29

KURT SCHMIDT

Mann am Schaltbrett

Mechanik und Maschine übernehmen die Herrschaft – auch am Theater. Farbige Leinwände, geometrische Pappflächen und Skulpturen sind die Hauptdarsteller, bewegt von unsichtbaren Menschen. Der Künstler erscheint als Ingenieur – er tritt hinter seine mechanischen Schöpfungen zurück.

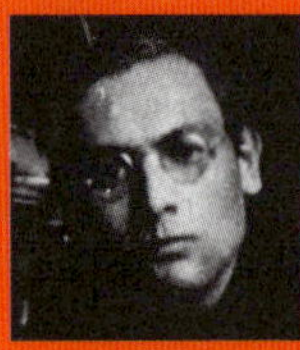

1901 am 10. März in Limbach/Sachsen geboren
1919 Zeichenklasse der Kunstgewerbeschule Hamburg
1920 Beginn des Studiums am Bauhaus; Vorkurs bei Johannes Itten
1921 Werkstatt für Wandmalerei
1923 Wechsel in die Bühnenwerkstatt
1925 Abschlusszeugnis des Bauhauses
1925–29 in Stuttgart Gestaltungs- und Werbearbeiten
1929 Übersiedelung nach Gera
1930 Besuch der Webschule in Greiz
1941–45 Kriegsdienst
1985 Ehrenmitglied des VBK der DDR
1991 am 5. Mai in Gera gestorben

Oskar Schlemmer brachte seine Auffassung des Menschen als einem mathematisch-geometrisch bestimmten Typus einer höheren Ordnung auch als Leiter der Bauhausbühne in seinen Unterricht mit ein. Das daraus entwickelte, von den Studierenden deutlich forcierte Thema der »mechanischen Bühne« schlug sich in den Jahren zwischen 1923 und 1925 in zahlreichen Arbeiten nieder. Dabei ging es sowohl um die Bewegung farbiger Formen im Raum der Bühne als auch um die Abstraktion der menschlichen Körperformen zu flächigen oder rundplastischen Kostümen. Die letzte Konsequenz derartiger Bestrebungen stellen Marionettenfiguren dar, wie sie beispielsweise Kurt Schmidt auf Anregung Schlemmers 1923 gestaltet hatte. Mit einfachsten formalen Mitteln gelang es Schmidt, das Charakteristische der dargestellten Personen sichtbar zu machen.

Eine weitere Anregung Oskar Schlemmers

Ebenfalls auf eine Anregung Schlemmers geht das von Kurt Schmidt entworfene Stück *Mann am Schaltbrett* zurück. Die etwa halbstündige tänzerisch-pantomimische Szene für fünf männliche Darsteller in rundplastischen und flächig gehaltenen Kostümen sollte, so Schmidt, »vor allem die Möglichkeit geben, bildnerische Formen beweglich darzustellen und dabei dem Charakter des technischen Zeitalters Ausdruck verleihen«. Über den Inhalt schrieb Schmidt: »Die mechanisch-intelligenten Kräfte einer Persönlichkeit steigern sich bis zum dämonischen Robotersein. Im Zentrum der Sinne, am Schaltbrett, werden vom Dämon Symbolismen ausgelöst, die tänzerisch in charakteristischen Bewegungen traumhaft vorübergleiten. […] Am Schluß stürzt der Dämon in rasender und ungebändigter Losgelöstheit von den Gesetzen der Statik in sich zusammen.« Im Mann am Schaltbrett übernimmt die Maschine die Herrschaft. Das »Geschöpf« des Menschen besiegt seinen Schöpfer. Der »neue« Mensch ist zur Marionette geworden, bezwungen von einer höheren, nicht menschlichen und unzähmbaren Macht.

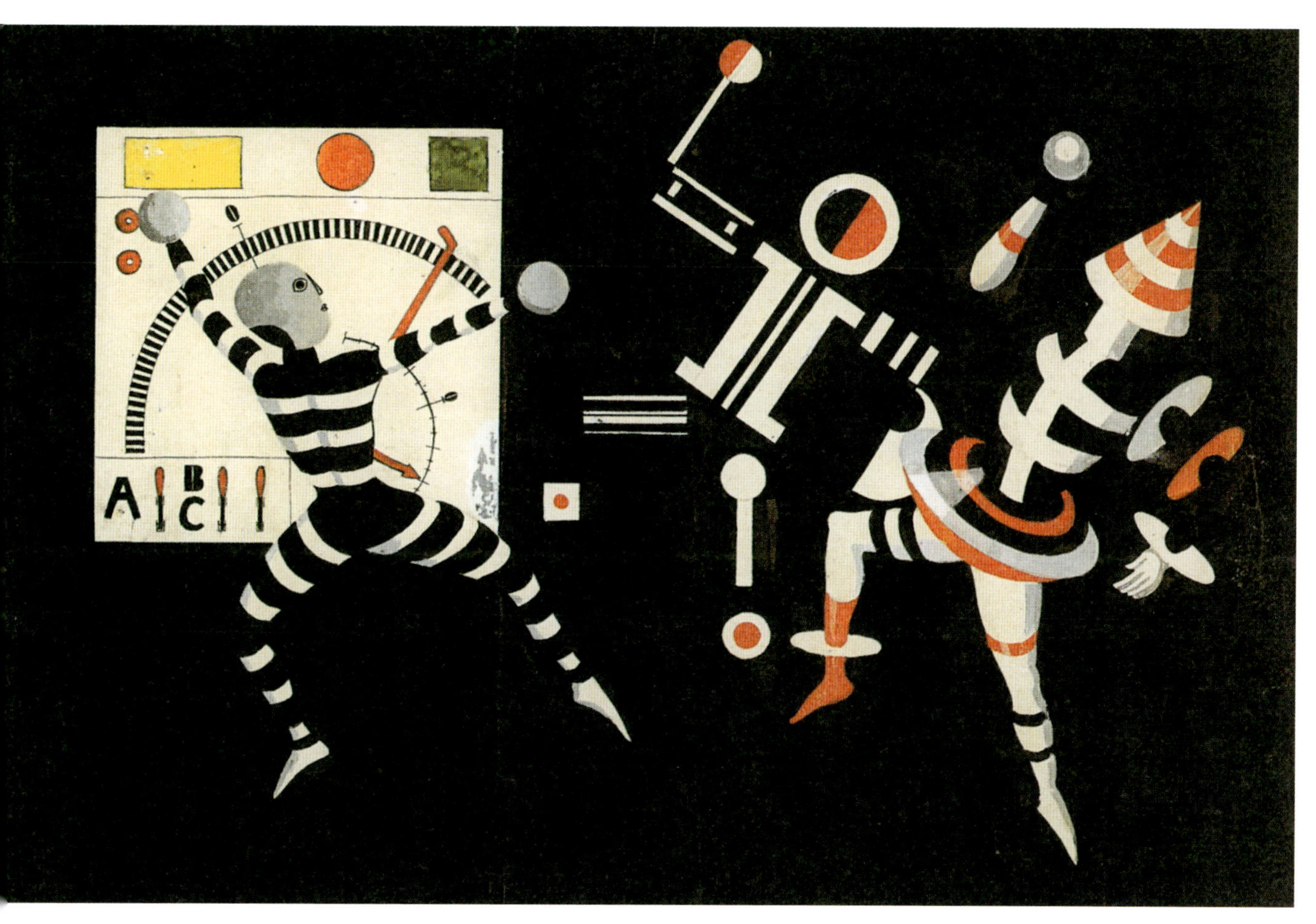

Szenenentwurf *Mann am Schaltbrett*, 1924, Tempera, Tusche und Silberbronze, 34 x 50,5 cm, Bauhaus-Archiv, Berlin

30

LUCIA MOHOLY

Bauhaus-Fotografie

Lucia Moholy fotografierte in allen Bauhaus-Werkstätten und schuf so eine Bestandsaufnahme des Bauhauses. Ihre unprätentiösen Aufnahmen prägten über die Jahrzehnte unser Bild vom Bauhaus und den dort entstandenen Designobjekten.

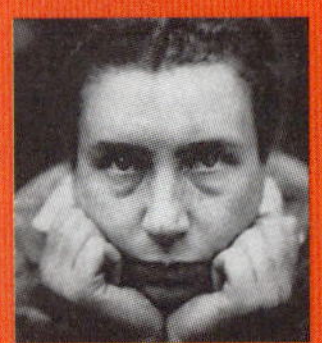

1894 am 18. Januar in Karolinenthal bei Prag geboren
1912 Studium der Kunstgeschichte und Philosophie
1915–20 Redakteurin und Lektorin
1921 Heirat mit László Moholy-Nagy
1923 mit der Berufung Moholy-Nagys an das Bauhaus Übersiedelung nach Weimar
1923/24 Lehre im Weimarer Fotografenatelier Eckner
1925/26 foto- und drucktechnischer Unterricht an der Akademie für Graphische Künste und Buchgewerbe in Leipzig; mit dem Bauhaus Umzug nach Dessau
1928 Ende der Arbeit am Bauhaus; Umzug nach Berlin
1933 Emigration nach London
1939–42 beschäftigt sich mit Mikroverfilmung
1946 Verfilmungsbeauftragte der UNESCO speziell für die Länder des Nahen und Mittleren Ostens
1952/53 leitet in Instanbul und Ankara den Aufbau kulturhistorischer Archive
1959 Übersiedlung nach Zollikon/Zürich
1989 am 17. Mai in Zürich gestorben

In der Frühzeit des Bauhauses spielte Fotografie kaum eine Rolle. Sie hatte weder einen festen Platz im pädagogischen Programm der Schule noch wurde sie damals schon als Experimentierfeld entdeckt. Erst mit der großen, von einem bebilderten Katalogbuch begleiteten Ausstellung im Jahr 1923 setzte sich die Erkenntnis durch, dass ohne Fotografie nur schwerlich eine wirksame und erfolgreiche Öffentlichkeitsarbeit zu leisten war.

Lucia Moholy, die im April 1923 zusammen mit ihrem Mann László Moholy-Nagy ans Bauhaus gekommen war, gilt als die Pionierin der Bauhaus-Fotografie. Sie setze sich als Erste in einem professionellen Rahmen mit dem Medium Fotografie auseinander, absolvierte 1923/24 bei dem Weimarer Fotografen Otto Eckner sogar eine zusätzliche Lehre und belegte 1924 und 1925 Kurse in Reproduktionstechnik an der Leipziger Hochschule für Graphik und Buchkunst.

Eine fotografische Bestandsaufnahme

Zwischen 1924 und 1928 schufen Lucia Moholy und später ihr Nachfolger Erich Consemüller einen umfangreichen Bestand an Produktaufnahmen und Architekturansichten, die bis heute unser Bild vom Bauhaus und den Bauhausentwürfen bestimmen. Bei ihren Objekt- und Architekturfotografien nimmt sich Lucia Moholy gegenüber ihrem Gegenstand extrem zurück, so dass sehr sachliche Aufnahmen entstehen, die keinerlei Anspruch auf Eigengestaltung erkennen lassen. Die Vorbilder für ihre Arbeit fand sie lediglich in zeitgenössischen Architekturzeitschriften. Eine Auseinandersetzung darüber mit Walter Gropius fand nicht statt. Dennoch waren ihre Bilder außerordentlich erfolgreich: Zeitungsbeilagen und Illustrierte, die Zeitschrift *bauhaus* und andere Kunst- und Avantgarde-Blätter druckten die Fotos.

Sachaufnahmen in der Metallwerkstatt

Berühmt sind ihre Sachaufnahmen aus der Metallwerkstatt, die sich durch die präzise, aber unprätentiöse Ablichtung der Metallgegenstände ohne Überstrahlung auf ihrer Oberfläche sowie ohne Schattenwürfe auf den Hinter- oder Untergrund auszeichnen. Für ihre Aufnahmen bediente sie sich einer simplen und bekannten Technik, die es ihr erlaubte, in jeder der Werkstätten ohne großen Aufwand zu arbeiten: Vor einer Wand aus grauem Karton oder Tuch wurde in einigem Abstand eine Glasplatte horizontal zwischen zwei Stühle oder Hocker gelegt. Darauf wiederum konnten die Objekte platziert werden, meist nebeneinander, damit sich die geringe Schärfentiefe der Großformatkamera nicht negativ auswirkte. Gelegentlich wurde die hintere Kante der Glasplatte wegretuschiert, so dass die fotografierten Objekte vor der Wand zu schweben scheinen. In dieser Art entstanden die meisten Aufnahmen aus der Metallwerkstätte, da die spiegelnden und häufig mit Glas kombinierten Metallobjekte ein differenziertes Licht aus mehreren Lampen benötigten.

Die Ergebnisse sind auf den ersten Blick unspektakulär, aber ohne die Aufnahmen von Lucia Moholy-Nagy, die bereits damals für die Selbstdarstellung des Bauhauses von großer Bedeutung waren, wüssten wir heute weit weniger von dessen Leistungen.

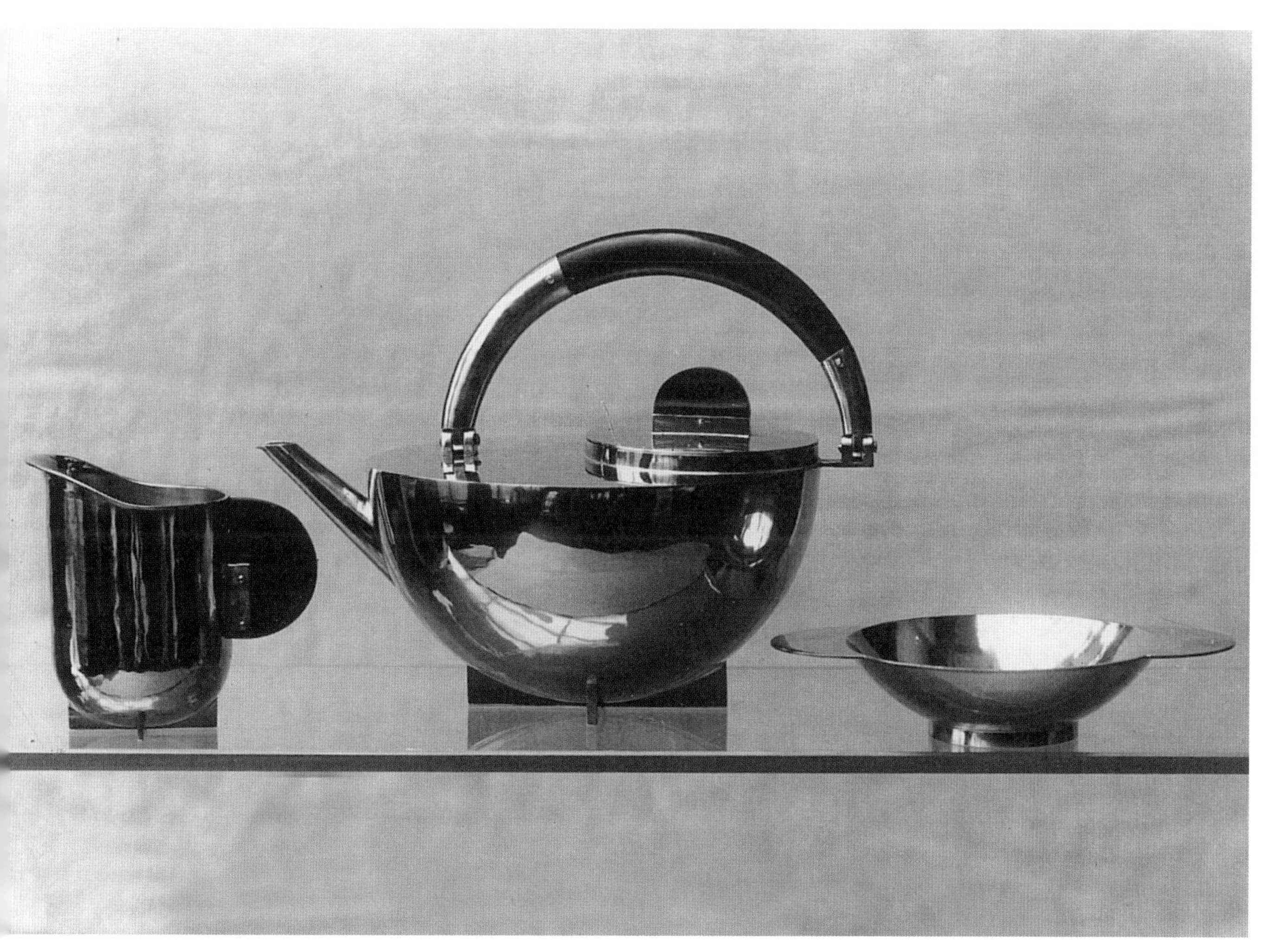

Lucia Moholy, Teekanne, Sahnegießer, Zuckerschale (Marianne Brandt), 1924, Vintage Print, Gelantinesilber, kartonstark, 12 x 16,5 cm, Bauhaus-Archiv, Berlin

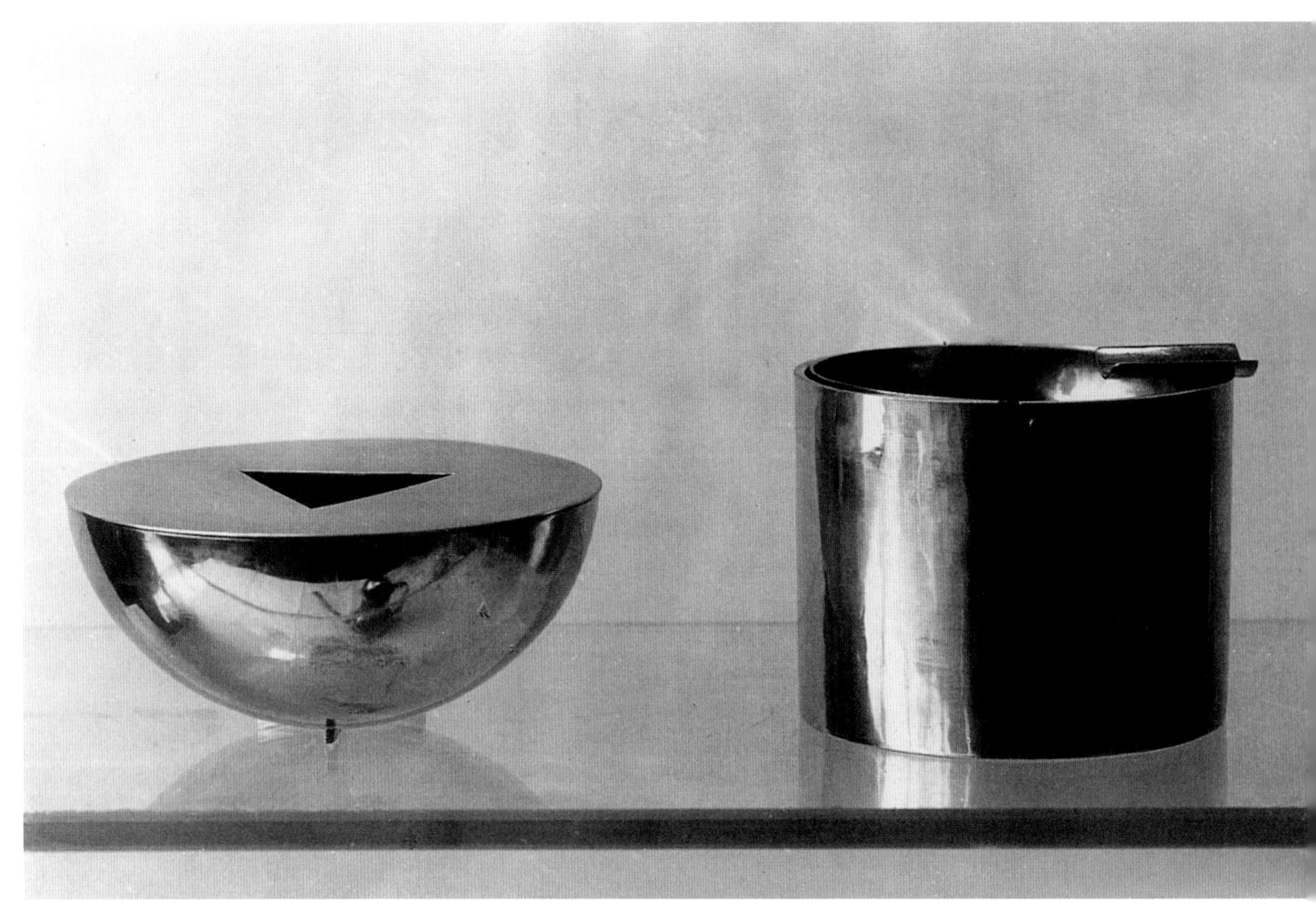

Lucia Moholy, Aschenschalen (Marianne Brandt),1924, Bauhaus-Archiv, Berlin

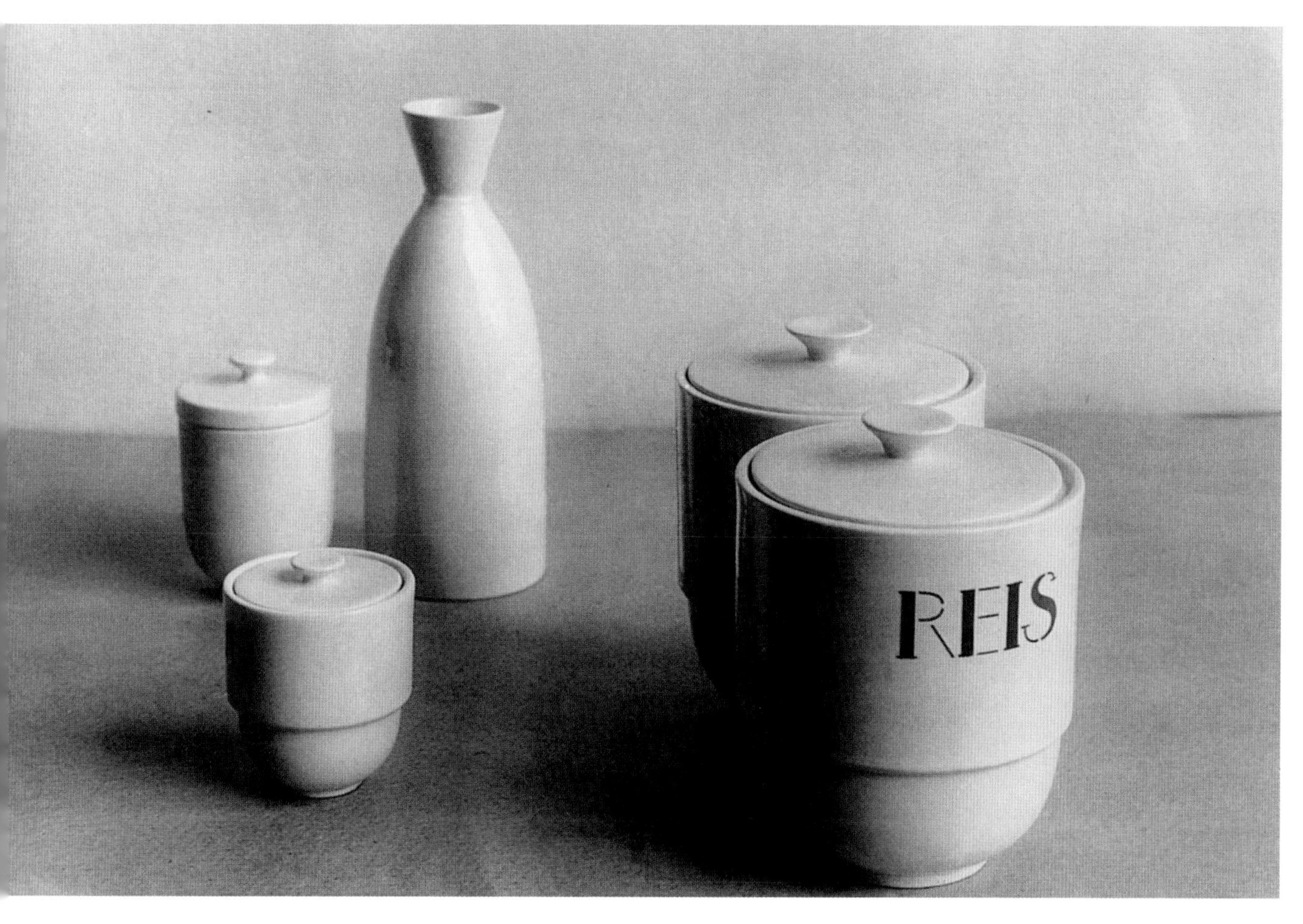

Lucia Moholy, Küchengefäße (Theodor Bogler), 1924, Bauhaus-Archiv, Berlin

31

HERBERT BAYER

Entwurf eines Kiosks

Ein Zeitungskiosk als gestalterische Aufgabe – Beleg dafür, wie sehr das Bauhaus aktuelle Strömungen aufnahm. Auch Reklame wurde als neue Aufgabe angesehen. Der Entwurf von Herbert Bayer, der optische und akustische Reize berücksichtigt, gilt als Vorläufer multimedialer Werbung.

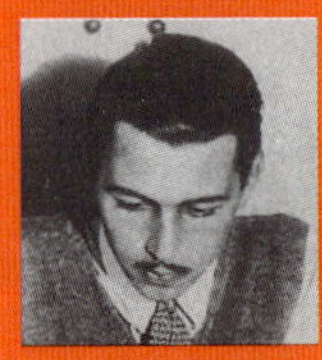

1900 am 5. April in Haag/Oberösterreich geboren
1919 Lehre im Büro des Architekten und Entwerfers Georg Schmidthammer in Linz
1921 Assistent des Architekten Josef Emmanuel Margold in der Darmstädter Künstlerkolonie
1921 Beginn des Studiums am Bauhaus; Vorkurs bei Johannes Itten
1923–25 in der Werkstatt für Wandmalerei tätig
1925 Gesellenprüfung und Übernahme der Leitung der neu eingerichteten Abteilung »Druck und Reklame«
1928–38 in Berlin als selbständiger Werbegraphiker tätig
1938 Übersiedelung nach New York
1946 in Aspen tätig
1968 Gestaltung der Ausstellung *50 Jahre Bauhaus* in Stuttgart
1974 Übersiedelung nach Montecito
1985 am 30. September in Montecito, Kalifornien, gestorben

Herbert Bayers erste typographische Arbeiten entstanden im Büro des Architekten und Entwerfers Georg Schmidthammer in Linz, bei dem er als Neunzehnjähriger eine Lehre begann. Ab 1921 arbeitete Bayer als Assistent des Architekten Josef Emmanuel Margold in der Darmstädter Künstlerkolonie. Noch im gleichen Jahr schrieb er sich als Student am Bauhaus in Weimar ein, besuchte dort zunächst den Vorkurs bei Johannes Itten und danach die Werkstatt für Wandmalerei, die anfangs von Oskar Schlemmer und ab 1922 von Wassily Kandinsky geleitet wurde. Seine Ausbildung schloss Bayer 1925 mit der Gesellenprüfung ab.

Noch bevor Herbert Bayer 1925 zum Leiter der Druck- und Reklamewerkstatt berufen wurde, entstand dieser Entwurf. Er gehört zu einer Serie von insgesamt sieben fiktiven Reklamebauten mit fünf Kleinarchitekturen sowie zwei Leuchtreklamen. Sie monumentalisieren die modernen Reklamemedien und setzen modernste Techniken ein. Leuchtreklame kommt fast in jedem Entwurf vor, hier in Form einer angedeuteten Laufschrift, deren Leuchtkasten mit der Lochfläche veranschaulicht wird.

Graphische Architektur

Die Aufbauten bilden eine vor- und zurückspringende Schauwand, die den Verkaufskiosk deutlich überragt. Farbigkeit und räumlicher Aufbau zeigen noch unverkennbar den Einfluss der holländischen De Stijl-Künstler. Bayer ging es hier um die Möglichkeiten, die Flächenformen optimal für seine Reklameelemente zu nutzen und so den Signalcharakter bis zum Äußersten auszureizen. Der eigentliche Kiosk tritt dagegen deutlich zurück. Die kleinteilige, dadaistisch anmutende Collage der Seitenwand steht in extremem Kontrast zu den großflächigen Aufbauten.

An diesen Entwürfen zeigt sich Bayers Aufgeschlossenheit gegenüber der modernen Werbewelt. Durch den Einsatz von Foto, Film, Ton, Licht und Bewegung ist die multimediale Werbung der späteren Zeit bereits vorgezeichnet. Der Kiosk für den Zeitungsverkauf belegt überzeugend Bayers außerordentliches Gespür für die Förderung des Verkaufs durch Gestaltung und für das, was man später als Marketing bezeichnen sollte.

In seinem Schaffen begann jedoch ab 1925 die Auseinandersetzung mit der Typographie eine immer größere Rolle zu spielen. So führte er mit seinen ersten Entwürfen in Dessau, den neuen Briefbögen für das Bauhaus, das DIN-Format und die Kleinschrift ein, denn für ihn war diese Schrift bezüglich Lesbarkeit, Lernbarkeit und Druck ökonomischer.

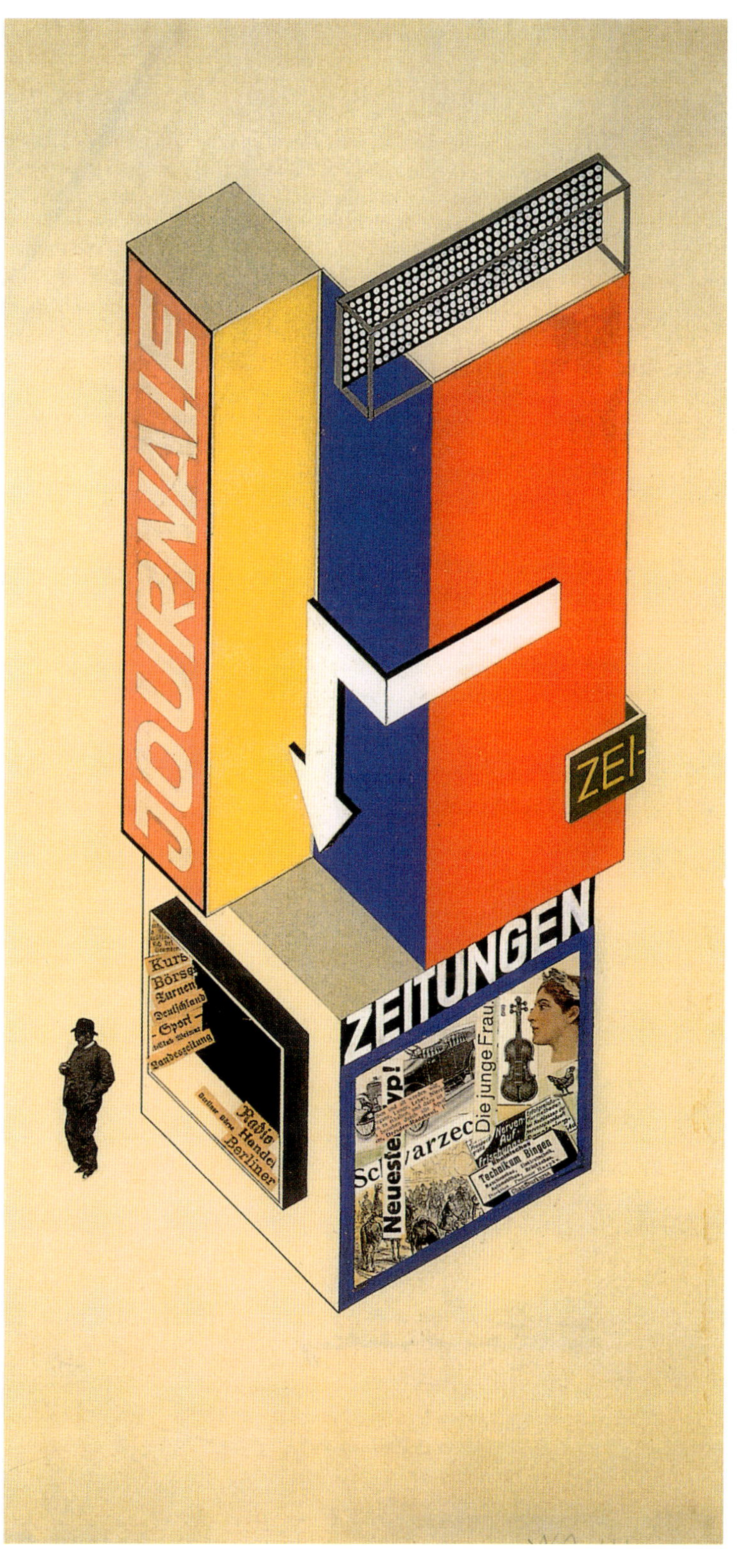

Entwurf eines Kiosks für Zeitungsverkauf, 1924, Tempera und Collage auf Papier, 64,5 x 34,5 cm, Bauhaus-Archiv, Berlin

32

ANNI ALBERS

Wandbehang Nr. 175

Exemplarisch für die neue Ästhetik des Bauhauses steht eine geometrisch-flächige Gestaltung, die sich rigoros gegen die vorherrschenden Geschmackskonventionen wandte, wie etwa den erzählend-figuralen Bildteppich, der noch im Jugendstil eine neue Blüte erlebt hatte.

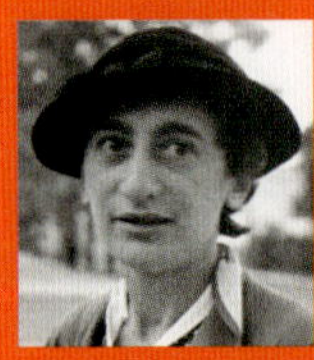

1899 am 12. Juni in Berlin geboren
1916–19 Besuch einer Berliner Kunstschule
1919/20 Kunststudium und Besuch der Kunstgewerbeschule Hamburg
1922 Beginn des Studiums am Bauhaus; Vorkurs bei Johannes Itten und Georg Muche
1925 Heirat mit Josef Albers
1930 Bauhausdiplom
1931 Kommissarische Leiterin der Weberei
1933 Emigration in die USA
1933–49 Assistant Professor am Black Mountain College
1949 erste Einzelausstellung am Museum of Modern Art in New York
1950–62 als freischaffende Weberin tätig, danach Hinwendung zur Graphik
1994 am 9. Mai in Orange, Connecticut, gestorben

Bereits in ihrer Kindheit entwickelte Anni Albers großes Interesse für Malerei und Zeichnung. Ermuntert von ihren Eltern, besuchte sie zunächst die Kunstgewerbeschule in Hamburg, bevor sie 1922 an das Bauhaus nach Weimar ging. Nach Abschluss des obligatorischen Vorkurses kam die Entscheidung für eine bestimmte Werkstätte – eine Entscheidung, die jedoch für eine weibliche Studentin keine große Wahl ließ. Anni Albers beschrieb dies im Nachhinein: »Die Eingangssemester mussten in einer Werkstatt arbeiten und die Werkstätten, die ich ausprobieren wollte, waren für mich nicht geeignet. Ich mochte Anstreichen nicht, weil ich nicht auf Leitern herumklettern wollte, und ich mochte die Schlosserei nicht, weil da alles so hart und spitz war. Ich wollte nicht in die Holzwerkstatt, weil man dort schwere Balken schleppen mußte, aber es gab eine, die Glaserei, und da war schon jemand, mit dem ich liebend gerne zusammengearbeitet hätte, aber man nahm keinen zweiten auf, weil es keine Aussicht auf genügend Arbeit gab.«

Der eigene Weg

Auch wenn der Tonfall hier eher nach einer verwöhnten Prinzessin klingt, sollte Anni Albers bald ihren eigenen Weg finden. Sie entwickelte sich zu einer der großen Künstlerpersönlichkeiten der Bauhausweberei und führte diese nach dem Weggang von Gunta Stölzl 1931 weiter. Der Mann in der Glasmalerei-Werkstätte hieß übrigens Josef Albers. Beide heirateten 1925 in Berlin. In Dessau bezogen sie eines der von Gropius errichteten Meisterhäuser. Im Gegensatz zu manch anderen Künstlerpaaren hielt sich bei den beiden das künstlerische Potenzial nahezu die Waage. Zunächst vor allem von Paul Klee beeinflusst, gelang es ihnen, sich gegenseitig künstlerische Impulse zu geben, ohne dass einer den anderen dominiert hätte.

1925 entstand auch der Wandbehang Nr. 175, der bereits ein Jahr später von der Neuen Sammlung in München erworben wurde. Seine geometrisch-flächige Gestaltung steht exemplarisch für die neue Ästhetik des Bauhauses.

Der Wandbehang als abstraktes Bild

Sicherlich angeregt durch die am Bauhaus lehrenden Künstler Kandinsky, Klee und Moholy-Nagy, wurden dort Wandbehänge und Teppiche im Sinne einer neuen abstrakten Kunst gesehen und wie ungegenständliche Bilder komponiert. Mit geometrischen Mustern in übereinander geschichteten Einheiten, Helldunkel-Kontrasten und versetzten Elementen in vielfältigen Variationen entwickelten die Bauhaus-Weberinnen eine völlig neue Formensprache, deren zeitlose Gültigkeit erst im Rückblick in vollem Umfang erkannt wurde.

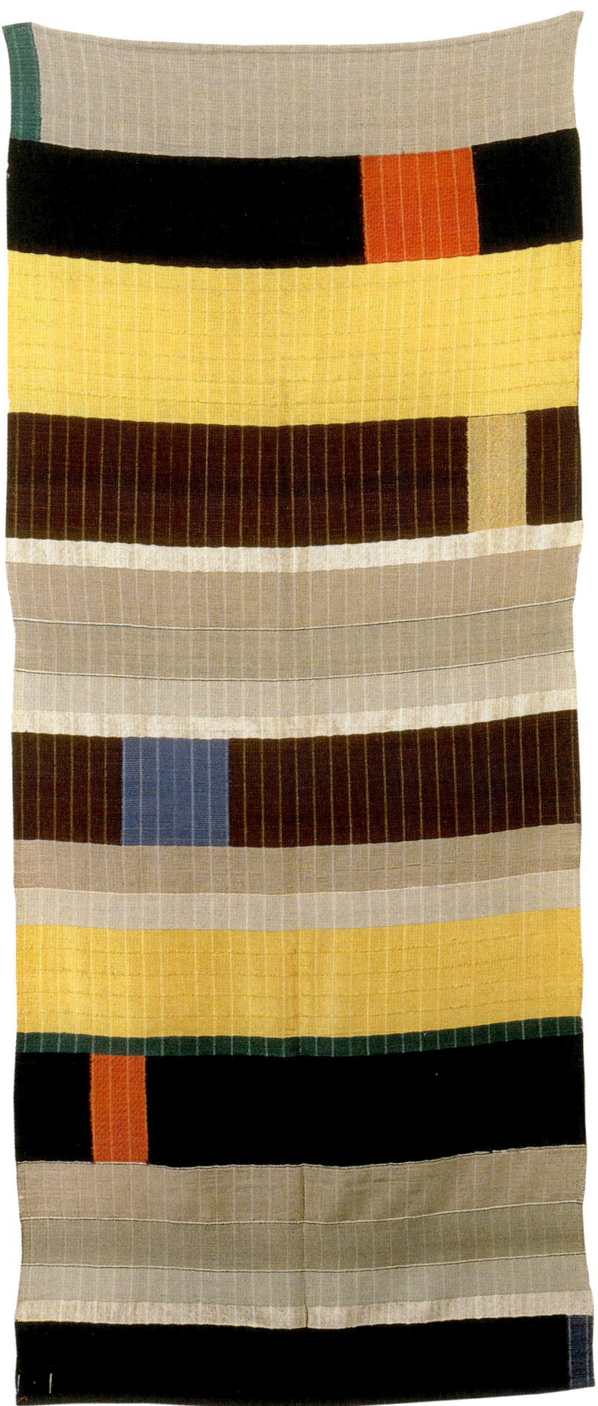

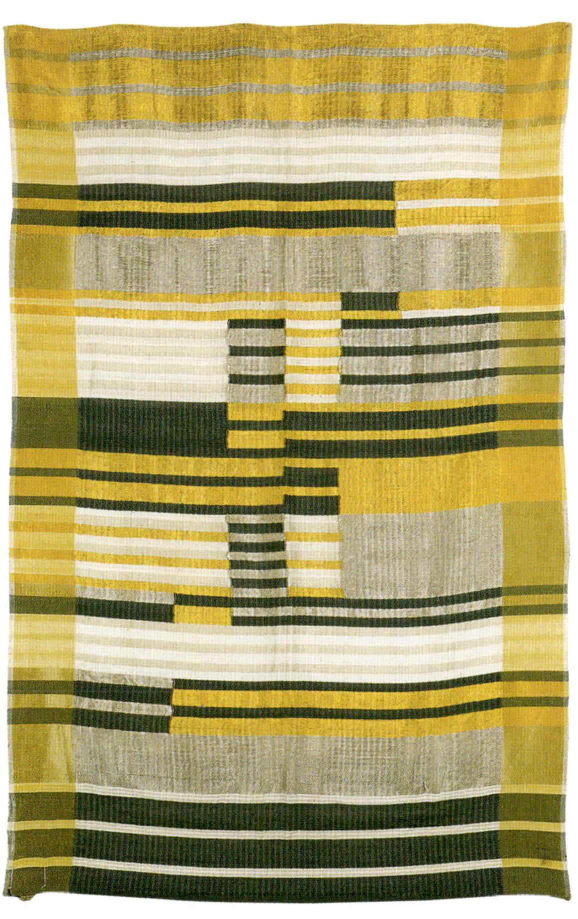

oben:

Wandbehang Nr. 81, 1925, Die Neue Sammlung, München

links:

Wandbehang Nr. 175, 1925, Webstoff, Wolle, Seide,
Chenille- und Bouclégarn, einfache Garne,
236 x 96 cm, Die Neue Sammlung, München

33

WALTER GROPIUS

Bauhausgebäude Dessau

Die Inkunabel des »Neuen Bauens« besteht aus horizontal und vertikal ausbalancierten Einzelbaukörpern ohne traditionelle, den Gebäudekomplex zusammenfassende Fassade.

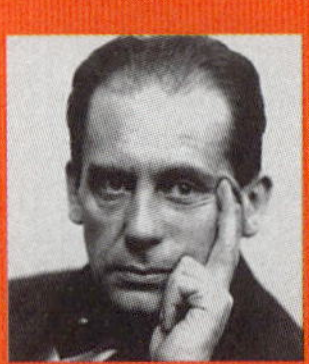

1883 am 18. Mai in Berlin geboren
1903–07 Studium an den Technischen Hochschulen in München und Berlin
1908–10 Assistent bei Peter Behrens in Berlin
1910 Eröffnung eines eigenen Büros in Berlin
1911–13 Bau des Fagus-Werkes in Alfeld
1911–25 Zusammenarbeit mit Adolf Meyer
1916 Heirat mit Alma Schindler Mahler
1919 Berufung an die Hochschule für bildende Kunst in Weimar; Umbenennung der Schule in »Bauhaus«
1928 Rücktritt von der Leitung des Bauhauses; eigenes Büro in Berlin
1934–37 Exil in England; Zusammenarbeit mit Maxwell Fry
1937 Berufung an die Universität Harvard
1938 Organisation der Ausstellung *Bauhaus 1919–1928* in New York
1938–41 Gemeinsames Büro mit Marcel Breuer
1946 Gründung des Büros The Architects Collaborative
1965 Bau der Porzellanfabrik Rosenthal in Selb
1969 am 5. Juli in Boston gestorben

Die Politik setzte der Freiheit der Kunst ein Ende. Das Bauhaus galt als ein Hort kommunistischer und bolschewistischer Ideologien – als Feindbild besonders geeignet für die Rechtskonservativen in Thüringen, die im Februar 1924 die Landtagswahlen gewannen und damit das Ende des Bauhauses in Weimar besiegelten. Ganz anders dagegen die sozialdemokratisch regierte Stadt Dessau. Sie bot dem Bauhaus nicht nur eine neue Bleibe, sondern bewilligte auch den Bau eines neuen Gebäudes, eines Atelierhauses und einzelner Wohnhäuser. Dem Schulneubau kam entgegen, dass der Dessauer Magistrat bereits kurz vorher einen Neubau für die Gewerbliche Berufsschule genehmigt hatte, die zusammen mit der Kunstgewerbe- und Handwerkerschule untergebracht war. Der Magistrat disponierte kurzer Hand um und fasste das Bauhaus und die Kunstgewerbeschule räumlich und organisatorisch zusammen.

Walter Gropius lieferte umgehend einen ersten zeichnerischen Entwurf, der bereits die drei Hauptkomplexe des neuen Gebäudes erkennen ließ: einen großflächig verglasten, viergeschossigen Werkstattflügel, einen aufgestelzten Verwaltungstrakt, der die Werkstätten mit dem Gebäudeteil der Kunstgewerbe- und Handwerkerschule verbindet. Wenig später kam noch ein fünfgeschossiges Studentenwohnheim, der sogenannte Atelierbau, hinzu, in dem Aula, Bühne und Mensa untergebracht waren. Um die freie Anordnung der Baukörper zu erklären, verglich Gropius sein Gebäude mit historischer Architektur.

Schaustück und Demonstrationsobjekt

Für Walter Gropius bedeutete der Neubau natürlich ein Schaustück und Demonstrationsobjekt seiner eigenen Architektur- und Kunstauffassung. In nur 13 Monaten konnte der Bau fertig gestellt und bereits am 4. Dezember 1926 eingeweiht werden.

Die Konstruktion der gesamten Anlage bestand aus einem Stahlbeton-Skelett mit Ziegelausfachung. Schmale Profileisen mit Kristallspiegelglas bildeten die Fenster. Die Außenwand aus Zementputz erhielt einen leuchtend weißen Anstrich. Die farbige Ausgestaltung, die gesamte Ausstattung, von Möbeln und Leuchten bis hin zur Beschriftung lieferten die Bauhaus-Werkstätten. Die rigorose Klarheit, mit der Gropius die einzelnen Funktionen trennte und durch Material und Konstruktion deren Inhalt visualisierte, machen das Gebäude zu einem der bedeutendsten des 20. Jahrhunderts. Vor allem die anfänglich von der Kritik umstrittene Glaswand des Werkstättentraktes zeigt nicht nur die Hinwendung zur industriellen Gestaltung, sondern steht zugleich für eine neue transparente Monumentalität, die sich über die vorherrschenden ästhetischen Vorstellungen hinwegsetzte und den Erneuerungsgedanken des Bauhauses symbolisierte.

Nach Zweckentfremdungen während der Nazi-Herrschaft und schweren Schäden durch Bombardements 1945, erfolgte eine erste Wiederherstellung 1965, eine sachgemäße Restaurierung 1974. Zwischen 1996 und 2006 fand eine erneute Restaurierung und Instandsetzung nach denkmalpflegerischen Prinzipien statt. Seit 1996 steht das Gebäude auf der UNESCO-Liste des Weltkulturerbes.

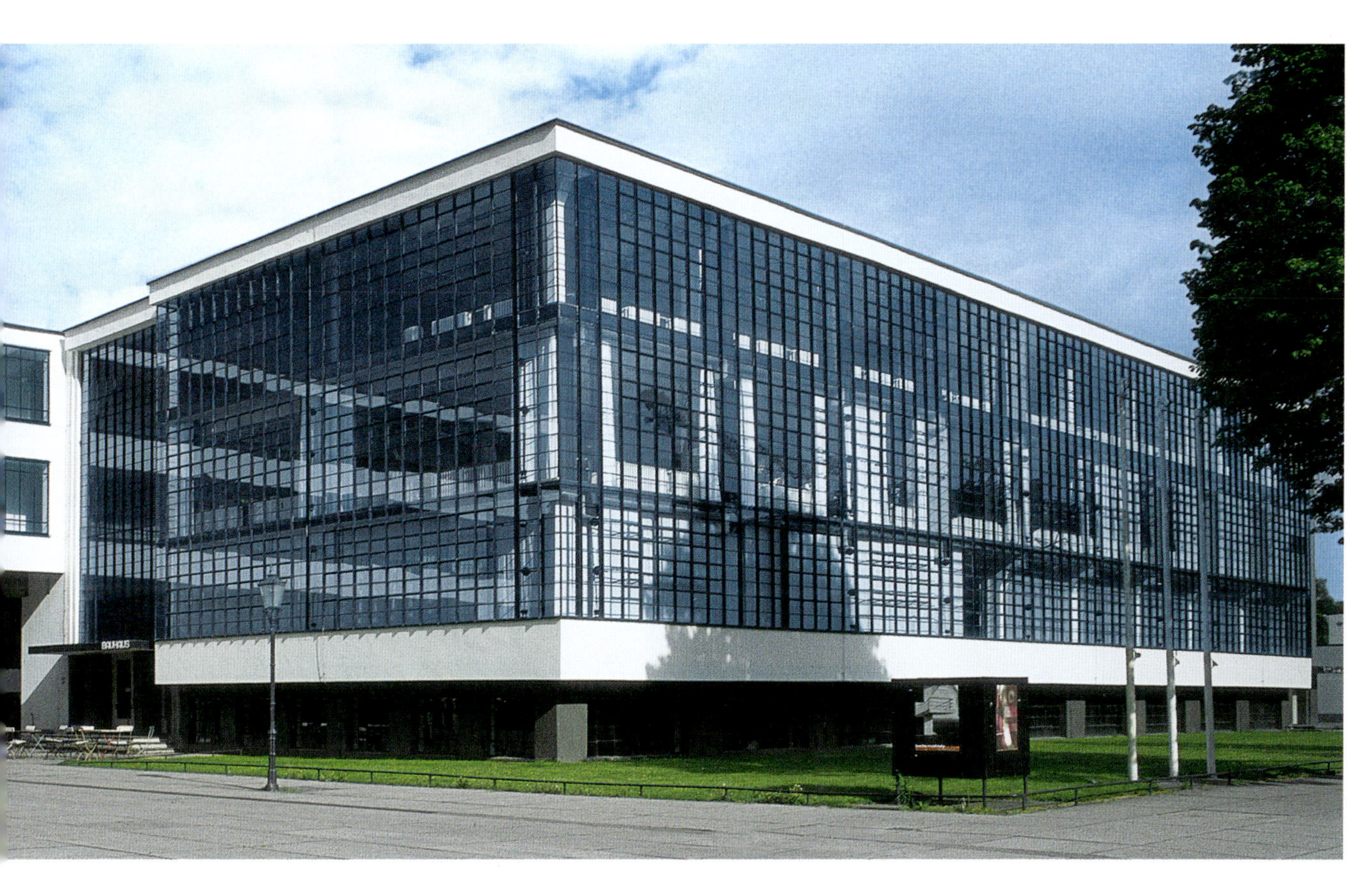

Bauhausgebäude Dessau, 1925/26

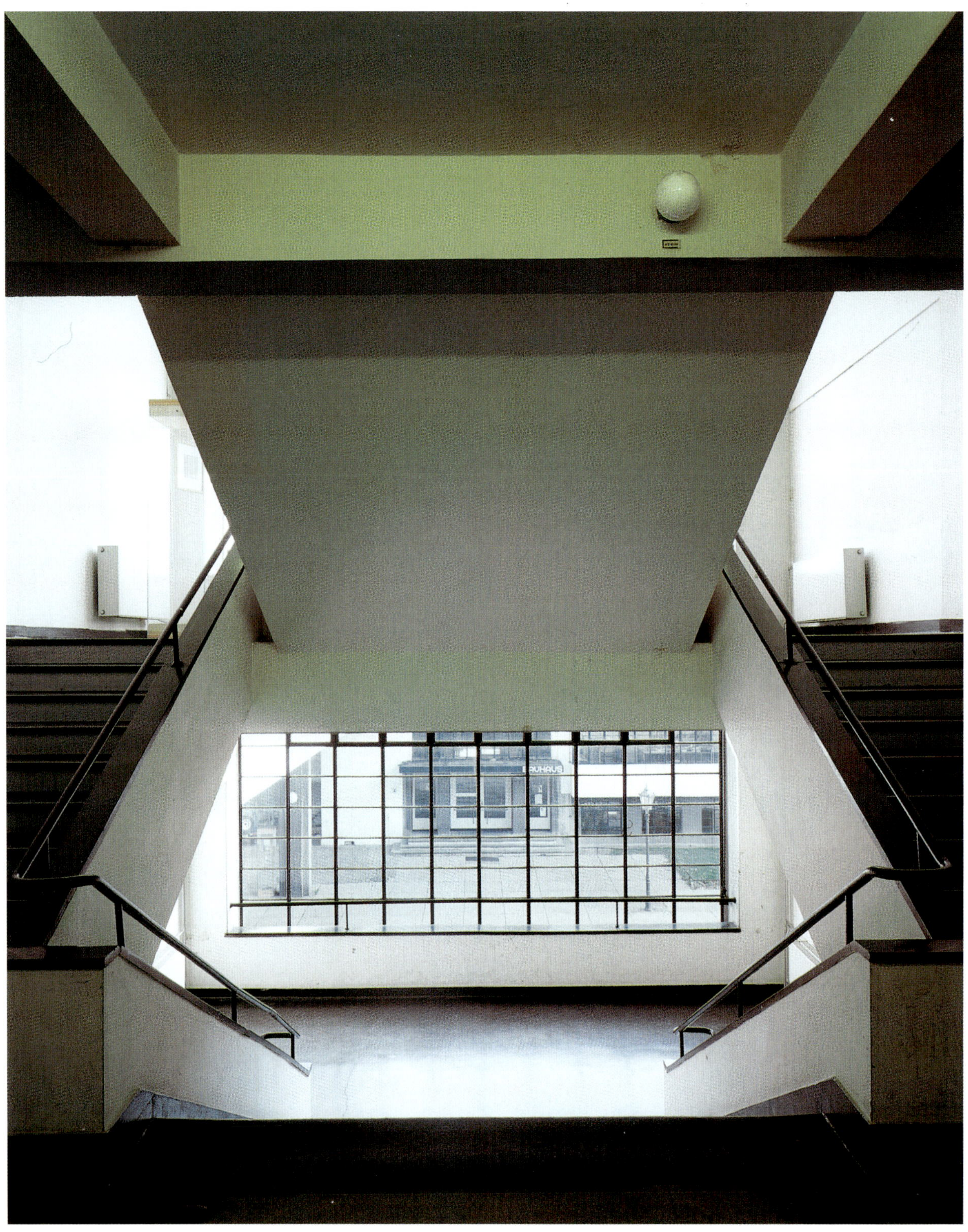

Bauhausgebäude Dessau, 1925/26, Treppenhaus

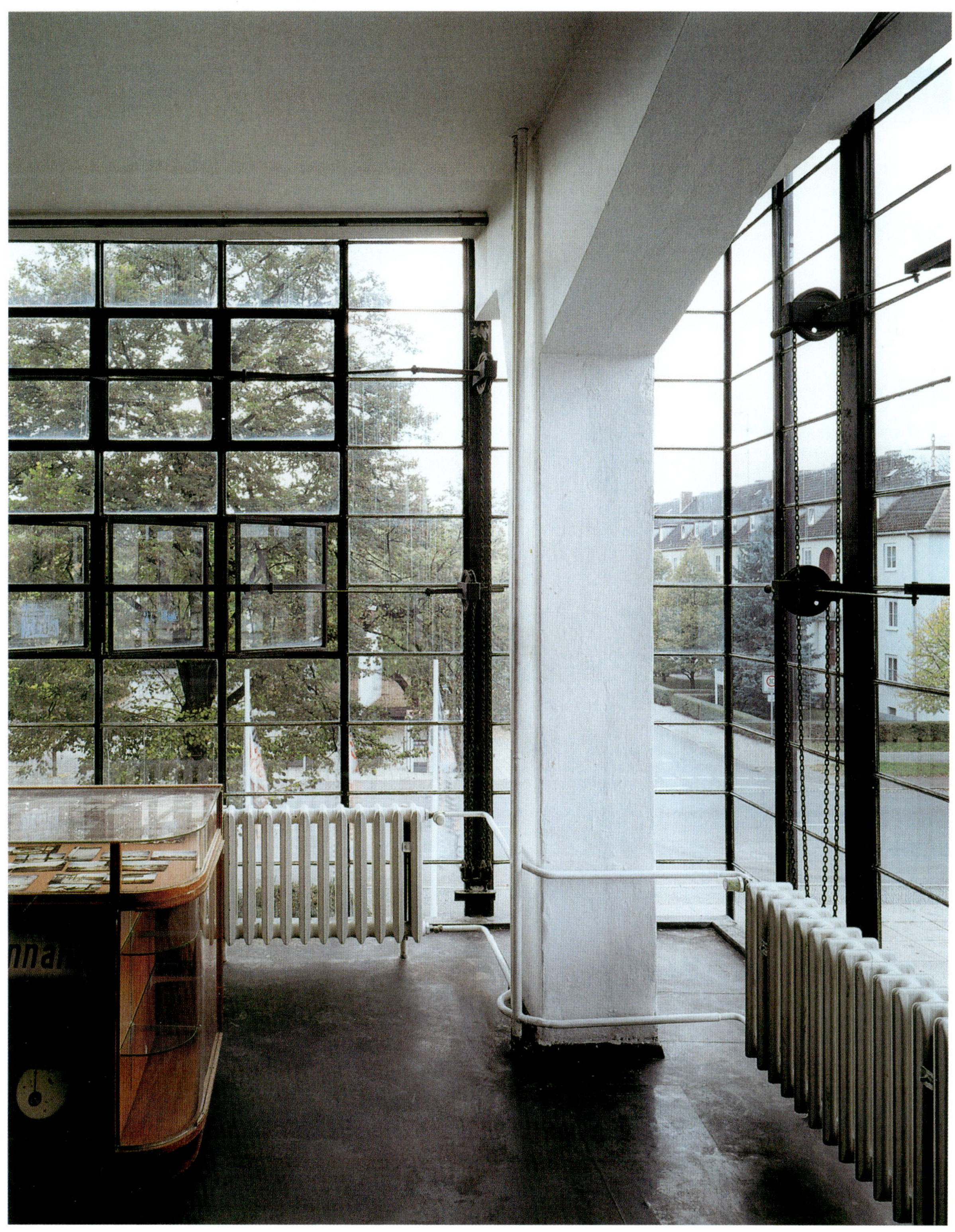

Bauhausgebäude Dessau, 1925/26, Fensterausblick

34

MARCEL BREUER

»Wassily-Sessel« B 3

»Als ich […] meinen ersten Stahlklubsessel fertig sah, dachte ich, dass dieses Stück […] mir am meisten Kritik einbringen würde. […] es ist […] am meisten logisch, am wenigsten ›wohnlich‹, am meisten maschinenmäßig. Das Gegenteil […] trat ein.« Marcel Breuer, 1927

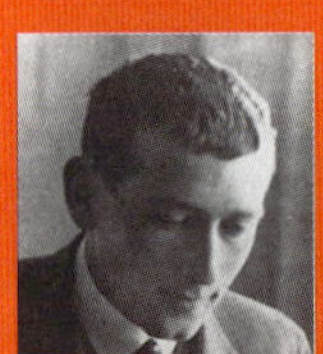

1902 am 22. Mai in Pécs/Ungarn geboren
1920 Stipendium für die Akademie der Bildenden Künste in Wien
1920 Beginn des Studiums am Bauhaus; Lehre in der Tischlerei
1923 Heirat mit der Bauhaus-Studentin Martha Erps
1924 Gesellenprüfung
1925 nach kurzer Tätigkeit als Architekt in Paris Rückkehr ans Bauhaus Dessau als ›Jungmeister‹ Leiter der Möbelwerkstatt
1928 Gründung eines eigenen Architekurbüros
1935–37 Architekt in London
1937–46 Professur an die School of Design der Harvard University durch Vermittlung von Walter Gropius. Bis 1941 gemeinsames Büro mit Gropius in Cambridge/Mass
1946 Architekturbüro in New York
1956 Bürogründung »Marcel Breuer and Associates« in New York
1981 am 1. Juli in New York gestorben

Die Entstehung des ersten modernen Stahlrohrstuhls ist zu einer Legende der Designgeschichte geworden. Das in Weimar gegründete Bauhaus musste 1925 aus politischen Gründen nach Dessau umziehen. Noch war das neue, von Walter Gropius entworfene Gebäude nicht fertig, so dass die Werkstätten zunächst behelfsmäßig in der Städtischen Kunsthalle untergebracht waren.

Breuer hatte zuvor schon einige Möbel aus Holz entworfen. Nun brachte ihn – nach eigener Aussage – der Lenker seines Fahrrads auf die Idee, aus diesem Material einen Stuhl zu bauen. Für den ausgebildeten Tischler Breuer stellte sich die Frage nach der Verarbeitung dieses für ihn ›fremden‹ Materials; denn Stahlrohr hat völlig andere Eigenschaften als Holz.

Hilfe von den Junkerswerken

Die benötigte Hilfe kam von den nahe gelegenen Junkers-Flugzeugwerken. Einer der dortigen Schlosser unterstützte Breuers Vorhaben und fertigte mit ihm zusammen den ersten Prototypen.

Noch war dieses Modell nicht ausgereift. Zwar ließ sich bereits die Grundform erkennen, doch standen die Kufen auf vier Füßchen. Außerdem wies dieser, vermutlich in der zweiten Hälfte des Jahres 1925 gefertigte, nur durch eine Fotografie überlieferte Sessel, noch zahlreiche Schweißstellen auf. Erst nach weiteren Überarbeitungen – zunächst fielen die Füßchen weg, dann wurde der Sessel verschraubt und nicht mehr verschweißt und schließlich der ursprüngliche offene Teil der Rückenlehne geschlossen – fand Breuer 1927/28 zur endgültigen Form des Sessels.

Eine eigene Firma

Produziert wurde der Sessel nicht am Bauhaus sondern von der von Breuer eigens dafür gegründeten Firma Standard-Möbel in Berlin. Dass darüber der Direktor des Bauhauses, Walter Gropius nicht gerade erfreut war, liegt auf der Hand, da das Bauhaus zunehmend auf zusätzliche Einnahmen angewiesen war. Schließlich verkaufte Breuer seine Anteile an der eigenen Firma, die wenig später von dem Bugholzhersteller Thonet übernommen wurde. Thonet brachte wiederum zwischen 1930 und 1932 eine eigene, deutlich veränderte Version des Sessels heraus.

Die erste Reedition

Der eigentliche Durchbruch kam erst mit den Reeditionen, seit 1962 produziert von der italienischen Firma Gavina, die 1968 ihre Rechte an Knoll International abgab. Auch der Name Wassily-Sessel entstand erst in diesem Kontext.

Mit dem Wassily-Sessel schuf Marcel Breuer, formal angeregt durch die Entwürfe des holländischen De Stijl-Künstlers Gerrit Thomas Rietveld, ein absolut modernes Möbel, dessen offengelegte und auf wenige Elemente reduzierte Konstruktion aus vernickeltem, später verchromtem Stahlrohr vollkommen der funktionalistischen Maschinenästhetik der Moderne entsprach. Die kubische Grundform und das leichte, stabile und zerlegbare Gestell bildeten die Antithese zu den schweren, sperrigen und traditionellen Sitzmöbeln – ganz im Sinne der neuen Architektur mit ihrer Betonung von Licht, Raum und Struktur.

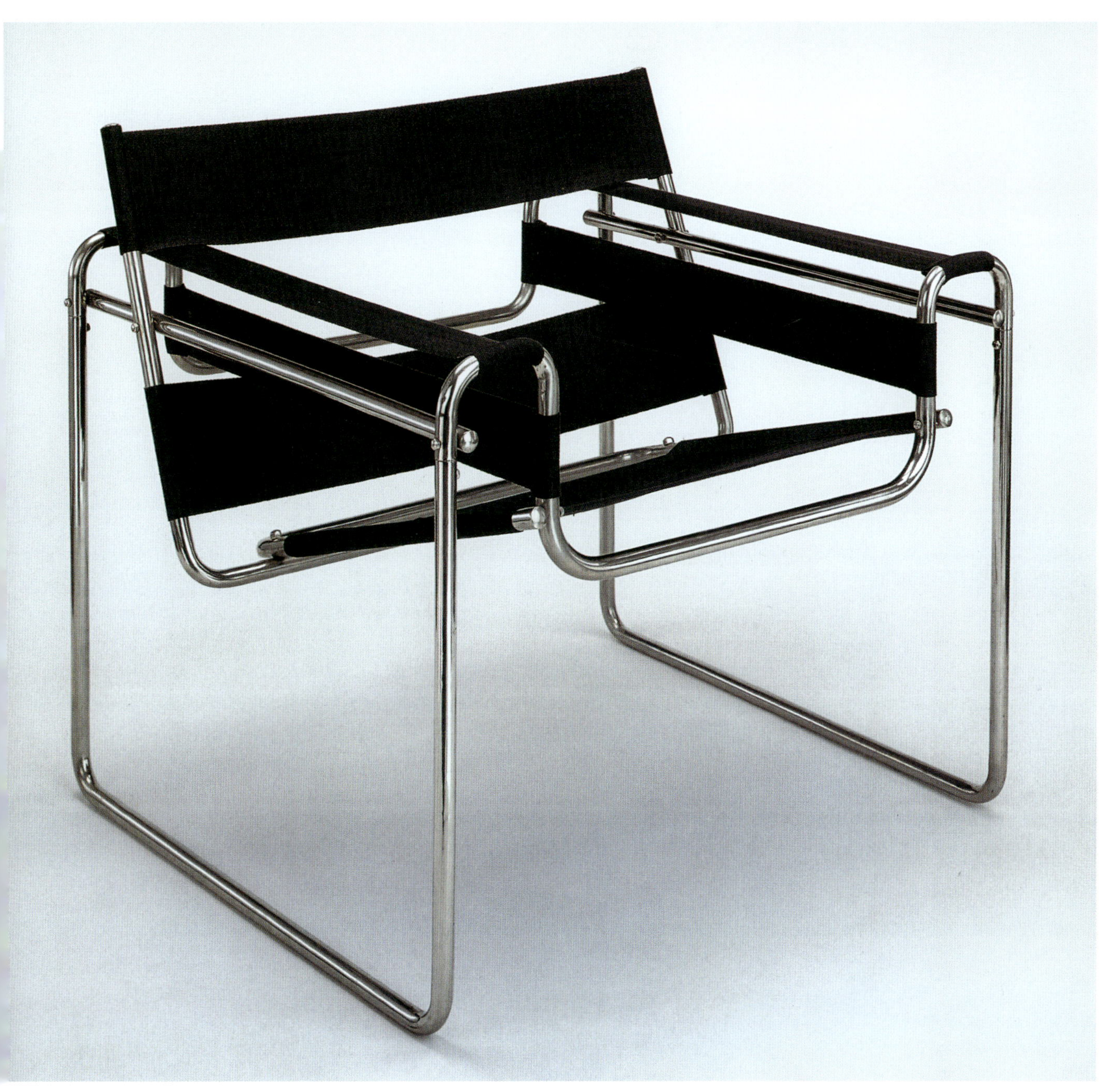

Clubsessel B 3 »Wassily«, 1925, Ausführung Standard-Möbel 1927, Stahlrohr, vernickelt; Eisengarnbespannung, 73 x 77 x 68,5 cm, Die Neue Sammlung, München

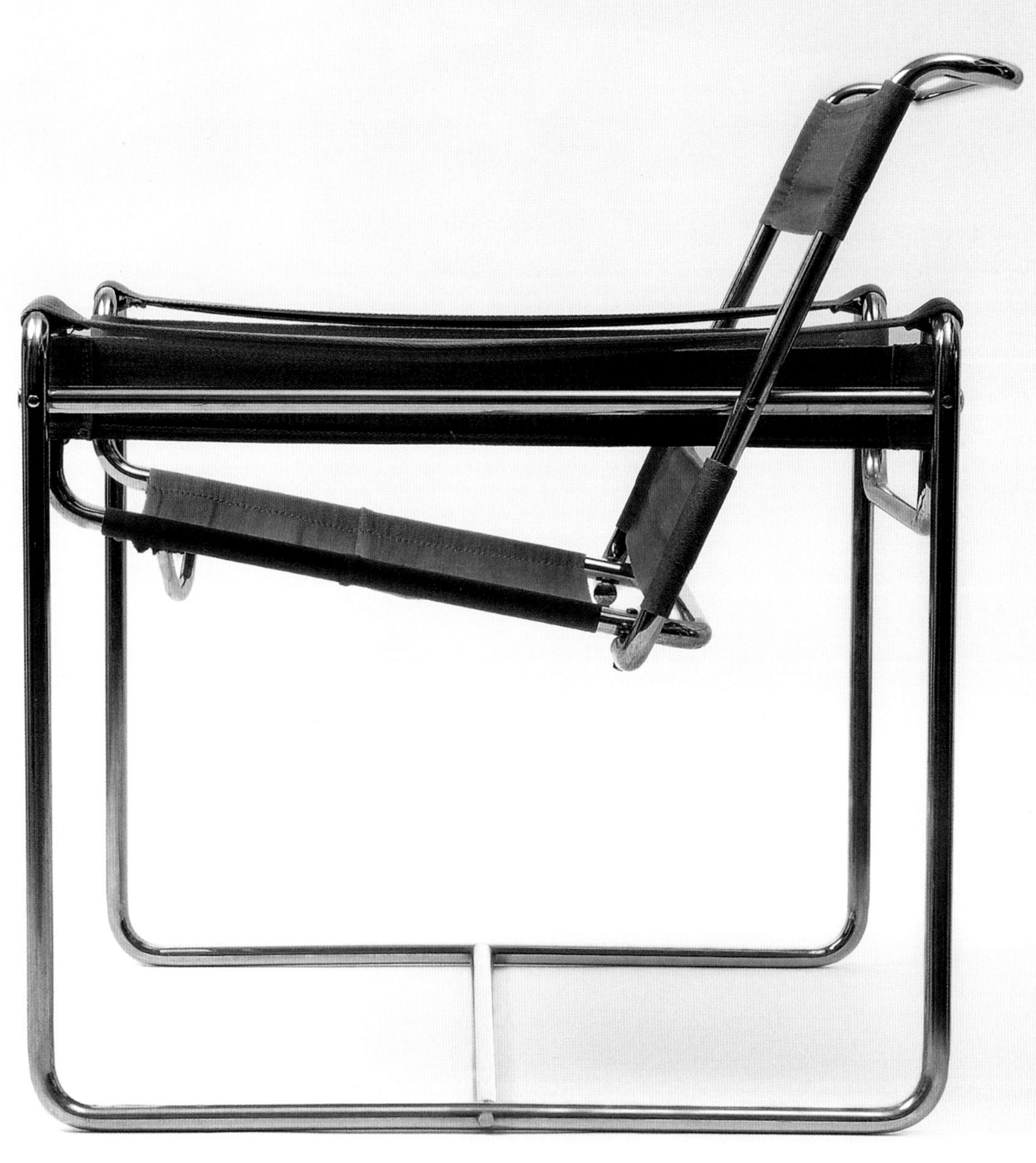

Clubsessel B 3 »Wassily«, 1925, Ausführung Thonet 1930, Die Neue Sammlung, München

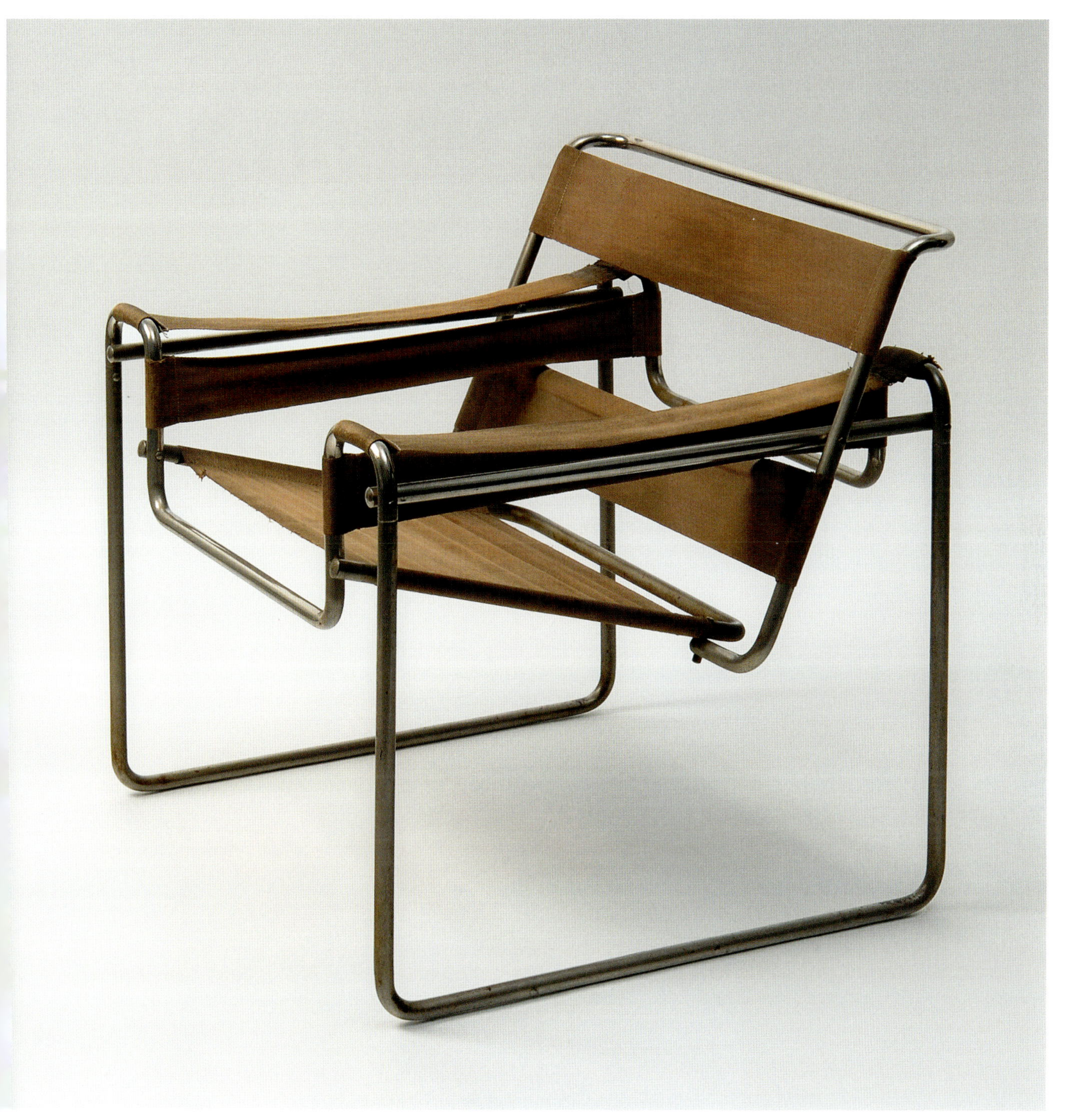

Clubsessel B 3 »Wassily«, 1925, Ausführung Standard-Möbel/Thonet 1927/28, Die Neue Sammlung, München

35

LÁSZLÓ MOHOLY-NAGY

Bauhausbücher

Die Reihe der Bauhausbücher ist einerseits als ambitionierte Bestandsaufnahme der Moderne anzusehen, andererseits als typographisches Experiment, das den Boden für ein neuartiges Graphikdesign bereitete – eine gelungene Synthese von Form und Inhalt.

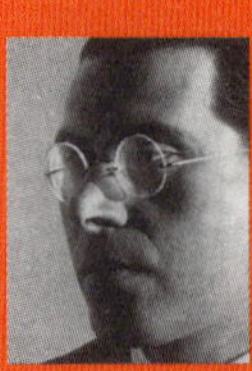

László Moholy-Nagy

1895 am 20. Juli in Bácsborsód (Ungarn) geboren
1913 Jurastudium in Budapest
1914–17 Militärdienst
1919 Emigration nach Wien
1920 Übersiedelung nach Berlin
1922 Teilnahme am Konstruktivisten- und Dadaistenkongress in Berlin
1923 Berufung an das Bauhaus; Leiter des Vorkurses und Formmeister der Metallwerkstatt bis 1928. Beschäftigung mit Malerei, Typographie, Fotografie und Film; Herausgeber der Bauhausbücher
1928–34 eigenes Atelier für Typographie und Ausstellungsgestaltung in Berlin
1934 Emigration nach Amsterdam
1935/36 Arbeit als Graphikdesigner in London; Dokumentarfilme und Fotobücher
1937 Übersiedelung in die USA, Leiter des New Bauhaus in Chicago
1946 am 24. November in Chicago gestorben

Leistung für Geld – ein Prinzip, das die politischen Behörden in Weimar auch auf das hier ungeliebte Bauhaus übertrugen. Sie wollten sehen, ob das ehrgeizige Projekt Aussicht auf Erfolg haben würde, und setzten damit frühzeitig die Leitung des Bauhauses mit Walter Gropius an der Spitze unter Druck. Nach der großen Leistungsschau im Jahr 1923 sollten für Gropius auch die Bauhaus-Bücher dazu beitragen, die Arbeit am Bauhaus darzustellen, zu rechtfertigen und zu erklären.

Eine Buchreihe zur Gestaltungsgeschichte des Lebens

Gemeinsam mit László Moholy-Nagy plante er deswegen eine Buchreihe mit mehr als 30 Einzelbänden, von denen allerdings nur 14 verwirklicht wurden. Über den allgemeinen Inhalt und die Zielsetzung informiert ein dreiseitiger Text von 1924. Darin heißt es, dass der Bauhaus-Verlag ausgeht von der »Erkenntnis [...], daß alle Gestaltungsgebiete des Lebens miteinander eng verknüpft sind«. Da aber die vorhandenen Untersuchungen bei weitem nicht ausreichten, um »sich über den Stand neuer Forschungen, neuer Ereignisse eingehend [zu] unterrichten«, werden die Bauhausbücher »künstlerische, wissenschaftliche und technische Fragen behandeln [...], unter dem Aspekt ihres gegenseitigen Zusammenhanges«. Die Buchreihe richtete sich an die »in ihrer Spezialarbeit verankerten heutigen Gestalter«.

Das Engagement Moholy-Nagys

Wie engagiert Moholy-Nagy dieses Ziel verfolgte, zeigt auch die Tatsache, dass er zu den bedeutendsten Künstlern, Architekten und Gelehrten seiner Zeit Kontakt aufnahm, darunter auch zu Albert Einstein, den er in einem einstündigen Gespräch eingeladen hatte, seine Überlegungen in der Buchreihe zu veröffentlichen. Auch wenn die Sache mit Einstein nicht klappte, so entstand unter der Ägide Moholy-Nagys eine überaus beachtenswerte Buchreihe.

Eine Reihe und verschiedene Umschläge

Trotz des Reihencharakters legte Moholy-Nagy anfangs keinen großen Wert auf inhaltliche und äußere Einheitlichkeit der einzelnen Bände. Er überließ beispielsweise Gropius, Doesburg, Kandinsky, Schlemmer und Meyer die Gestaltung »ihrer« Umschläge. Auch die Entscheidung für einheitlich gelbe Leinenbände mit rot eingeprägtem Serientitel kam erst sehr spät zustande. Auffallend ist das unterschiedliche typographische Bild der einzelnen Bände. Manche Gründe dafür liegen auf der Hand: Moholy-Nagy arbeitete nicht nur unter großem Zeitdruck, sondern auch mit zwei verschiedenen Druckereien. Außerdem gab es für ihn nur wenige konstante Gestaltungsmittel wie den Satzspiegel nach dem Goldenen Schnitt oder die starken Kontraste zwischen Fließtext, Auszeichnungen oder Bildlegenden.

Letztlich sind die Bauhausbücher als typographisches Experiment zu sehen, ein Experiment, das in einer Art visuell-verbalen Regieanweisung gipfelt, eine neue Art von Layout im Zusammenspiel von Bild und Text schafft. Als Gesamtprojekt bilden die Bauhausbücher eine gelungene Synthese der modernen Ästhetik in Kunst, Architektur und Design.

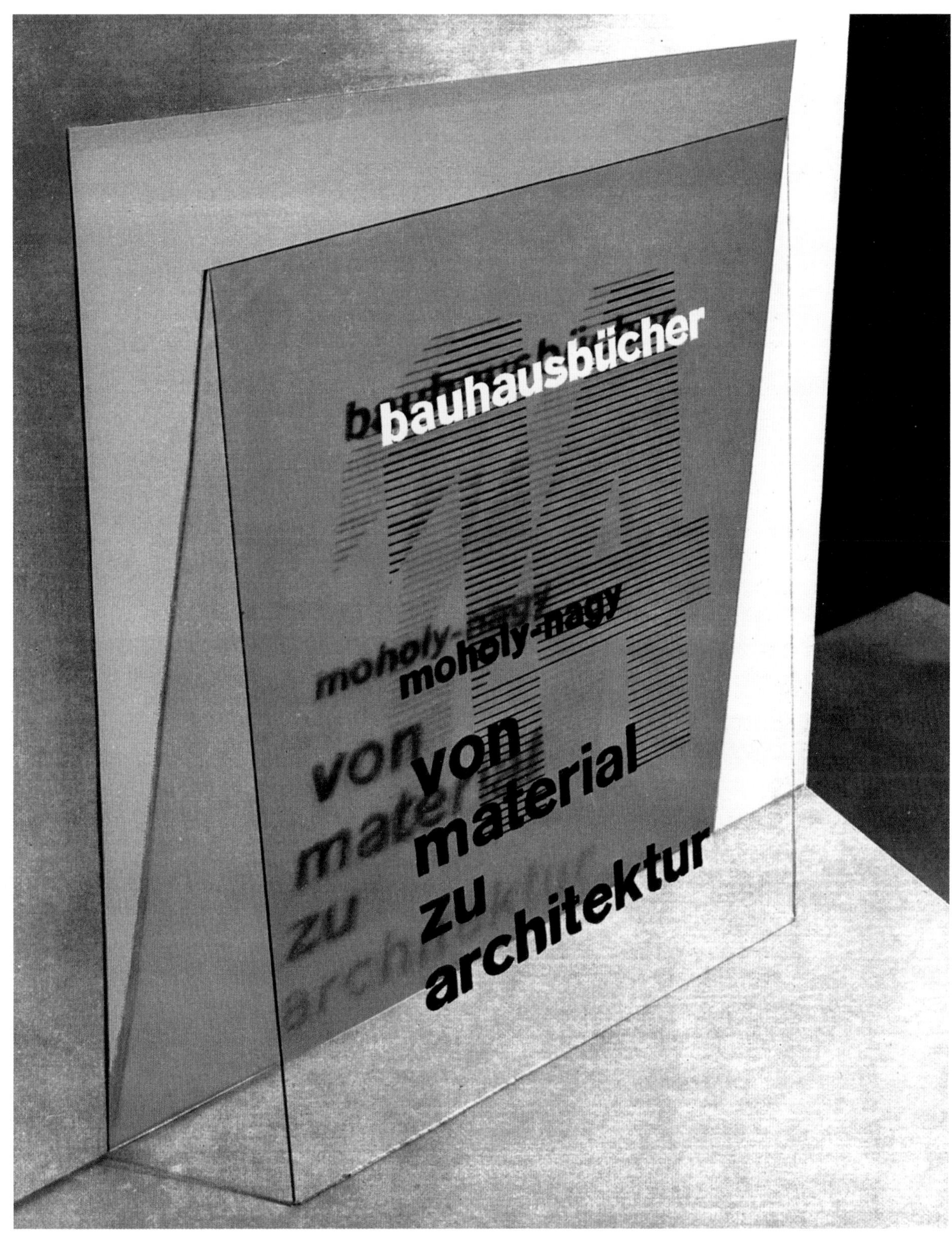

Bauhausbücher, Bd. 14, Umschlag *Von Material zu Architektur*, 1929, Buchdruck, 22,8 x 18 cm

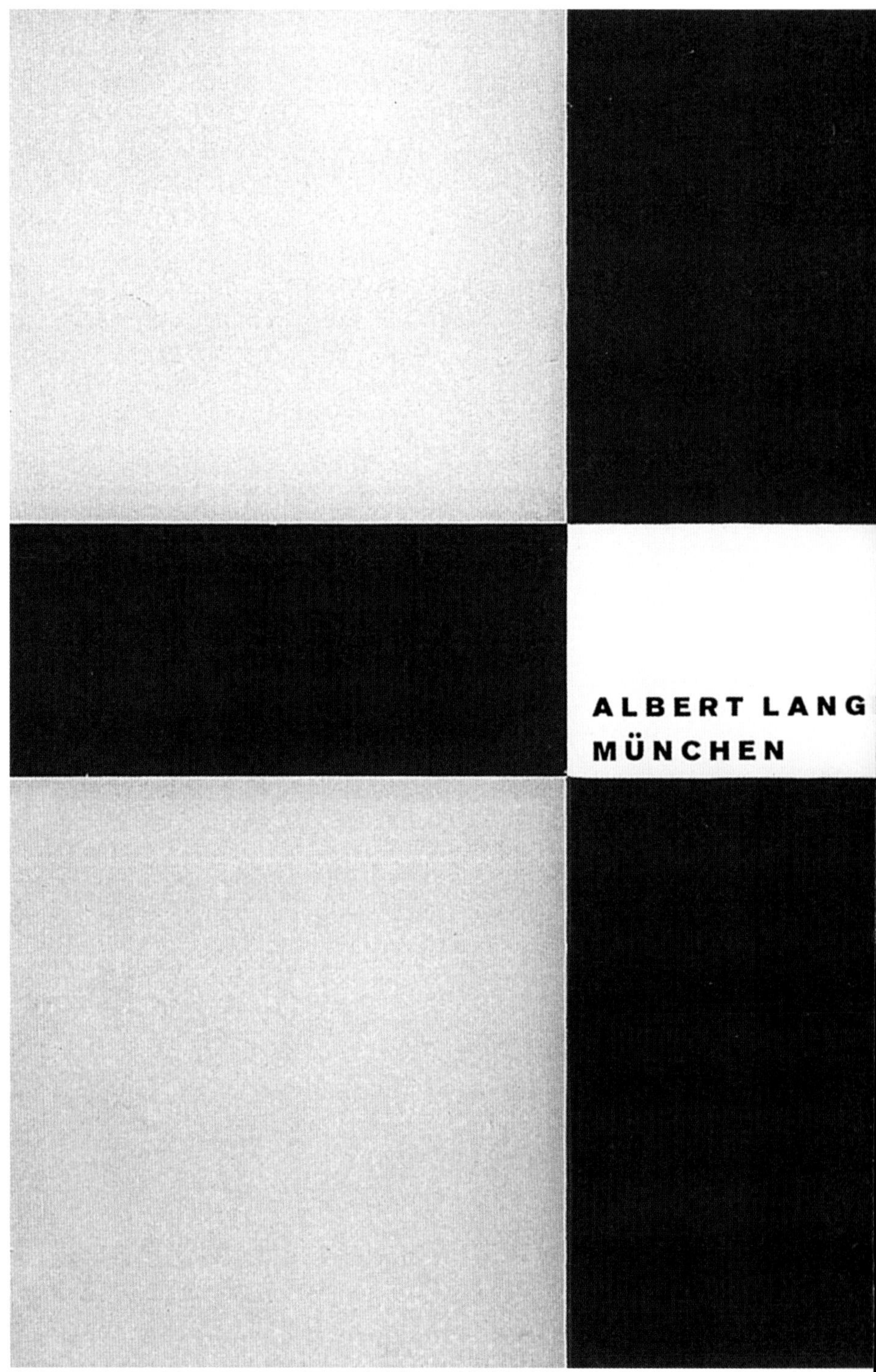
ALBERT LANG
MÜNCHEN

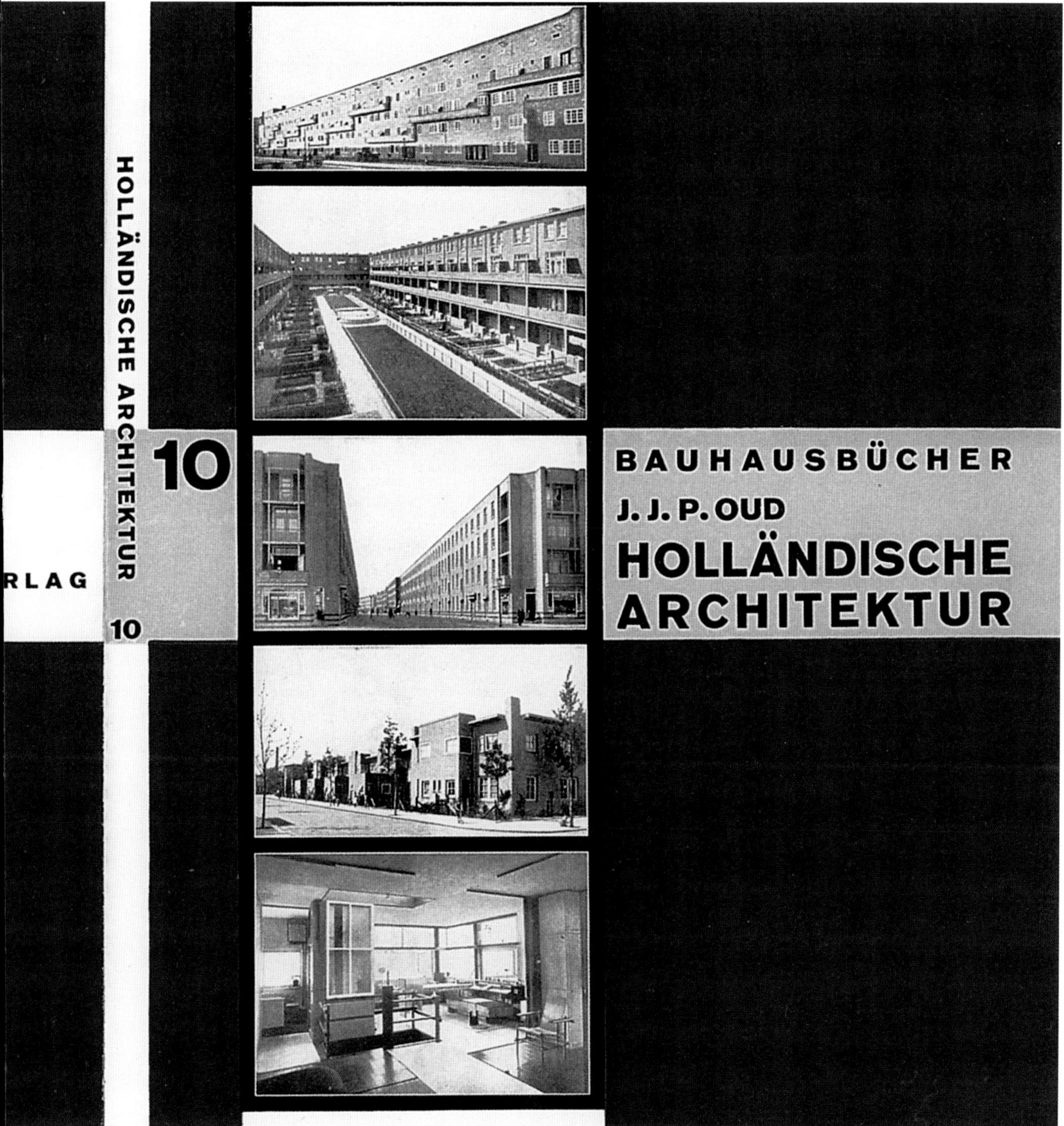

Bauhausbücher, Bd. 10, Umschlag *Holländische Architektur*, 1926, Buchdruck, 22,8 x 18 cm

36

WALTER GROPIUS

Meisterhäuser Dessau

Das kubisch-plastische Äußere der Meisterhäuser gehört zu den bemerkenswertesten Leistungen von Walter Gropius im privaten Wohnungsbau.

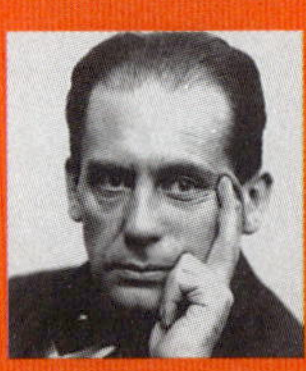

1883 am 18. Mai in Berlin geboren

1903–07 Studium an den Technischen Hochschulen in München und Berlin

1908–10 Assistent bei Peter Behrens in Berlin

1910 Eröffnung eines eigenen Büros in Berlin

1911–13 Bau des Fagus-Werkes in Alfeld

1911–25 Zusammenarbeit mit Adolf Meyer

1916 Heirat mit Alma Schindler Mahler

1919 Berufung an die Hochschule für bildende Kunst in Weimar, Umbenennung der Schule in »Bauhaus«

1928 Rücktritt von der Leitung des Bauhauses; eigenes Büro in Berlin

1934–37 Exil in England; Zusammenarbeit mit Maxwell Fry

1937 Berufung an die Universität Harvard

1938 Organisation der Ausstellung *Bauhaus 1919–1928* in New York

1938–41 Gemeinsames Büro mit Marcel Breuer

1946 Gründung des Büros *The Architects Collaborative*

1965 Bau der Porzellanfabrik Rosenthal in Selb

1969 am 5. Juli in Boston gestorben

1925 beschloss die Stadt Dessau, nicht nur den Neubau des Bauhauses zu finanzieren, sondern auch die Errichtung eines Einzelhauses für den Direktor sowie dreier Doppelhäuser mit Atelierwohnungen für die Bauhausmeister. Innerhalb eines Jahres waren die Bauten fertig gestellt. Im August 1926 zogen Walter Gropius, László Moholy-Nagy, Lyonel Feininger, Georg Muche, Oskar Schlemmer, Wassily Kandinsky und Paul Klee mit ihren Familien in die Häuser. Die sogenannten Jungmeister wie Marcel Breuer, Josef Albers oder Hinnerk Scheper wurden bei der Vergabe dieser Häuser nicht berücksichtigt, was zu erheblichen Unstimmigkeiten und Streitereien innerhalb des Bauhauses führte.

Der moderne Wohn- und Lebensstil

Die ausgesprochen großzügig konzipierten Meisterhäuser sollten als Demonstrationsobjekte eines modernen Lebens- und Wohnstils dienen. Die Grundrisse waren funktional gut durchdacht. Einbauschränke boten nicht nur genug Stauraum für die Dinge des täglichen – und nicht täglichen – Lebens, sondern bewirkten den Eindruck von offenen, jedoch sehr nüchternen, kargen Räumen. Möbel, Einbauten und Leuchten kamen von den Bauhauswerkstätten, die Kunst von den Meistern selbst. Die reiche Farbgebung wie auch die großen Atelier- und Treppenfenster zählen zu den bemerkenswerten Details der Meisterhäuser.

Gropius verschränkte drei Baukörper so miteinander, dass sich zwischen ihnen auf der Eingangsseite ein Vorplatz, auf der gegenüberliegenden, von der Straße abgewandten Seite zwei geschützte Terrassen ergaben. Die Höhe der einzelnen Gebäude ist rhythmisch gestaffelt. Ein großes Fenster dominiert die Eingangsfassade. Es belichtet die beiden Ateliers des Mitteltraktes. Die Grundrisse der Haushälften werden durch Drehung und Spiegelung um 90 Grad gebildet.

Die Bauhausmeister bewohnten diese Häuser nur bis 1932. In der Zeit des Dritten Reiches wurden die Architekturen zum Teil durch Umbauten und Vermauerungen erheblich entstellt. Zudem zerstörte eine Bombe das Einzelhaus und eine Hälfte des angrenzenden Doppelhauses. Inzwischen sind die Häuser komplett saniert und gehören seit 1996 zum Weltkulturerbe der UNESCO.

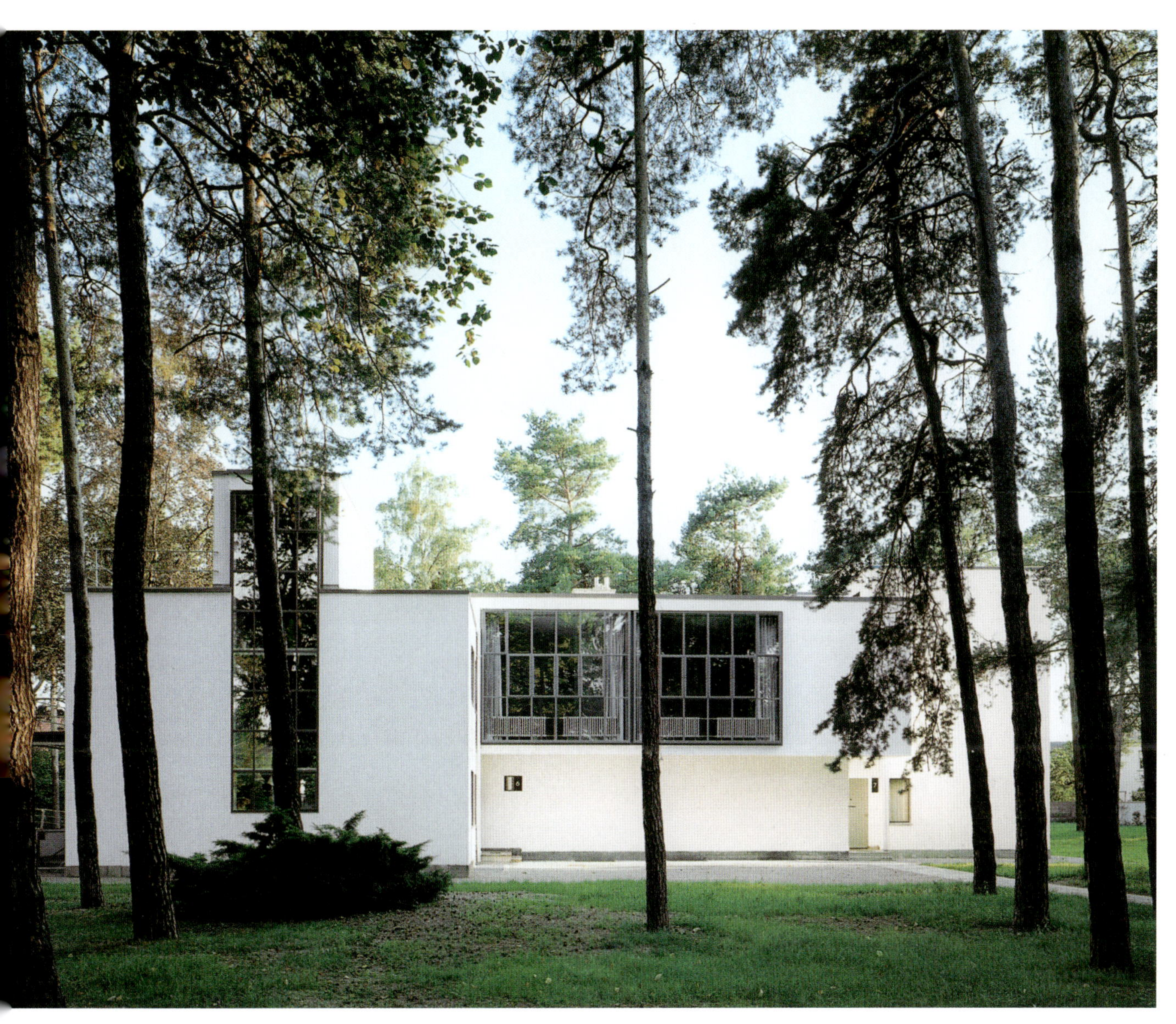

Haus Klee/Kandinsky, Dessau, 1925/26

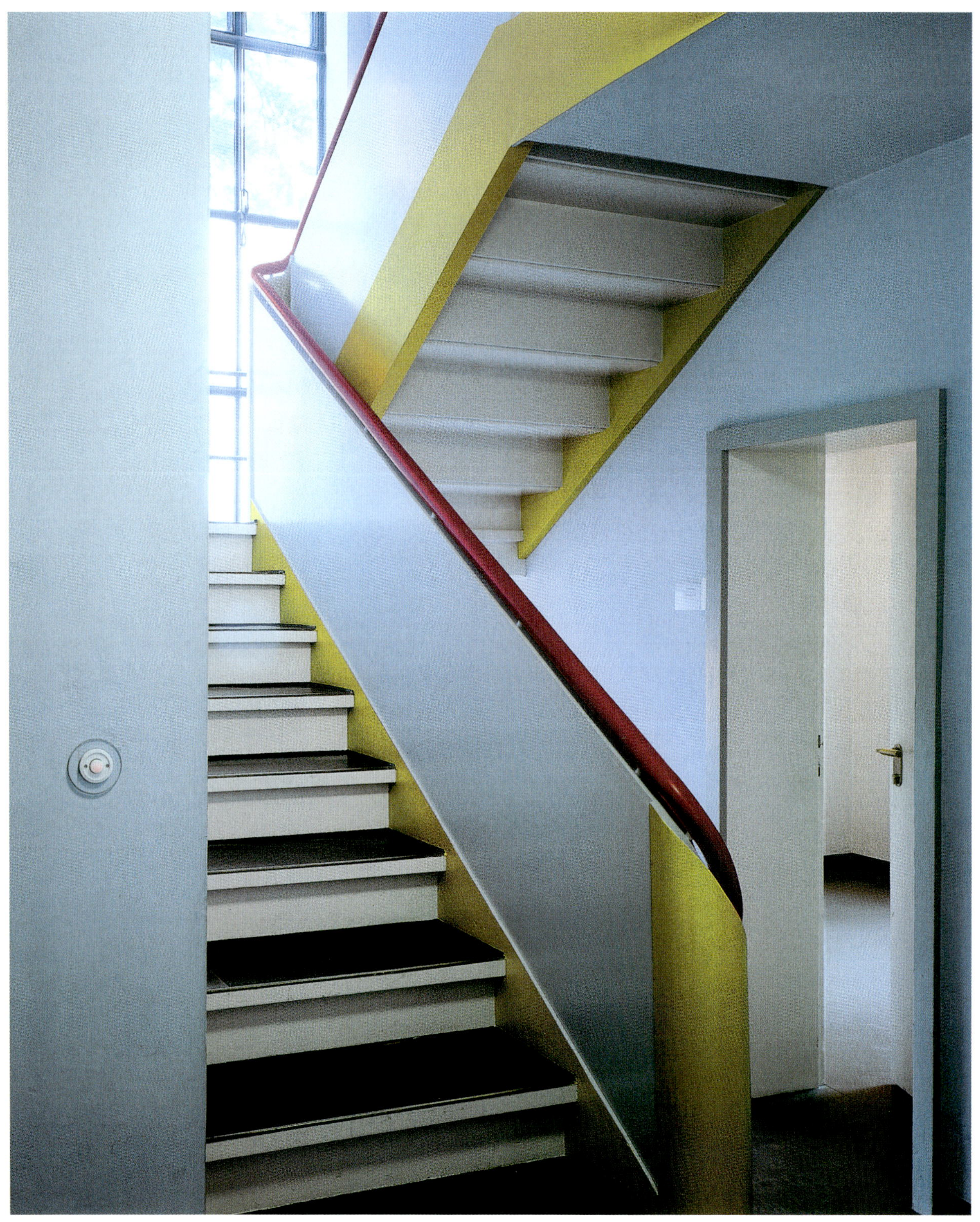

Haus Klee/Kandinsky, Dessau, Treppenhaus, 1925/26

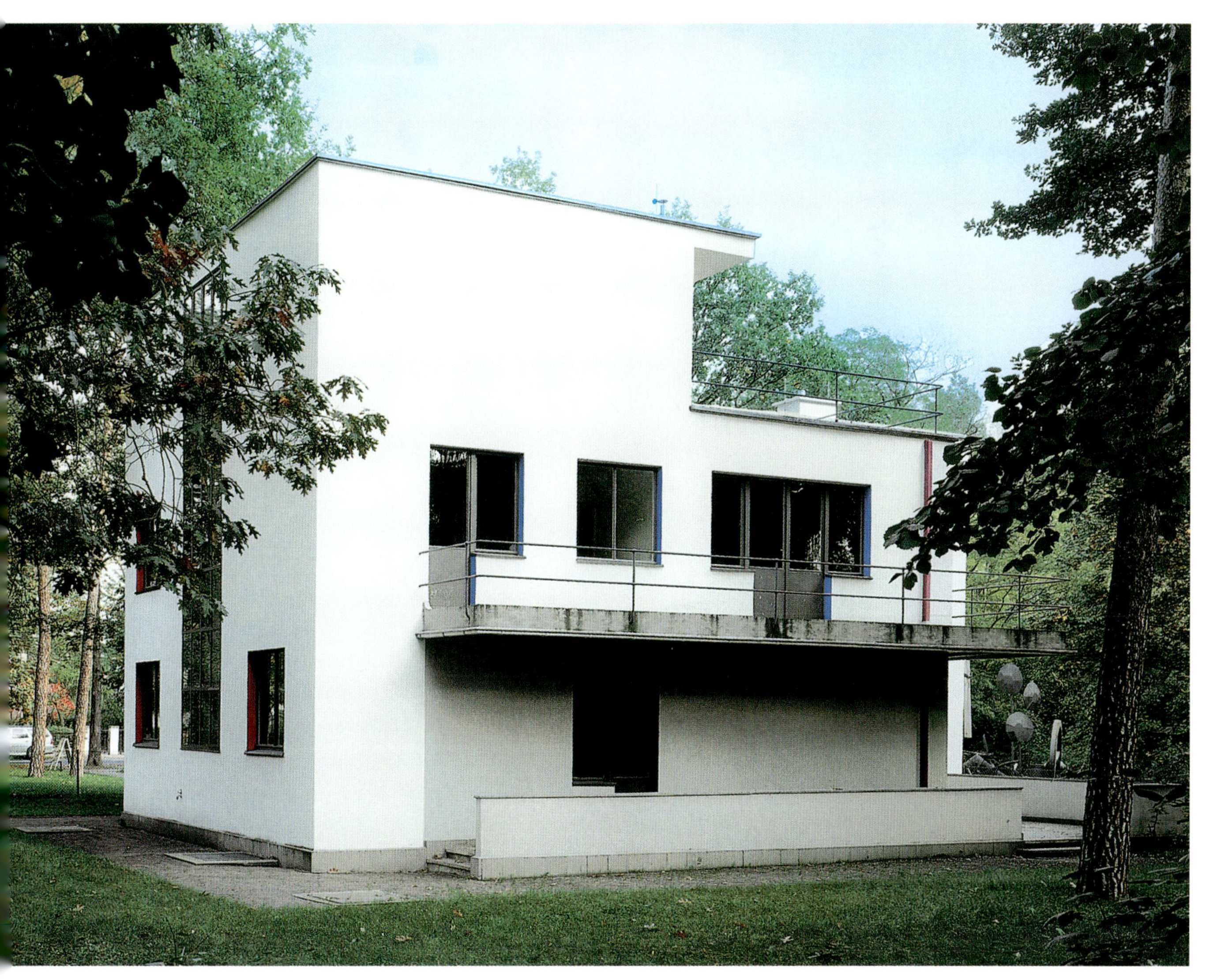

Haus Feininger, Dessau, 1926

37

LÁSZLÓ MOHOLY-NAGY

Bauhausbalkone in Dessau

Anders als Lucia Moholy betrachtete László Moholy-Nagy die Fotografie eigentlich nie als formales der Kunst zugehöriges Instrument der Gestaltung, sondern primär als ein pädagogisches Mittel des Ausdrucks und des Erlebens, auch des Erlebens von Architektur.

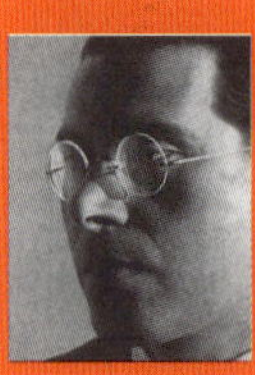

László Moholy-Nagy

1895 am 20. Juli in Bácsborsód (Ungarn) geboren
1913 Jurastudium in Budapest
1914–17 Militärdienst
1919 Emigration nach Wien
1920 Übersiedelung nach Berlin
1922 Teilnahme am Konstruktivisten- und Dadaistenkongress in Berlin
1923 Berufung an das Bauhaus; Leiter des Vorkurses und Formmeister der Metallwerkstatt bis 1928. Beschäftigung mit Malerei, Typographie, Fotografie und Film; Herausgeber der Bauhausbücher
1928–34 eigenes Atelier für Typographie und Ausstellungsgestaltung in Berlin
1934 Emigration nach Amsterdam
1935/36 Arbeit als Graphikdesigner in London; Dokumentarfilme und Fotobücher
1937 Übersiedelung in die USA, Leiter des New Bauhaus in Chicago
1946 am 24. November in Chicago gestorben

Die Berufung László Moholy-Nagys als Nachfolger von Johannes Itten fand unter den übrigen Bauhaus-Meistern nicht uneingeschränkte Zustimmung. Für manchen wirkten die Vorstellungen des ungarischen Konstruktivisten sogar bedrohlich. So empfand es zumindest Lyonel Feininger: »Nur Optik. Mechanik, Außerbetriebstellen der alten statischen Malerei.« Es schien, als würde über Nacht die materiell-handwerkliche Malerei durch immaterielle optische und technische Bildverfahren abgelöst werden.

Durch Moholys Anregung entwickelte sich am Bauhaus die Fotografie in eine ganz spezifische Richtung. Dabei ging es in erster Linie um das aktive Verhältnis des Menschen zum architektonischen Raum, zum gebauten und umbauten Raum. Dieses neue Verhältnis war auch der Grund dafür, immer wieder ungesehene Perspektiven und Konstruktionen zu suchen. Was eignete sich besser dafür als die Dessauer Bauhaus-Architekturen? Faszinierendere Motive ließen sich kaum finden.

Dynamisches Raumkonzept

Mit der Fotografie des Prellerhauses inszenierte Moholy-Nagy sein »dynamisches Raumkonzept« in Aufsehen erregender Weise. Ein junges Mädchen, die Bauhausstudentin Lou Scheper, klettert bzw. balanciert waghalsig auf einem der Balkongeländer. Damit eröffnet Moholy-Nagy hier bildlich einen völlig neuen Erlebniszusammenhang. Das mit den Architekturen von Gropius einhergehende Konzept der aktiven Beherrschung des Raumes wird in subjektiv-dynamische Perspektiven übersetzt. Der ungewöhnliche Ausschnitt, die steile Sicht an der Fassade des Gebäudes hinauf, führt zu einer Auflösung der Architektur in ein beinahe abstraktes Gebilde aus parallelen Linien und Flächen.

Moholy-Nagy stellt die Fotografie ganz in den Dienst des »Neuen Sehens«. Im Entstehungsjahr dieses Fotos schreibt er: »[…] daß nicht die Absicht besteht, aus der Photographie wieder im alten Sinne Kunst zu machen. Wir müssen unbedingt wieder auf die tiefere Verantwortung des Fotografen hinarbeiten, der mit den gegebenen fotografischen Mitteln eine Arbeit leistet, die mit anderen in gleicher Weise nicht geschaffen werden kann. So besteht das Wesen der Photographie heute weniger darin, dem individuellen künstlerischen Ausdruck zu dienen als vielmehr in ihrer pädagogischen Funktion.«

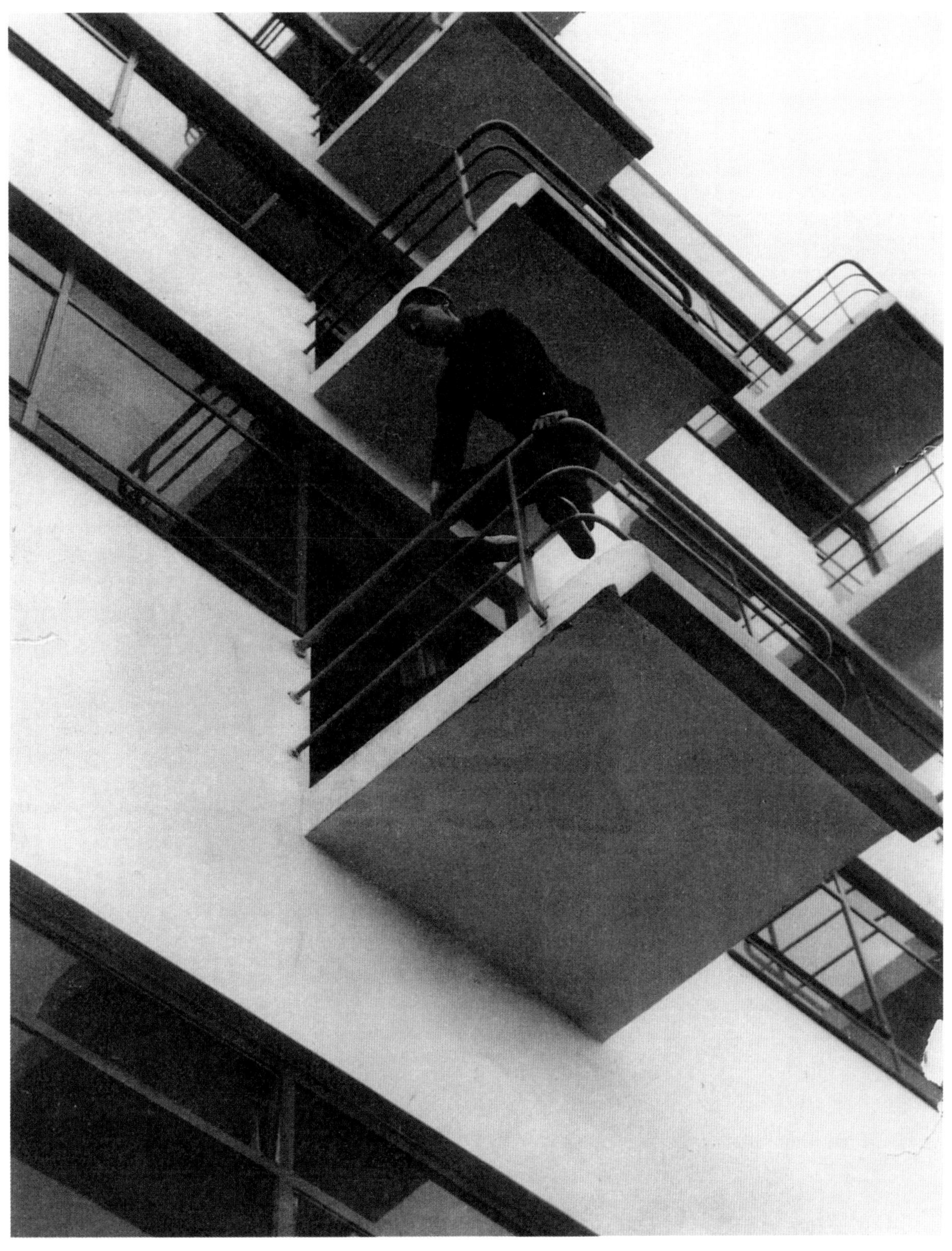

Bauhausbalkone in Dessau, 1926, Fotografie, Vintage Print, Gelantinesilberabzug, kartonstark, glänzend, 38,3 x 29 cm, Bauhaus-Archiv, Berlin

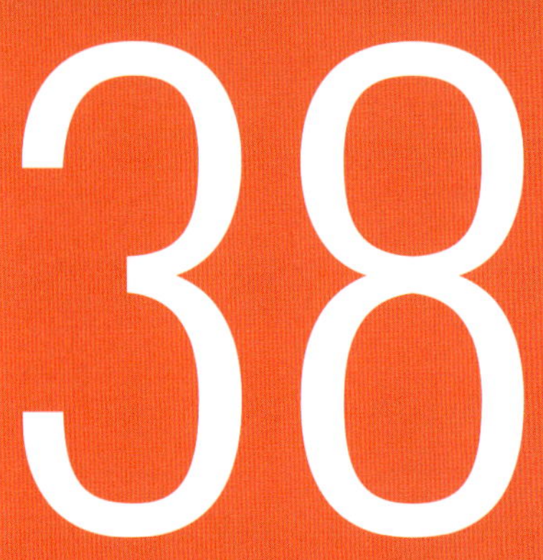

MARIANNE BRANDT, HANS PRZYREMBEL

Deckenleuchte

Zunächst für den Eigenbedarf entwickelt – das neu erbaute Bauhaus-Gebäude in Dessau musste mit Leuchten ausgestattet werden –, fand dieser funktional überzeugende und ästhetisch ansprechende Entwurf auch Anklang bei der Industrie.

Hans Przyrembel

1900 am 3. Oktober in Halle geboren
1915 Schlosserlehre in Leipzig
1918 Militärdienst
1924 Beginn des Studiums am Bauhaus; Vorkurs bei Moholy-Nagy
1924–27 in der Metallwerkstatt tätig
1926/27 Zusammenarbeit mit Marianne Brandt bei der Gestaltung von Beleuchtungskörpern
1928 Gesellenprüfung als Silberschmied
1929 eigene Werkstatt in Leipzig
1932 Meisterprüfung als Gold- und Silberschmied
1939–45 Militärdienst
1945 gestorben in Gefangenschaft

Marianne Brandt (geb. Liebe)
Biografie siehe S. 92

Mit dem Umzug des Bauhauses von Weimar nach Dessau veränderten sich auch die Arbeitsmöglichkeiten der Metallwerkstatt grundsätzlich. Die technische Ausrüstung, die in Weimar nur für eine Gold- und Silberschmiede geeignet war, wurde den neuen Erfordernissen einer modernen Werkstätte für Metallbearbeitung angepasst. Nun standen auch die dafür notwendigen Maschinen wie Drückbank, Drehbank oder Bohrmaschine zur Verfügung.

Wurden in Weimar nur vereinzelt Beleuchtungskörper hergestellt – etwa die berühmte Bauhauslampe –, so bildeten Entwurf und Produktion von Leuchten in Dessau einen neuen Schwerpunkt der Metallwerkstatt. Der Grund dafür lag zunächst im Eigenbedarf. Das neue Werkstättengebäude von Gropius bedurfte der Beleuchtung. Alle Räume mussten mit neuen Leuchten ausgestattet werden, mit Leuchten, die den unterschiedlichen Anforderungen für Kantine, Aula, Vestibül und den einzelnen Werkstätten entsprechen sollten.

Neue Leuchten für die Werkstätten

Für die Werkstätten entstanden eine Reihe von Pendel- und Zugleuchten. Eines der aufwendigsten, aber auch bekanntesten Modelle ist diese Hängeleuchte mit Zugvorrichtung von Marianne Brandt und Hans Przyrembel. Sie besteht aus einem annähernd halbkugelförmigen Reflektor mit nahtlos anschließendem Zylinder für die Fassung und einem integrierten Drehschalter, dem zylindrischen Baldachin und einem ebenfalls zylindrischen Gewicht, in dem der Zugmechanismus untergebracht ist. Ein am Reflektor montierter Bügel dient der Auf- bzw. Abwärtsbewegung der Lampe.

1979 schrieb Marianne Brandt dazu: »Diese Leuchte, die ich zusammen mit Hans Przyrembel gemacht habe, gab es auch mit breiterem Schirm, da ist sie ansehnlicher, außerdem streut sie das Licht breiter. Zum Teil war auch eine kleine Schale unter der Lichtquelle, damit es keine Blendung geben konnte. Den Leuten war damals Aluminium etwas Fatales, wir haben die Schirme deshalb manchmal auch farbgespritzt. Sie war für alles gedacht, für die Wohnstube, für Gaststätten, für die Werkstatt. Entstanden ist sie später als die Opalglas-Kugelleuchte, da hatten wir schon Drehbank und Drückbank und Leute, die sie bedienen konnten.«

Diese Leuchte gehörte zu den seriell produzierten Produkten des Bauhauses. 1926 stellte die Metallwerkstatt etliche Exemplare her, 1927 übernahm die Stuttgarter Firma Paul Stotz kurzfristig die Produktion, 1927/28 Schwintzer und Gräff in Berlin.

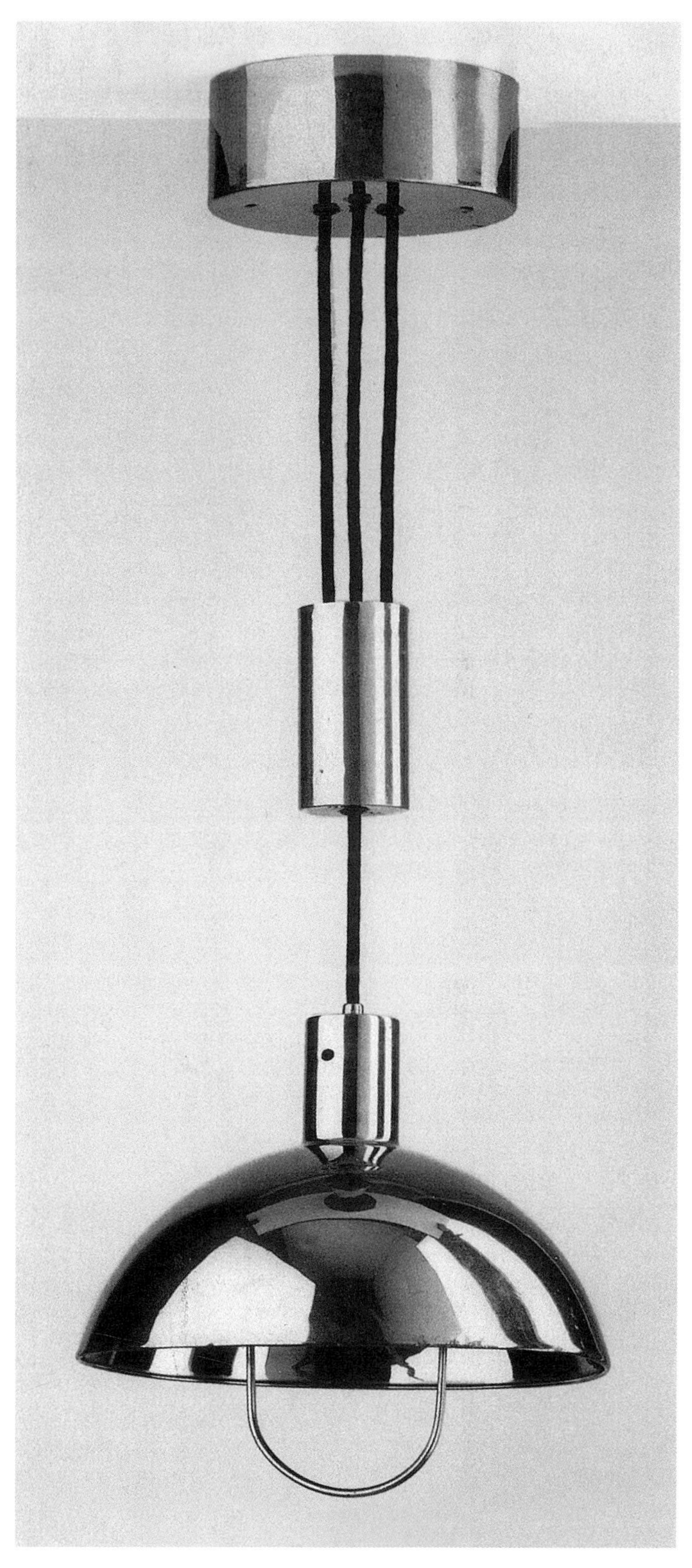

Deckenleuchte mit Zugvorrichtung, 1926, Messingblech, vernickelt, Durchmesser Reflektor 29 cm

39

MARCEL BREUER

Kleiderschrank ti 113

Helle, einheitliche Schleiflackflächen stehen im wirkungsvollen Kontrast zu dem konstruktiven Gerüst aus dünnen, roten Streifen. Form und Funktion verbinden sich hier zu einer spannungsreichen Einheit, die der formalen Qualität eines abstrakten Gemäldes nahekommt.

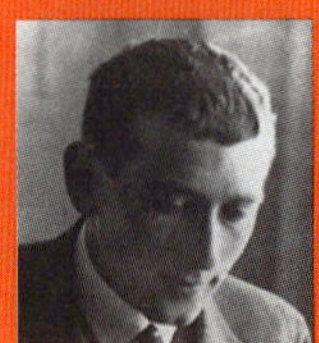

1902 am 22. Mai in Pécs/Ungarn geboren
1920 Stipendium für die Akademie der Bildenden Künste in Wien
1920 Beginn des Studiums am Bauhaus; Lehre in der Tischlerei
1923 Heirat mit der Bauhaus-Studentin Martha Erps
1924 Gesellenprüfung
1925 nach kurzer Tätigkeit als Architekt in Paris Rückkehr ans Bauhaus Dessau als ›Jungmeister‹ Leiter der Möbelwerkstatt
1928 Gründung eines eigenen Architekurbüros
1935–37 Architekt in London
1937–46 Professur an die School of Design der Harvard University durch Vermittlung von Walter Gropius. Bis 1941 gemeinsames Büro mit Gropius in Cambridge/Mass
1946 Architekturbüro in New York
1956 Bürogründung »Marcel Breuer and Associates« in New York
1981 am 1. Juli in New York gestorben

Zum richtigen Zeitpunkt am richtigen Ort zu sein, ist nicht jedem vergönnt. Marcel Breuer hatte das Glück. Nach wenigen Wochen brach er sein Studium an der Wiener Akademie der Bildenden Künste ab, begann ein Praktikum in einem Architekturbüro und beschloss kurz darauf, sich am Bauhaus im fernen Weimar zu bewerben. Dort fand er nicht nur die idealen Bedingungen für die Entwicklung und Umsetzung seiner revolutionären Ideen vor, sondern traf mit Walter Gropius, dem Gründer und ersten Direktor des Bauhauses, einen entschiedenen Förderer seiner Talente. Zudem war Anfang der Zwanzigerjahre die Zeit ideal für Innovationen und Experimente. Nach dem künstlerischen Vakuum, das der Erste Weltkrieg hinterlassen hatte, sehnte sich nicht nur die künstlerische Avantgarde nach neuen Bauten, neuen Wohnungen und modernen Einrichtungen.

Marcel Breuer absolvierte seine Ausbildung in der Tischlerei des Bauhauses. Nach seiner Gesellenprüfung und einem kurzen Aufenthalt in einem Pariser Architekturbüro leitete er ab 1924 die Möbelwerkstätte des Bauhauses. Neben seinen epochalen Stahlrohrmöbeln beschäftigte er sich immer wieder mit Einrichtungsgegenständen aus Holz. Zumal diese auch für seine verschiedenen Wohnungseinrichtungen von großer Bedeutung waren; denn nicht immer konnte alles aus Stahlrohr sein.

Die unbekannte Ikone

Im Gegensatz zu seinen Stahlrohrmöbeln, die – nach dem Zweiten Weltkrieg von verschiedenen Herstellern in hohen Stückzahlen hergestellt – gleichsam zu Ikonen der Moderne stilisiert wurden, blieben seine übrigen Entwürfe, auch wenn sie am Bauhaus entstanden waren, aufgrund der wenigen dort produzierten Exemplare bis heute einer breiten Öffentlichkeit weitgehend unbekannt. Dies gilt auch für den Schrank der Neuen Sammlung, von dem nur noch ein weiteres Exemplar existiert, das jedoch durch die kirschholzfurnierte Oberfläche mit schwarzen Streifen grundsätzlich anders, eher traditioneller erscheint und letztlich an Biedermeiermöbel erinnert. Im Gegensatz dazu lassen die hellen, einheitlichen Schleiflackflächen der Türen und Schubfachfronten das durch die dünnen, roten Streifen markierte konstruktive Gerüst des Schrankes wirkungsvoll in Erscheinung treten: Breuer gelingt es hier, Form und Funktion zu einer spannungsreichen Einheit zu verbinden, die der formalen Qualität eines abstrakten Gemäldes nahe kommt.

Eine vielsagende Provenienz

Der Schrank stammt aus dem Besitz des Kunsthistorikers Ludwig Grote (1893–1974), sächsischer Landeskonservator und nach dem Krieg Generaldirektor des Germanischen Nationalmuseums in Nürnberg, der zu den entschiedensten Verfechtern des Bauhauses und der modernen Kunst in Deutschland gehörte und sich bereits 1927 seine Wohnung in Dessau von Marcel Breuer einrichten ließ.

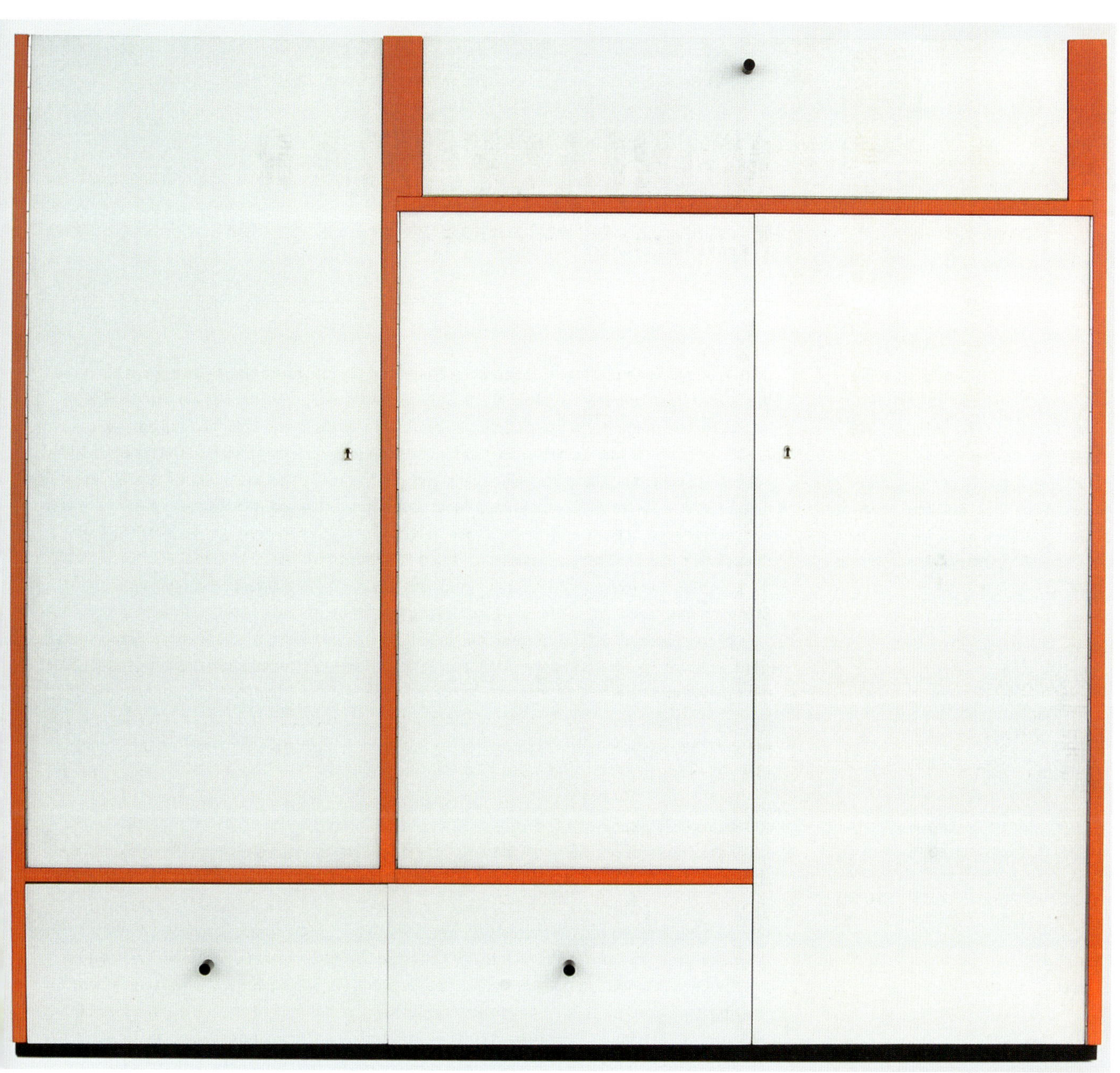

Kleiderschrank ti 113, 1926/27, Holz, weiß und rot lackiert, 175 x 185 x 69 cm, Die Neue Sammlung, München

40

GUNTA STÖLZL

Schlitzgobelin »Rot-Grün«

Gunta Stölzl prägte wie keine andere Persönlichkeit die Bauhausweberei. »dass man von bauhaussstoffen spricht, ist ihr verdienst,« schrieb die Zeitschrift *bauhaus* 1931. Die Entwicklung der Webwerkstatt am Bauhaus ist bis heute untrennbar mit Gunta Stölzl verbunden.

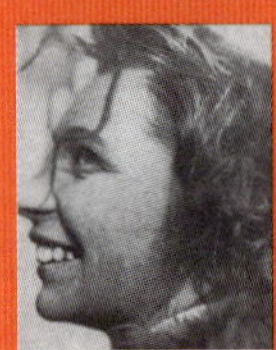

1897 am 5. März in München geboren
1914–16 Studium an der Kunstgewerbeschule München
1916–18 Rotkreuzschwester im Kriegslazarett
1919 wieder an der Kunstgewerbeschule München
1919–24 Studium am Bauhaus; Vorkurs bei Johannes Itten
1924 zusammen mit Johannes Itten Einrichtung der Ontos-Werkstätten in Herrliberg bei Zürich
1925 Werkmeisterin
1927–31 Gesamtleitung der Weberei als Nachfolgerin von Georg Muche
1931 Weggang vom Bauhaus und Gründung der Handweberei S-P-H-Stoffe in Zürich
1932 Mitglied im Schweizer Werkbund
1935 Gründung der S+H-Stoffe, die sie ab 1937 allein weiterführt
1967 Aufgabe der Werkstatt
1983 am 22. April in Küsnacht gestorben

1919 kam sie als Studentin an das Bauhaus nach Weimar. Sie hatte kurz vorher als Schülerin der Kunstgewerbeschule in München das Bauhaus-Manifest gelesen, das sie sofort stark beeindruckte. Jahre später schilderte sie ihre Ankunft in Weimar: »Was fand ich vor? Eine kleine Gruppe von Studierenden. Mehr Männer als Mädchen. Ein großes Gebäude mit Ateliers, die zum Teil von der alten Akademie belegt waren, daneben große leere Räume, ein Werkstattgebäude, eine Kantine, ein Atelierhaus für Studierende, jedoch nur für Männer.«

Eine Karriere in der Webwerkstatt

Zunächst begann Gunta Stölzl in der Glaswerkstatt, anschließend besuchte sie die Klasse für Wandmalerei, bevor sie auf Probe zum Vorkurs von Johannes Itten zugelassen wurde. Die offizielle Immatrikulation erfolgte dann im Frühjahr 1920. Und damit begann auch ihre Karriere in der Webwerkstatt, in der sie bereits als Studentin eine führende Rolle einnahm. Mit ihrer Tatkraft und Begeisterungsfähigkeit, mit ihrer natürlichen Affinität zum Material und ihrer Liebe zum Experiment gab sie der Werkstatt die Richtung vor. Dass Gunta Stölzl und ihre Mitstudentin Benita Otte 1922 und 1924 Fortbildungskurse in der Färbereifachschule in Krefeld besuchen durften, lag an ihrer Begabung und ihrem Einsatz für die Weberei. Nach ihrer Rückkehr reaktivierten sie das Farblaboratorium der alten Kunstgewerbeschule und vermittelten ihre neu gewonnenen Erkenntnisse unmittelbar ihren Mitstudierenden. Nach dem Umzug des Bauhauses nach Dessau stieg sie zur Werkmeisterin auf und ab 1927 zur alleinigen Leiterin der Weberei.

Ein Wandbehang als abstraktes Bild

Etwa zur gleichen Zeit dürfte der große Wandbehang entstanden sein. Durch die Ausführung als Schlitzgobelin konnten während des Webvorgangs die Schussfäden in beliebigen Formen eingelegt werden. Im Gegensatz zu den Wandbehängen von Anni Albers wirkt dieser Teppich nicht durch ein bildhaft-kompositorisches Grundgerüst, sondern durch eine kleinteilige Vielfalt zahlloser Strukturen: Wellen, Streifen, Schrägen, Treppen, Rhomben, Linien und Bögen. Collagenartig werden Felder mit unterschiedlichen geometrischen Motiven, geschwungenen Formen und streng rechtwinklig gesetzten Motiven einander zugeordnet, so dass ein spannungsreiches Gesamtgefüge entsteht. Den optischen Halt bewirken die Längsstreifen im Zentrum, vor allem aber die starke Wertigkeit der Farben Rot und Grün.

Auf den ersten Blick sieht das Ganze nach Willkür und Zufall aus, doch die zahlreichen Skizzen zu diesem Thema zeigen, dass sich Gunta Stölzl intensiv mit der Zuordnung verschieden strukturierter Flächen beschäftigt hatte. Darin mag auch der Einfluss Paul Klees nachwirken, dessen visuelles Denken für viele Studenten gleichsam zum Evangelium wurde.

Als Gunta Stölzl 1931 das Bauhaus verließ, ging die einzige Frau unter den Bauhaus-Meistern. Zwölf Jahre lang hatte sie die Weberei künstlerisch und technisch vorwärts gebracht.

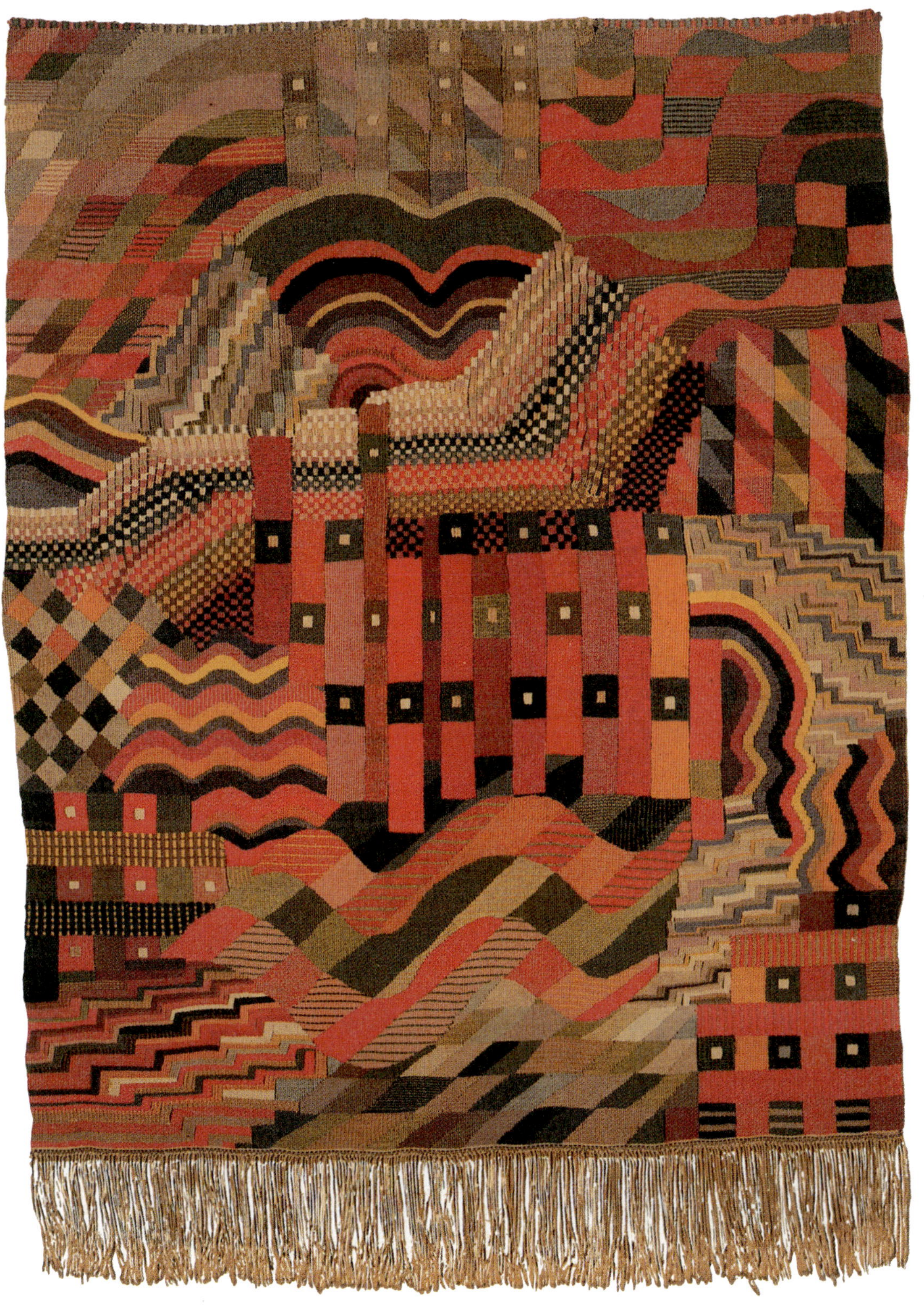

Schlitzgobelin Rot-Grün, 1927/28, Baumwolle, Wolle, Seide, Leinen, 150 x 110 cm, Bauhaus-Archiv, Berlin

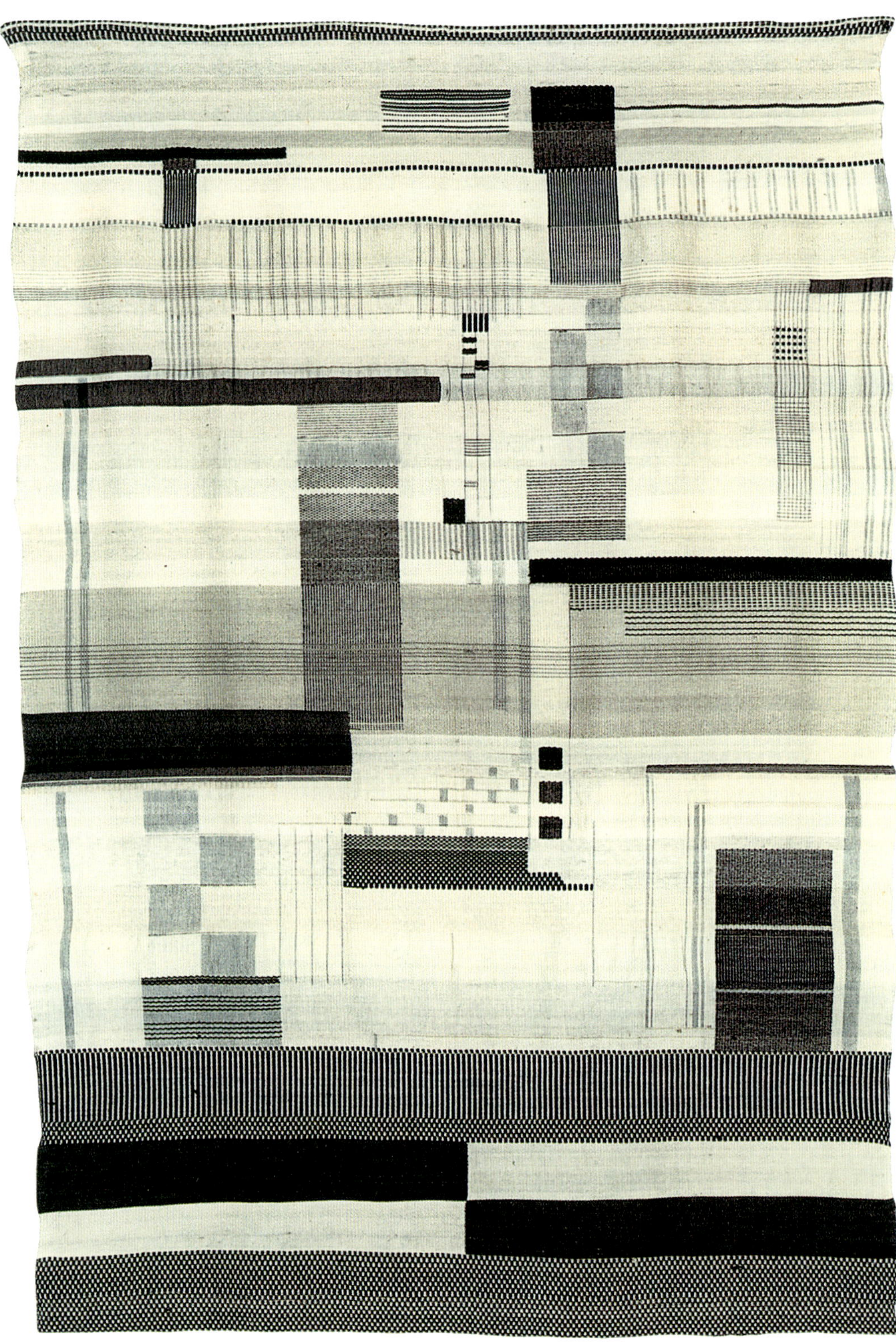

Wandbehang Schwarz-Weiß, 1923/24, 182 x 119 cm, Klassik Stiftung Weimar

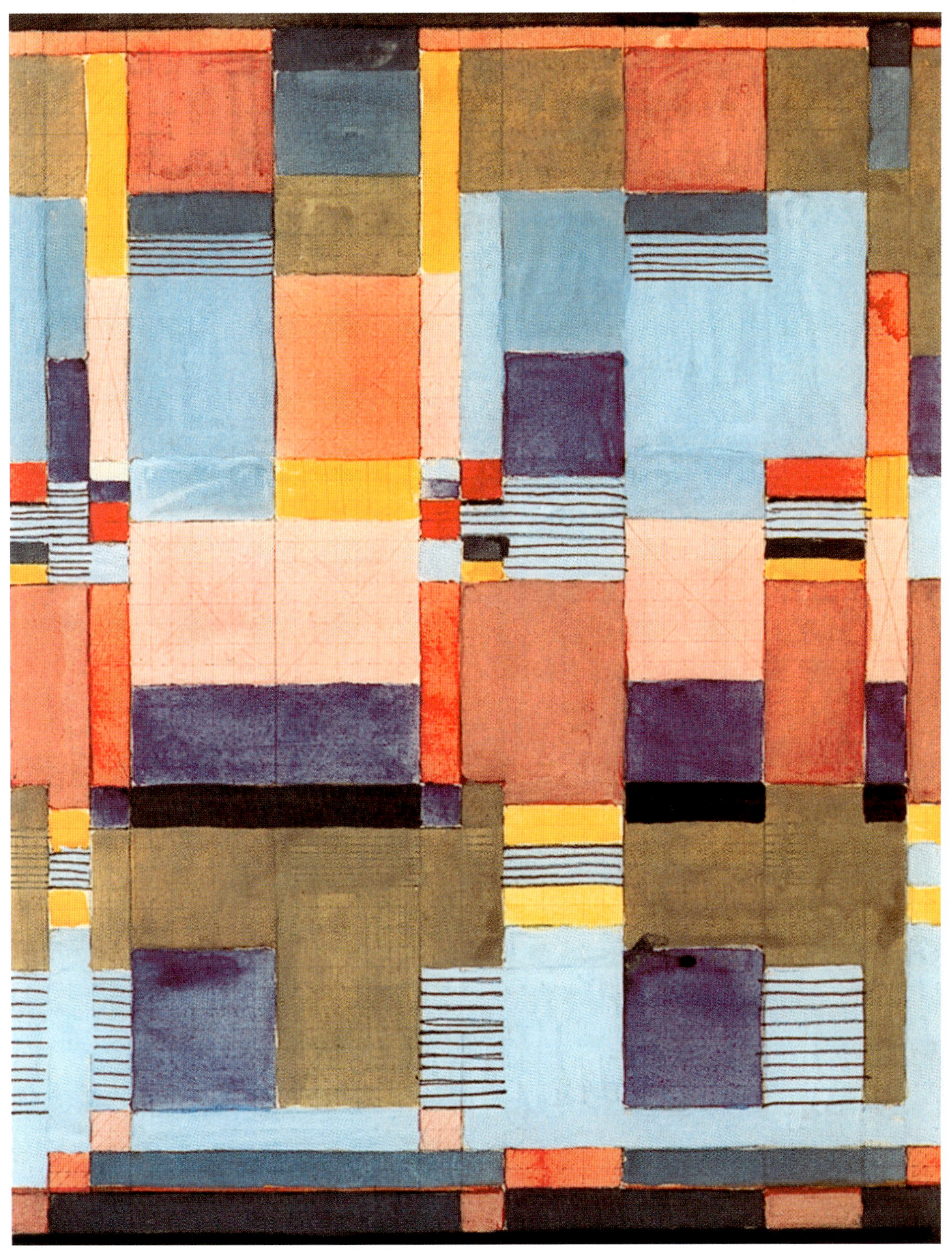

Textilentwurf, 1925–31, 30,5 x 23 cm, Privatbesitz

41

MARIANNE BRANDT, HIN BREDENDIECK

Kandemleuchten

Kaum ein Produkt des Bauhauses war zu seiner Zeit so erfolgreich wie die Kandemlampe. Eigentlich hatten Marianne Brandt und Hin Bredendieck zwei Kandemlampen entworfen: eine Schreibtischleuchte und eine Nachttischleuchte – beides Produkte ihrer kongenialen Zusammenarbeit.

Hin Bredendick

1904 am 7. Juni in Aurich geboren
1918–22 Tischlerlehre in Aurich
1922 Gesellenprüfung
1924 Besuch der Kunstgewerbeschule Stuttgart
1925 Besuch der Kunstgewerbeschule Hamburg
1927 Beginn des Studiums am Bauhaus Dessau; Vorkurs bei Josef Albers
1927–30 Arbeit in der Metallwerkstatt
1930 am 20. Mai Bauhaus-Diplom; anschließend in Berlin Mitarbeit im Atelier von László Moholy-Nagy und Herbert Bayer; später für den Schweizer Leuchtenhersteller B.A.G. tätig. Zusammenarbeit mit Herman Gautel
1937 von Moholy-Nagy an das New Bauhaus in Chicago eingeladen
1952–71 erster Leiter des Departments of Industrial Design am Georgia Institute of Technology
1995 am 1. September in Atlanta gestorben

Marianne Brandt (geb. Liebe)
Biografie siehe S. 92

»Die Kandemlampe haben zwei gemacht: Hin Bredendieck und ich, wir hatten sie als Nachttischlampe und als Tischlampe. Bei beiden sind Fuß und Schirm gleich; die Nachttischlampe ist aber niedriger und hat einen kürzeren Arm. Beim Fuß kam es darauf an, daß die Zuführung gut hineinpaßte und daß die Kugel vom Gelenk gut darin saß.« (Marianne Brandt)

Die Anteile der beiden Entwerfer lassen sich durch spätere Mitteilungen deutlich unterscheiden. Hin Bredendieck hatte wohl beide Leuchten skizziert und diese dann in gemeinsamer Arbeit mit Marianne Brandt realisiert. Die beiden Entwerfer beschlossen damals in gegenseitigem Einvernehmen, aus honorar- und urheberrechtlichen Gründen zu teilen.

Erfolgreiche Zusammenarbeit mit der Industrie

Die beiden Leuchten waren nicht nur die ersten Modelle einer seit langem angestrebten Kooperation mit der Industrie, sie gehörten auch zu den in dieser Hinsicht erfolgreichsten Entwürfen und wurden bis 1939 oder vielleicht sogar noch etwas länger hergestellt.

Während es sich bei der Schreibtischleuchte um eine Überarbeitung eines um 1925 entwickelten Modells handelt, stellt die Nachttischleuchte eine vollständige Neuentwicklung dar. Vom Vorgängermodell der Schreibtischleuchte wurde das funktionale Prinzip des kippbaren Armes und der Schwenkbarkeit des Reflektors übernommen, Gesamtform und Details wurden jedoch gründlich verbessert. Den aus mehreren Einzelteilen bestehenden Reflektor ersetzte nun ein einheitlich gestaltetes Element, der Fuß wirkt ebenfalls formal geschlossener und in seiner weich modellierten Form ansprechender und eleganter. Auch die Krümmung des Arms erhält nun ein anderes ästhetisch ansprechenderes Aussehen. Im Musterblatt des Herstellers heißt es: »Der aus starkem Blech hergestellte Reflektor mit Dom ist aus einem Stück gezogen und bildet ein festes Ganzes als Handgriff beim Verstellen. Er ist durch ein Doppelgelenk neigbar und seitlich schwenkbar. Der Leuchtenarm ist durch sein Reibungs-Fußgelenk neigbar. Durch Vorneigen des Armes und Seitlichdrehen des Reflektors wird das gesamte Licht auf die Arbeitsfläche gelenkt ohne zu blenden. Der Schalter ist im Fuß eingebaut.«

Die Nachttischleuchte basiert zwar nicht auf einem Vorgängermodell, allerdings verwendet sie, wie Marianne Brandt selbst bekundet, Reflektor und Fuß der Schreibtischleuchte. Der Fuß ist jedoch nicht identisch, sondern bietet durch seine glatte, nach vorne abgeschrägte Oberfläche eine völlig neuartige Lösung, da dieser auch als Reflektor für indirektes Licht verwendet werden kann.

Schreibtisch- und Nachtischleuchte wurden teilweise in unterschiedlichen Materialvarianten und Farben angeboten. Mit ihnen löste das Bauhaus eines seiner immer wieder formulierten Ziele, die Kooperation mit der Industrie, ein – und nicht nur das, diese Kooperation wurde zu einer wichtigen Einnahmequelle des Bauhauses, das von den Lizenzgebühren enorm profitierte.

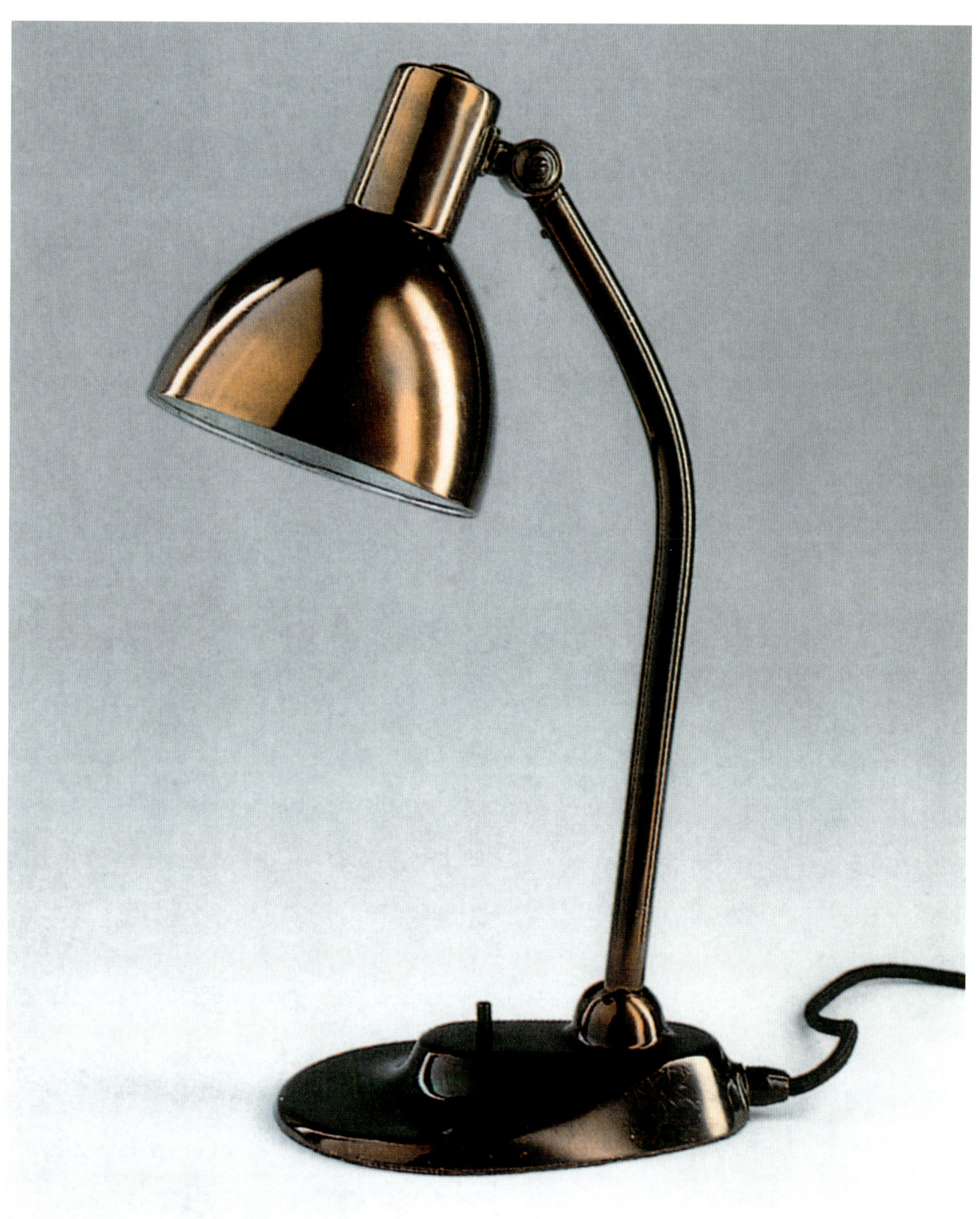

Kandemschreibtischleuchte, 1928, Kupfer, Bronzeguss, bronzefarben lackiert, Höhe 45 cm

42

HERBERT BAYER

Zeitschrift »bauhaus«

»Komponiert vor der Kamera und nicht am Zeichentisch« – so wurde das viel gerühmte Titelblatt der Zeitschrift *bauhaus* charakterisiert. Mehrfach ausgezeichnet, gilt es auch heute noch als ein Meilenstein in der Geschichte der modernen Werbegraphik.

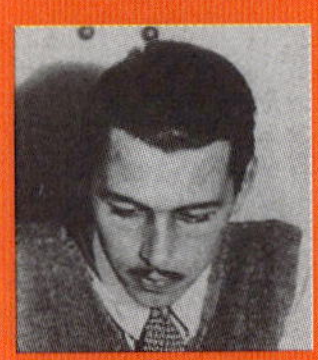

1900 am 5. April in Haag/Oberösterreich geboren
1919 Lehre im Büro des Architekten und Entwerfers Georg Schmidthammer in Linz
1921 Assistent des Architekten Josef Emmanuel Margold in der Darmstädter Künstlerkolonie
1921 Beginn des Studiums am Bauhaus; Vorkurs bei Johannes Itten
1923–25 in der Werkstatt für Wandmalerei tätig
1925 Gesellenprüfung und Übernahme der Leitung der neu eingerichteten Abteilung »Druck und Reklame«
1928–38 in Berlin als selbständiger Werbegraphiker tätig
1938 Übersiedelung nach New York
1946 in Aspen tätig
1968 Gestaltung der Ausstellung *50 Jahre Bauhaus* in Stuttgart
1974 Übersiedelung nach Montecito
1985 am 30. September in Montecito, Kalifornien, gestorben

Zur Eröffnung des Bauhausgebäudes in Dessau publizierte das Bauhaus am 4. Dezember 1926 anlässlich der offiziellen Einweihung erstmals die vierteljährlich erscheinende Zeitschrift *bauhaus*. Sie enthält Informationen über das Bauhaus, über neue Produkte und Aufträge, war aber auch für Gastautoren offen. In seinem Leitartikel umriss Gropius die gegenüber den Anfangsjahren gewandelten Intentionen: »das bauhaus ist eine hochschule für gestaltung. sein zweck ist: 1. die geistige, handwerkliche und technische durchbildung schöpferisch begabter menschen zur bildnerischen gestaltungsarbeit, besonders für den bau, und 2. die durchführung praktischer versuchsarbeit, besonders für hausbau und hauseinrichtung, sowie die modellentwicklung für industrie und handwerk.«

Ein Sprachrohr der Öffentlichkeitsarbeit

Die offensive, durch den Druck von außen stetig intensivierte Öffentlichkeitsarbeit des Bauhauses erhielt durch die Zeitschrift ein neues Sprachrohr. Dabei standen zwei Punkte im Zentrum: Selbstdarstellung und eigene Standortbestimmung. Anfangs hatte fast jedes Heft einen eigenen Schwerpunkt. Unter der Leitung von Gropius und Moholy-Nagy erschienen bis 1928 fünf Ausgaben, die als erste Phase der Zeitschrift angesehen werden können.

Das letzte Heft dieser Phase, ein Sonderheft (1-1928), besorgte Herbert Bayer. Er gestaltete auch das viel gerühmte Titelblatt. Dabei verknüpfte er verschiedene Darstellungsebenen und -mittel am Beispiel seines Graphiker-Werkzeuges. 1931 wurde der Umschlag auf der Ausstellung ausländischer Werbefotografie im art center in New York mit dem ersten Preis ausgezeichnet, was Bayer in der Folgezeit den Ruf »Lyriker der Sachlichkeit« einbrachte.

DIN-Normen am Bauhaus

In der neu benannten »werkstatt für typographie und werbsachengestaltung« konnte Bayer eine Reihe formaler Neuerungen in die Wege leiten. Er führte die DIN-Normen am Bauhaus ein und setzte diese ab 1928 auch für die Zeitschrift *bauhaus* durch. Im handlichen DIN-Format stieg der Umfang auf das Doppelte. Erstmals gab es einen eigens gestalteten Umschlag und ein entsprechendes Inhaltsverzeichnis. Das Heft 1-1928 stellt den Höhepunkt in der ersten Phase der Zeitschrift dar. Mit einer Auflage von 3000 Exemplaren ließ sich das erklärte Ziel, die lokale Isolation am Standort Dessau zu durchbrechen, fast mühelos erreichen.

Die Zielgruppe

Ein beigelegtes Werbefaltblatt gibt auch Aufschluss über den Leserkreis: »der große kreis der freunde des bauhauses, akademien, staatliche und städtische behörden, hoch- und tiefbauämter, gewerbe- und fachschulen, industrielle unternehmungen des bau- und ingenieurswesens, des maschinenbaus u. der verkehrstechnik, architekten und bauunternehmer sind ihre leser.«

Aus einer informierenden Schulpublikation war nun eine Fachzeitschrift von überregionaler Bedeutung geworden.

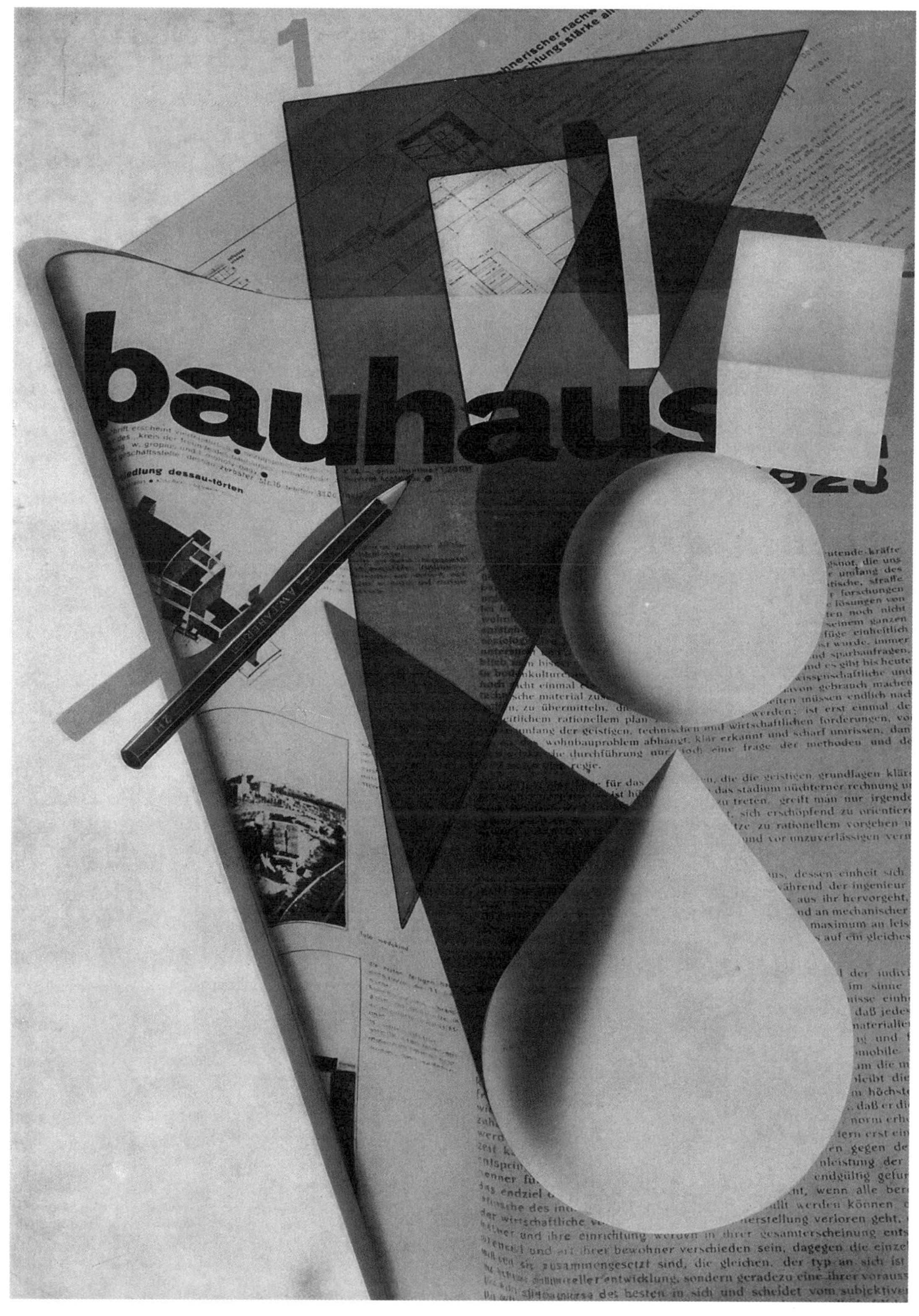

Titelblatt für die Zeitschrift *bauhaus*, Heft 1, 1928, Buchdruck, DIN A4

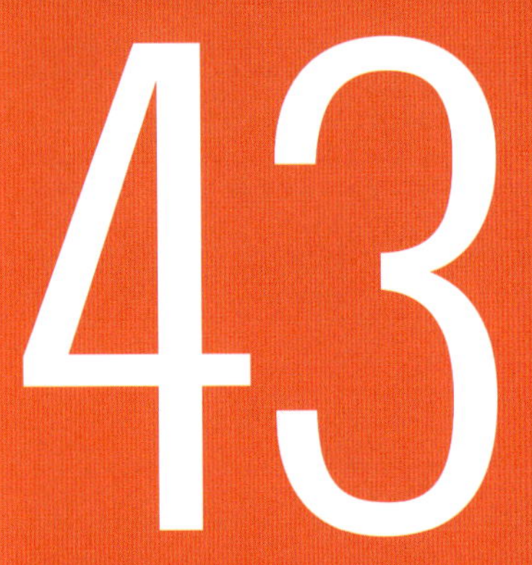

WALTER PETERHANS

Foto »Toter Hase«

Die Meisterschaft von Walter Peterhans zeigt sich in seiner Technik und seinen ausgewogenen und sorgfältig arrangierten Kompositionen.

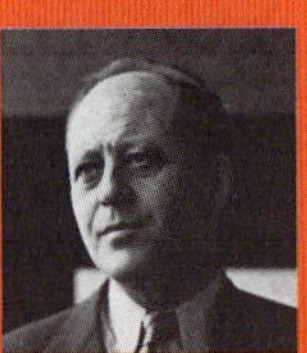

1897 am 12. Juni in Frankfurt geboren
1919–21 studiert Maschinenbau in Dresden und München, anschließend Philosophie in München
1921–24 Studium der Mathematik, Philosophie und Kunstgeschichte an der Universität Göttingen
1925/26 Studium der Malerei an der Akademie der Graphischen Künste in Leipzig
1927 eigenes fotografisches Atelier in Berlin
1928 Mitglied in der Gesellschaft Deutscher Lichtbildner
1929 Einzelpräsentation auf der Werkbundausstellung Film und Foto
1929–33 Aufbau der Werkstatt für Fotografie am Bauhaus in Dessau
1933 Lehrer an der Berliner Fotoschule von Werner Graeff bis zu deren Auflösung im April 1934
1935–37 Lehrer für Fotografie sowie Künstlerische Grundlehre an der Reimann-Schule in Berlin unter Hugo Häring
1938 Emigration in die USA
1939–1960 Professur am Illinois Institute of Technology in Chicago
1960 am 12. April in Stetten bei Stuttgart gestorben

Erst zehn Jahre nach der Gründung des Bauhauses wurde die Fotografie fest als Lehrfach in den Unterrichtsplan eingefügt. Durch die Berufung von Walter Peterhans als Leiter der Fotoklasse, die der Werbe- und Typographieabteilung angegliedert war, konnte zum ersten Mal regulärer Fotografieunterricht erteilt werden. Sein Unterricht war geprägt von theoretischen und fototechnischen Studien zur Vermittlung von echtem fotografischem Können. Er legte Wert auf chemische sowie physikalische Grundlagen, aber auch auf genaue Bildaufteilung und Objektauswahl.

Die Fotokunst von Walter Peterhans wird durch eine Art Überrealismus, eine Brillanz im Umgang mit der Technik charakterisiert, die seinen Stillleben geradezu haptische Qualitäten verleiht. Seine Motive komponiert er aus Fundstücken, aus Alltagsgegenständen und einfachen Materialien. Sorgfältige Arrangements und vor allem eine minuziöse Ausleuchtung, die die unterschiedlichen Oberflächen präzise zur Geltung bringt, charakterisieren seine Arbeiten. Feinste Gravüren, subtil erfasste Fakturen weicher und harter Objekte, die Rillen, Furchen und sonstigen Vertiefungen einer oft benutzten Holzfläche, den Flaum der Feder, das metallische Flackern eines Christbaumschmucks und die kühle Härte eines geschliffenen Glases, all das hält die Kamera mit einer unglaublichen Genauigkeit fest.

Ellen Auerbach über Peterhans

Eine Studentin von Peterhans, die später nicht weniger berühmte Fotografin Ellen Auerbach, erinnerte sich, mit welcher Akribie und Ausdauer Peterhans selbst das kleinste Detail einer Stilllebenkomposition arrangierte: »Ich werde nie vergessen, wie ich bei den Vorbereitungen dabei war, als er einmal ein Stillleben, bestehend aus sechs kleinen Gegenständen Wolle, Seide, Chiffon usw., zusammenstellte und aufnahm. Mit Hilfe zweier 500-Watt-Birnen und mit bewundernswerter Ausdauer und Zartgefühl arbeitete er stundenlang daran. Mit einer Pinzette vermochte er einen losen Faden um einen oder zwei Millimeter zu verschieben. Indem er die Lampen von einem Platz zum anderen bewegte, machte er mir klar, wie wichtig das Licht bei der ausdrucksvollen Erstellung einer Photographie ist – die romantische Hintergrundbeleuchtung, das flache, kalte Licht im Vordergrund. Als die Wolle endlich am flauschigsten und die Seide am seidigsten aussah, war es soweit, das Negativ zu belichten. Nachdem er die Platte entwickelt hatte, schien er unzufrieden und ließ das Stillleben so liegen. Am nächsten Morgen hatte er den Grund seiner Unzufriedenheit gefunden. Ein kleines bißchen Helligkeit von minimalem Tageslicht fehlte nach Einbruch der Dunkelheit. Er nahm das Bild nochmal auf.«

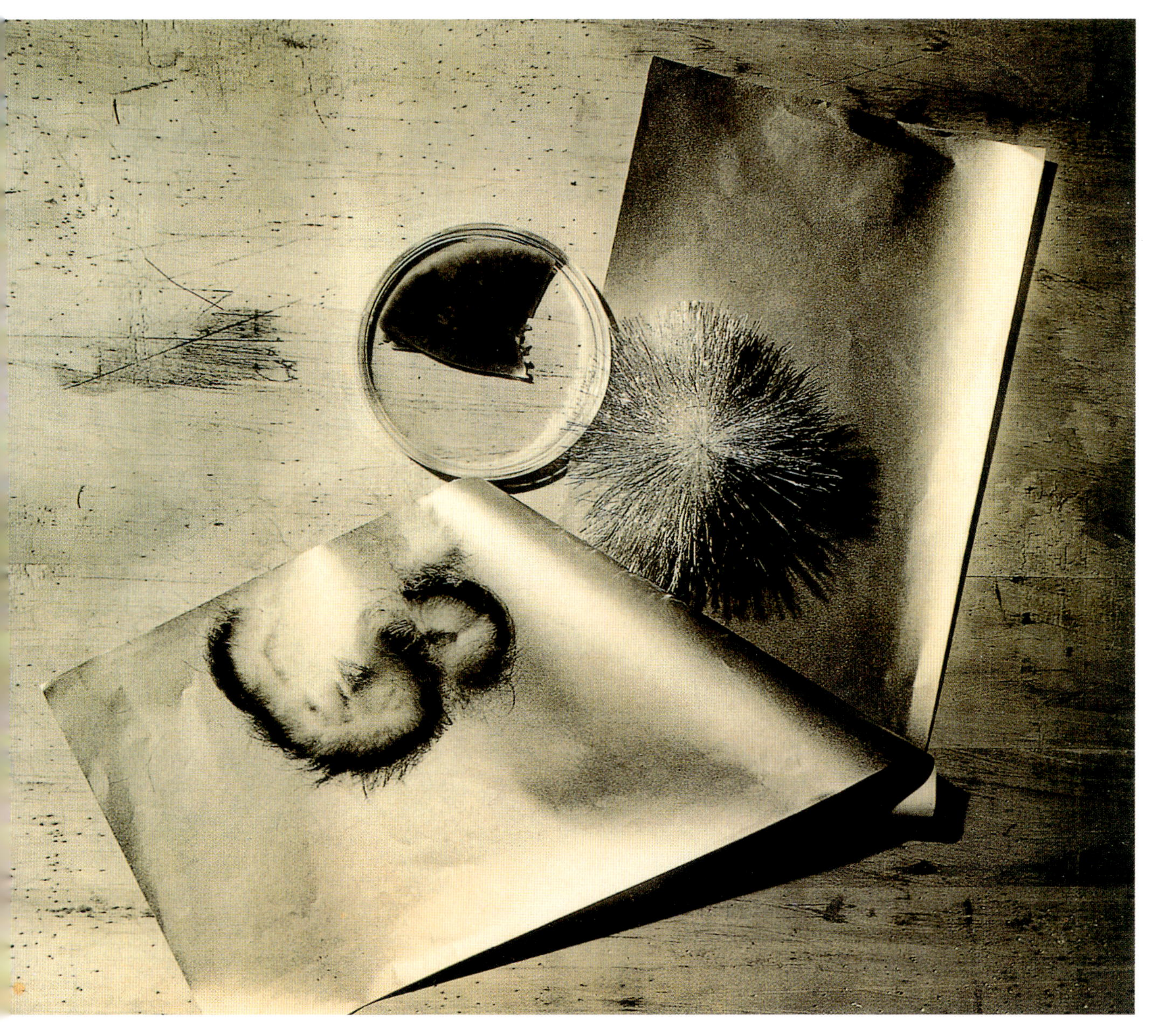

Toter Hase, 1929, Vintage Print, Gelantinesilberpapier, kartonstark, halbmatt, 28,7 x 31,5 cm, Bauhaus-Archiv, Berlin

44

PAUL KLEE

Vermessene Felder

Als Lehrer am Bauhaus galt Paul Klees Interesse vor allem den Grundformen der Gestaltung. Seine Lehrtätigkeit beeinflusste zunehmend sein eigenes künstlerisches Schaffen, so dass der spielerische Charakter seiner früheren Werke systematischen Farb- und Formanalysen wich.

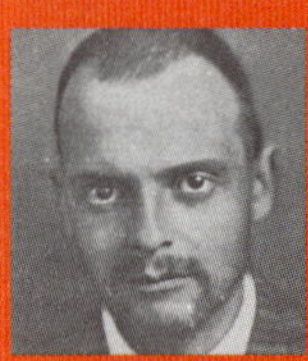

1879 am 18. Dezember in Münchenbuchsee bei Bern geboren
1899 Studium an der Kunstakademie München bei Franz von Stuck
1912 Teilnahme an der zweiten Ausstellung des Blauen Reiters
1914 Tunisreise
1920 Berufung an das Bauhaus Weimar; Leiter des Kurses »Elementare Gestaltungslehre der Fläche«
1921/22 Formmeister der Buchbinderwerkstatt
1922 Formmeister der Metallwerkstatt
1922–24 Formmeister der Werkstatt für Glasmalerei
1927 eigene freie Malklasse; Leiter der Gestaltungslehre für Weberei
1931–33 Professor an der Kunstakademie Düsseldorf
1933 Entlassung durch die Nationalsozialisten; Rückkehr nach Bern
1940 am 29 Juni in Muralto/Locarno gestorben

Paul Klee arbeitete seit seiner 1921 erfolgten Berufung an das Bauhaus als Formmeister in verschiedenen Werkstätten. Sein Feld war jedoch der theoretische Unterricht. Er versuchte, seine Studenten in die Grundformen der Gestaltung einzuführen, die sich seiner Meinung nach aus den Struktur- oder den Funktionsprinzipien der Natur ableiten lassen. Zu diesen Grundformen gehörten der organische Zusammenhang der Bildelemente und die Ausgewogenheit der von ihnen ausgehenden Kräfte. Andere Elemente seiner Lehre waren wahrnehmungspsychologische Reflexionen über die Bewegung im Bilde oder der Versuch einer bildnerischen Übersetzung musikalischer Strukturen. Zudem entwickelte Paul Klee eine eigenständige Farblehre.

Lehrtätigkeit und künstlerisches Schaffen

Seine Lehrtätigkeit beeinflusste deutlich sein weiteres künstlerisches Schaffen. Seine Bilder wandelten sich. Ihr spielerischer Charakter wich einer durch die Unterrichtsthemen bedingten Systematisierung von Farb- und Formanalysen. Im Mittelpunkt standen nun geometrische Strukturen, Raumformen, Farbkonstellationen und Symbole.

Ein charakteristisches Beispiel dafür ist das Aquarell Vermessene Felder, das zu den sogenannten Streifen- oder Lagenbildern gehört – eine rund 60 Arbeiten umfassende Werkgruppe, die bis auf wenige Ausnahmen in das Jahr 1929 zu datieren ist. Ausgangspunkt der Bildkonstruktion ist die Lage, ein als Norm verstandenes waagerechtes Bildfeld von meist länglicher Ausdehnung, das durch regelmäßig oder unregelmäßig gesetzte Vertikalen oder Schrägen in einem bestimmten Verhältnis geteilt wird.

Eine Reise nach Ägypten

Vorformen der Lagenbilder sind bereits aus seinem Bauhausunterricht bekannt, doch den eigentlichen Anstoß dazu gab eine Ägyptenreise im Winter 1928/29. Einige Bildtitel enthalten explizite Hinweise auf die vorangegangenen Reiseeindrücke. Gleichwohl darf man diese Bilder nicht als direkt vor der Natur entstandene Umsetzungen von Landschaftseindrücken verstehen, sondern als künstlerisch reflektierte, durch Farbkonstruktionen ergänzte Erinnerungen an landschaftliche Atmosphäre. Diese Reflexion schließt auch die Geometrie mit ein, die ihren Ursprung als Wissenschaft von der Vermessung der Erde der Sage nach im alten Ägypten hat. Denn aufgrund der jährlichen Nilüberschwemmungen mussten die fruchtbaren Felder entlang des Flusses ständig neu vermessen werden. Damit erklärt sich Klees Ordnungsprinzip nicht nur aus theoretischen Überlegungen oder anschaulichen Reiseeindrücken, sondern auch aus der Vertrautheit mit kulturgeschichtlichen Zusammenhängen.

Vermessene Felder geht aber weit darüber hinaus. Das Aquarell stellt zugleich ein markantes Beispiel für Klees farbtheoretische Anschauungen dar. Ihm geht es um eine Balance von Farbe und Tonalität, um ein Gleichgewicht zwischen hellen und dunklen Stufungen, aber auch um Fläche und Raum. Das trapezförmige, durch die hellere Tonalität charakterisierte Mittelfeld lässt sich auch als Feld auffassen, als ein perspektivisch verkürztes, in die Tiefe des Raumes führendes Feld.

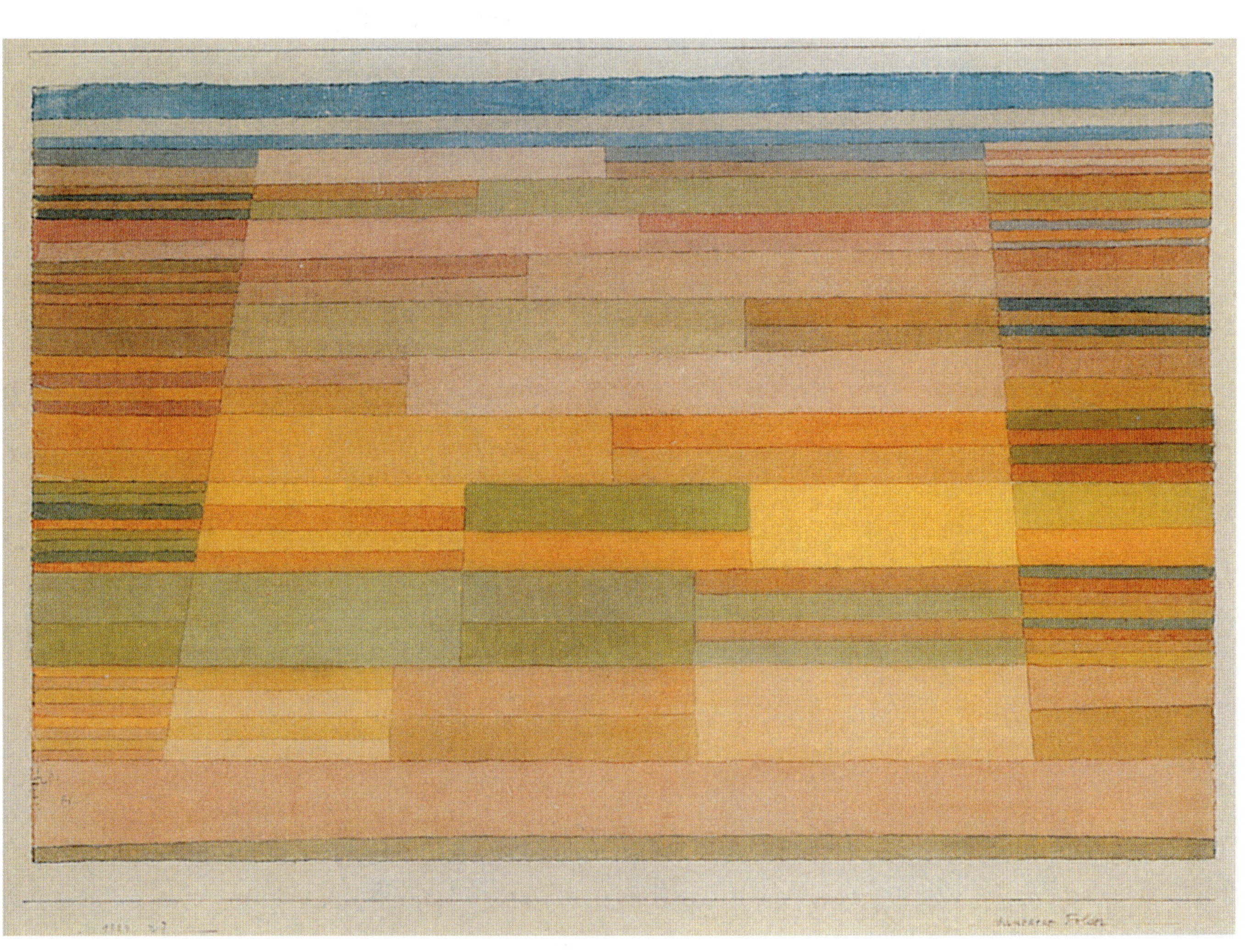

Paul Klee, *Vermessene Felder*, 1929, 47, Aquarell und Bleistift auf Papier auf Karton, 30,4 x 45,8 cm, Kunstsammlung Nordrhein-Westfalen, Düsseldorf

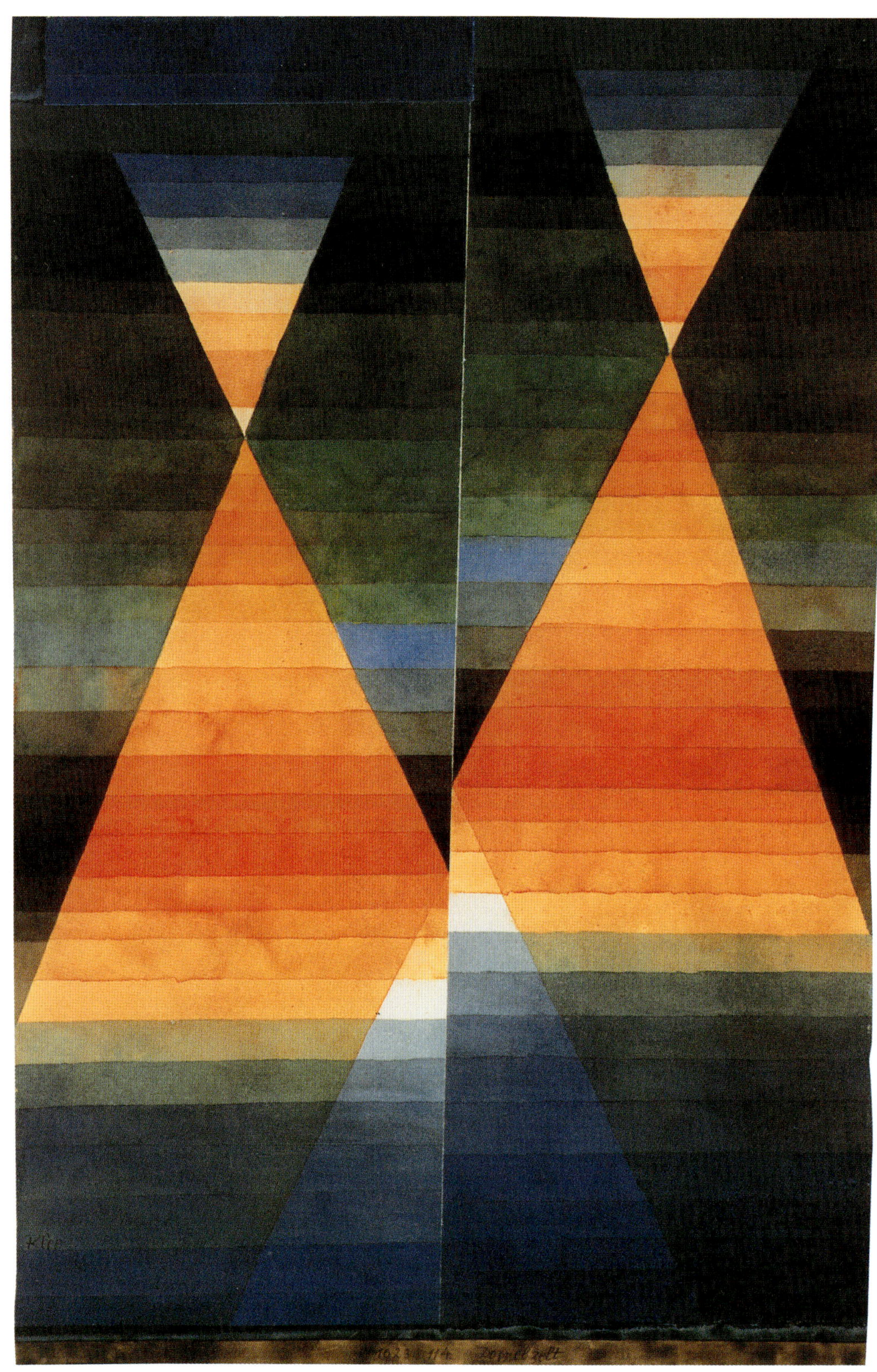

Paul Klee, *Doppelzelt,* 1923, 114, Aquarell und Bleistift auf Papier und Karton, 50,6 x 31,8 cm, Museum Sammlung Rosengart, Luzern

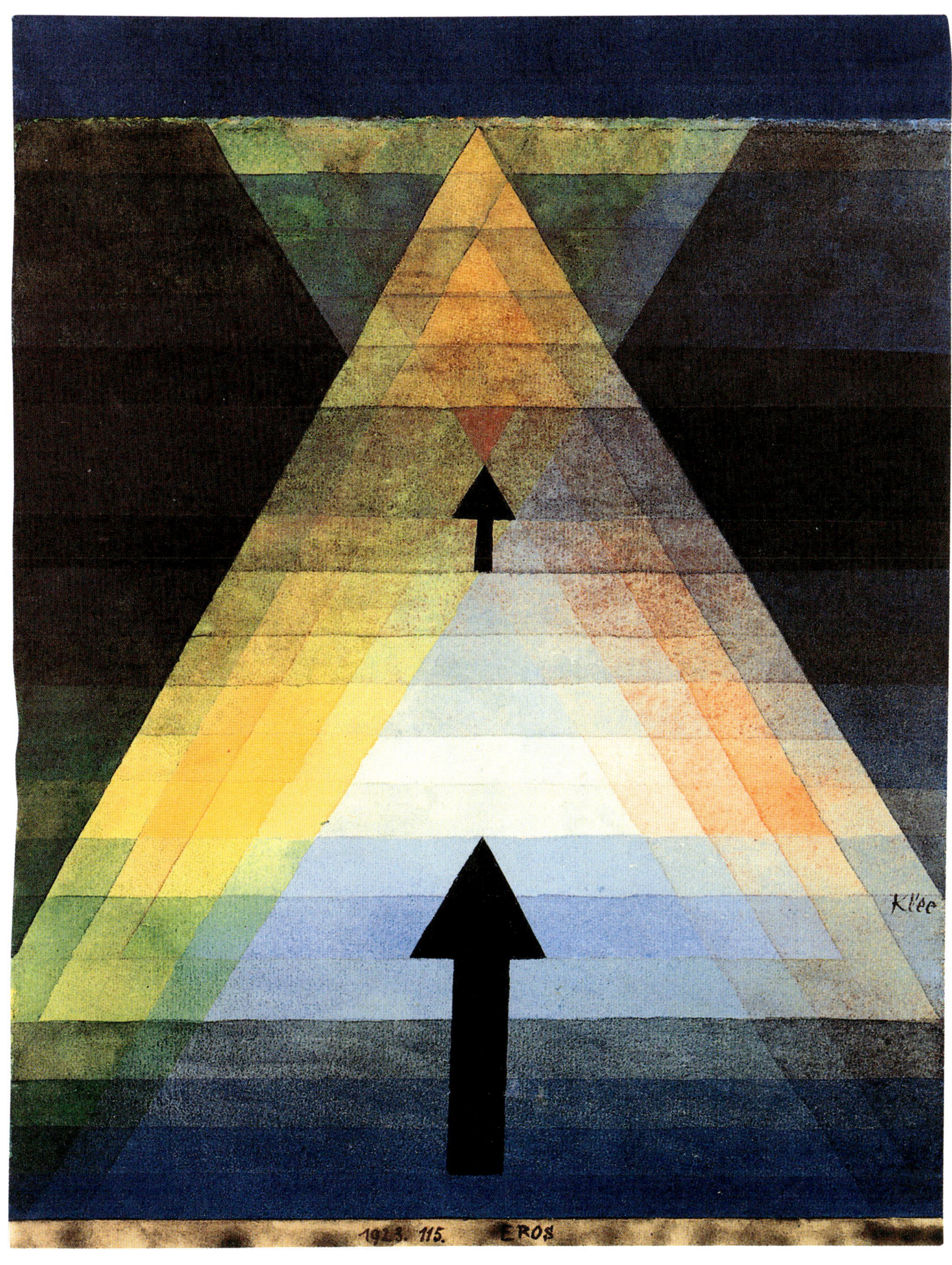

Paul Klee, *Eros*, 1923, 115, Aquarell, Gouache und Bleistift auf Papier auf Karton, 33,3 x 24,5 cm, Museum Sammlung Rosengart, Luzern

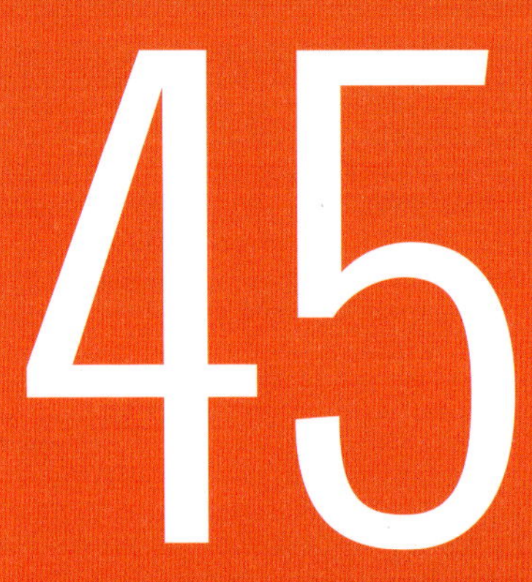

JOSEF ALBERS

Armlehnstuhl ti 244

Der Armlehnstuhl mit der Modellnummer ti 244 ist kaum bekannt. Aber Josef Albers war sich der Bedeutung seines wohl wichtigsten Beitrages zur Entwicklung des modernen Möbels durchaus bewusst. Sein Stuhl sei seines »Wissens der erste moderne Stuhl aus geformtem Schichtholz«.

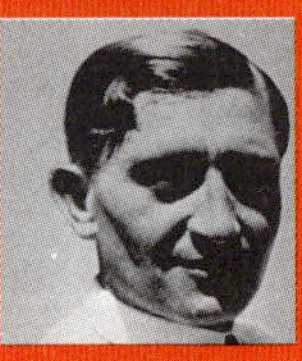

1888 am 19. März in Bottrop geboren
1905–08 Ausbildung zum Volksschullehrer, anschließend Lehrtätigkeit
1913–15 Studium an der Königlichen Kunstschule in Berlin, Prüfung als Kunsterzieher
1916–19 Studium an der Kunstgewerbeschule Essen, Arbeit als Lehrer
1919/20 Studium an der Münchner Kunstakademie bei Franz von Stuck
1920 Beginn des Studiums am Bauhaus, Vorkurs bei Johannes Itten
1923–25 Leiter der Werkstatt für Glasmalerei
1925 in Dessau zum Bauhausmeister ernannt
1928–30 Leiter des Vorkurses
1928/29 Leiter der Tischlerwerkstatt
1933 Emigration in die USA
1933–49 Professor am Black Mountain College, North Carolina
1950–60 Direktor des Department of Design der Yale University
1976 am 25. März in New Haven/Conn. gestorben

Natürlich kann man sich darüber streiten, ob der erste moderne Bugholzstuhl nicht vielleicht rund 90 Jahre vorher durch Michael Thonet geschaffen wurde. Doch wie dem auch sei, mit seinem Stuhl gelang Albers etwas ganz Besonderes. Denn noch bevor der finnische Architekt und Designer Aalvar Aalto seine ersten Stühle und Sessel aus geformten Schicht- und Sperrholz entwickelte, konnte Albers seinen »modernen Stuhl« vorstellen.

Ein moderner Stuhl

Das konstruktive Gerüst besteht aus vier hölzernen Elementen, von denen jeweils zwei identisch sind und durch eine Metallrohrstrebe miteinander verbunden werden. Für die Beine, die in die Armlehne übergehen, verwendete Albers ein Element in Form eines umgedrehten ›u‹, für das die Rückenlehne und den Sitz tragende Element eine Winkelform. Das wäre an und für sich noch nichts Besonderes, sieht man einmal von der formalen Reduktion der Teile ab, wenn er nicht für die Produktion eine ungewöhnliche Methode entwickelt hätte. Albers bog nicht jedes Element einzeln, sondern baute eine Metallform, mit der er längere Einheiten des nach seinen Vorstellungen geformten Schichtholzes erzeugte. Und von diesen länglichen Formteilen schnitt bzw. sägte er dann jeweils seine passenden Einzelelemente ab. Albers war sichtlich stolz auf seinen Entwurf: »Dieses neue Prinzip einer Stuhlkonstruktion wurde von anderen bis heute für unzählige Stuhlmodelle angewandt, vor allem in den Dreißiger- und Vierzigerjahren. Aber ich habe nicht eines gesehen, das die flexible Rückenlehne wiederholt hätte, die natürlich in keiner gedruckten Reproduktion klar erkennbar ist.«

Ein genialer Entwurf und die Anerkennung

Dennoch muss die Frage erlaubt sein, wieso sein genialer Entwurf nicht die große, ihm eigentlich gebührende Anerkennung fand. Die Gründe dafür liegen auf der Hand: Einerseits entstanden damals nur geringe Stückzahlen – das Bauhaus selbst war nicht auf Serienproduktion eingerichtet und ein entsprechender Hersteller nicht bei der Hand, andererseits verband man mit diesem Stuhl aus gebogenen Holzteilen auf den ersten Blick nicht jene Rigorosität, die etwa die Stahlrohrstühle von Marcel Breuer ausstrahlten.

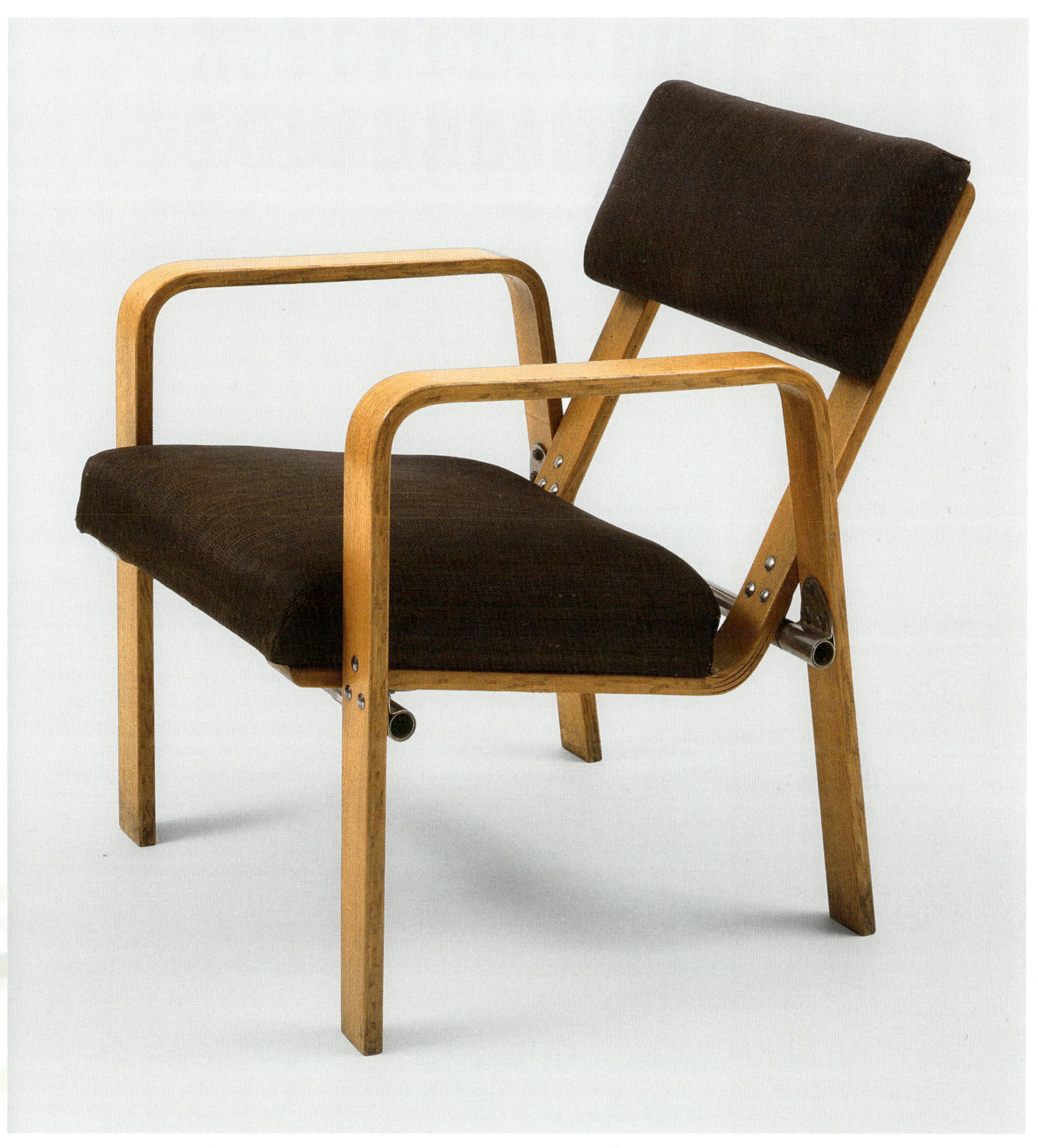

Armlehnstuhl ti 244, 1929, Buchenschichtholz, Stahlrohr, Polsterstoff, 72,4 x 58,9 x 72,4 cm, The Museum of Modern Art, New York

46

HIN BREDENDIECK, HERMANN GAUTEL

Arbeitshocker

Der Hocker ist eines der wenigen erhaltenen Möbelstücke aus der Zeit des späten Bauhauses und steht exemplarisch für die veränderten Entwicklungslinien. Bedingt auch durch das Material Formsperrholz, begannen organisch gerundete Elemente die streng geometrischen Formen abzulösen.

Herman Gautel

1905 am 10. September in Oldenburg geboren

1927/28 im Wintersemester Beginn des Studiums am Bauhaus Dessau; Vorkurs bei Josef Albers

1929/30 im Wintersemester als angestellter Mitarbeiter Entwurf von Beleuchtungskörpern für die Firma Köting & Mathiesen AG (Kandem), Leipzig

1931 am 18.März Zeugnis des Bauhauses

1935–37 Entwurf von Möbeln in Oldenburg; Zusammenarbeit mit Hin Bredendieck

1945 am 31. Januar (?) in Königsberg gestorben

Hin Bredendieck

Biografie siehe S. 132

Im Wohnbereich lassen sich Ende der Zwanzigerjahre zwei Entwicklungslinien erkennen: Zum einen setzt sich das »Neue Wohnen« nicht allgemein durch, sondern wird lediglich von einer avantgardistischen, linksintellektuellen Schicht getragen – Stahlrohrmöbel galten bei Arbeitern und Angestellten als ungemütlich. Zum anderen widmeten sich die Architekten und Entwerfer immer häufiger der »Wohnung für ein Existenzminimum«, wie viele Ausstellungen und Publikationen dieser Zeit zeigen.

Volksbedarf statt Luxusbedarf

Diese Entwicklung findet ihre Parallele in der Arbeit des Bauhauses, die durch den im März 1928 berufenen Nachfolger von Walter Gropius, den Schweizer Architekten Hannes Meyer, neue Akzente erhält. »Volksbedarf statt Luxusbedarf« hieß die Devise, an der sich die Entwicklungsarbeit zu orientieren hatte. Die Frage nach der Funktion und Form führte nun – im Gegensatz zu den Jahren davor – zu neuen Ansätzen. Statt auf konstruktivistische Stiltendenzen zurückzugreifen, wie dies in der Weimarer Periode zu beobachten war, berücksichtigte die Entwurfsarbeit nun verstärkt die soziale Dimension eines Möbels und der Wohnung. Eine Muster-Volkswohnung mit schlichten Möbeln entstand, deren hervorstechendste Eigenschaft in ihrer Praktikabilität zu erkennen war. Ähnlich verhält es sich mit den anderen Möbelentwürfen dieser Zeit, die ohne stilistische Attitüden auskommen. Das streng stereometrische Formenvokabular scheint ausgedient zu haben. Nun finden sich Rundungen und organische Formen, die aber auch teilweise durch die Verwendung neuer Materialien wie Sperrholz und Schichtholz bedingt waren. Bereits 1925 hatte Marcel Breuer geschrieben: »Die fertige dünne Furnierplatte ist als unzuverlässiges Material bei den Fachleuten unbeliebt, doch hat sie große Entwicklungsmöglichkeiten, meiner Ansicht nach ist sie das Zukunftsmaterial der Möbelindustrie – durch geschickte Konstruktion ist sie heute schon zu zwingen.«

Ein spätes Bauhausmöbel

Ein gelungenes Beispiel für den Einsatz von Formsperrholz stellt der Arbeitshocker von Bredendieck und Gautel dar. Hier besteht die Sitzfläche, die in die niedrige Lehne übergeht, aus verformtem Sperrholz, das Gestell aus gebogenem Stahlrohr. Der leichte und handliche Hocker zeichnet sich aber auch durch die intelligente Konstruktion aus: Das tragende Stahlrohrgestell bildet hinten einen rechtwinkeligen Standbügel und ist vorne in einem Strang parallel nach unten geführt. Bevor er den Boden erreicht, gabelt er sich und formt dadurch eine beidseitige Fußstütze, die zudem für einen stabilen Stand sorgt. Als eines der wenigen erhaltenen Möbelstücke aus der Zeit des Direktorats von Hannes Meyer steht dieser Hocker für die veränderten Entwicklungslinien des späten Bauhauses.

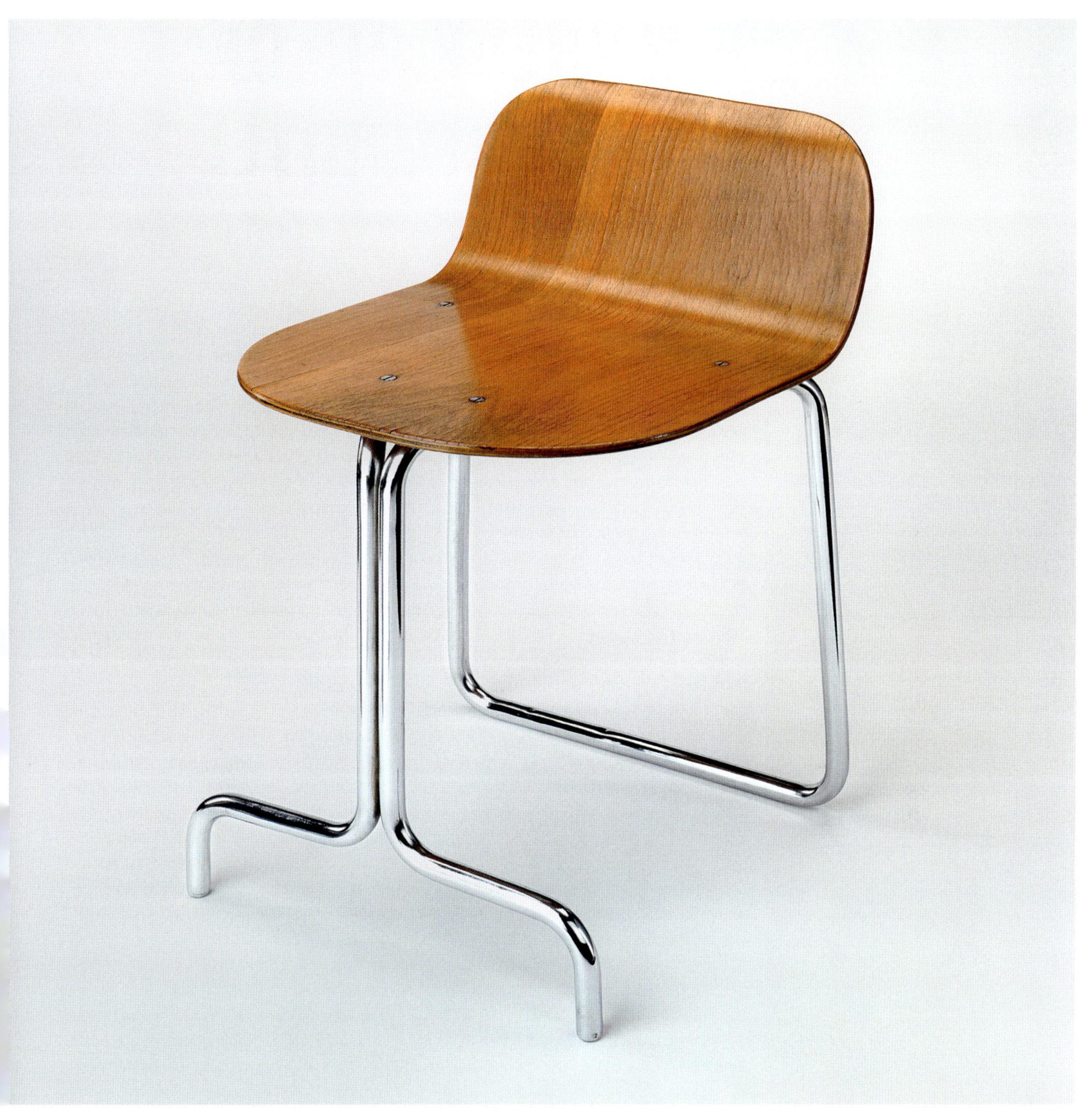

Arbeitshocker, 1930, Stahlrohr, verchromt, Buchensperrholz klarlackiert,
60,1 x 39 x 50,3 cm, Bauhaus-Archiv, Berlin

47

JOOST SCHMIDT

Titelblatt Prospekt für die Stadt Dessau

In traumhaft sicherer Beherrschung der graphischen Mittel und unter Verwendung von Fotografien verbindet Joost Schmidt die Kenn- und Wahrzeichen Dessaus, Geschichte, Kultur, Natur und Industrie zu einem einzigartigen visuellen Statement der Moderne.

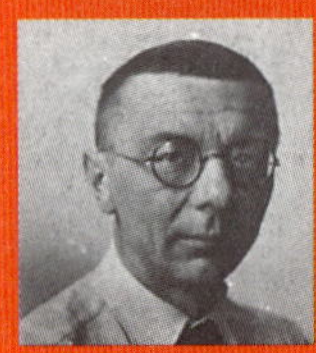

1893 am 5. Januar in Wunstorf/Hannover geboren
1910 Beginn des Studiums an der Großherzoglich Sächsischen Hochschule für Bildende Kunst in Weimar
1914–18 Kriegsdienst
1919 Beginn des Studiums am Bauhaus; Werkstatt für Holzbildhauerei
1922 Gesellenprüfung
1925–32 Lehrer am Bauhaus
1925 Heirat mit der Bauhausstudentin Helene Nonne
1928–30 Leiter der plastischen Werkstatt
1928–32 Leiter der Reklameabteilung und der Druckerei
1933 Übersiedelung nach Berlin
1935 Lehrer an der privaten Kunstschule Kunst und Werk
1944/45 Kriegsdienst
1945 Berufung als Professor an die Hochschule für bildende Künste in Berlin
1948 am 2. Dezember in Nürnberg gestorben

1928 übernahm Joost Schmidt die Druck- und Reklamewerkstatt des Bauhauses, die vor ihm Herbert Bayer geleitet hatte. Da zwischen 1928 und 1930 im Auftrag der Industrie zahlreiche Ausstellungsstände entstanden, war ein regulärer Unterricht in der Reklamewerkstatt kaum zu bewältigen, zumal Joost Schmidt den Einsatz der daran beteiligten Bauhauswerkstätten koordinierte. Andererseits konnten so Reklame und Druck, Entwurf, Ausführung und Erfolgskontrolle aufs Engste miteinander verzahnt werden, was genau den Vorstellungen des 1928 neu berufenen Direktors Hannes Meyer entsprach, der die unmittelbare Praxis für seine Studierenden nach dem Motto »Studium am Werk« bevorzugte.

1929 wurden die neu entstandene Fotoklasse, die Typographie- und die Plastikklasse, die Schmidt bereits seit einigen Jahren leitete, folgerichtig zur »Reklameabteilung« zusammengefasst. Allerdings kam es mit dem Leiter der Fotoklasse zu keiner Zusammenarbeit, da dieser nicht das »Werkzeug« für die Typographie liefern wollte.

Systematischer Reklameunterricht

Joost Schmidt entwickelte einen systematischen Reklameunterricht, den er jedoch nur ein Jahr halten konnte. Ludwig Mies van der Rohe, der neue Direktor des Bauhauses, stand Schmidts Arbeitsweise sehr skeptisch gegenüber und nahm Schmidt auch nicht nach Berlin mit, wohin das Bauhaus wenig später übersiedelte.

Schmidts Unterricht bestand zum einen in Übungen zur systematischen Kombination von Foto und Text. Oft mussten zu gegebenen Formen, beispielsweise einem Kreis, einem Buchstaben oder einem Foto, kontrastierende Elemente gesucht werden. Zum anderen musste perspektivisch genau dreidimensional gezeichnet werden. Dadurch entstand auf der Bildfläche ein realer Raum. Schmidt beschäftigte die Studenten ebenso intensiv mit der Flächengestaltung wie mit dem dreidimensionalen Raum.

Der Prospekt für die Stadt Dessau zeigt auf der Rückseite die von Schmidt immer wieder propagierten gestalterischen Mittel in räumlicher Perspektive. Vor einer Luftaufnahme der Stadt schwebend, werden die damaligen Wahrzeichen Dessaus präsentiert – eine Collage aus romantischer Gartenlandschaft, Junkers-Motorenforschung und Junkers-Flugzeugbau. Hier präsentierte das Bauhaus in einer raffinierten Vermischung von verschiedenen Abbildungsebenen die Stadt Dessau als Gesamtkunstwerk, das Historie und Gegenwart, Kulturlandschaft und Industrie miteinander vereint.

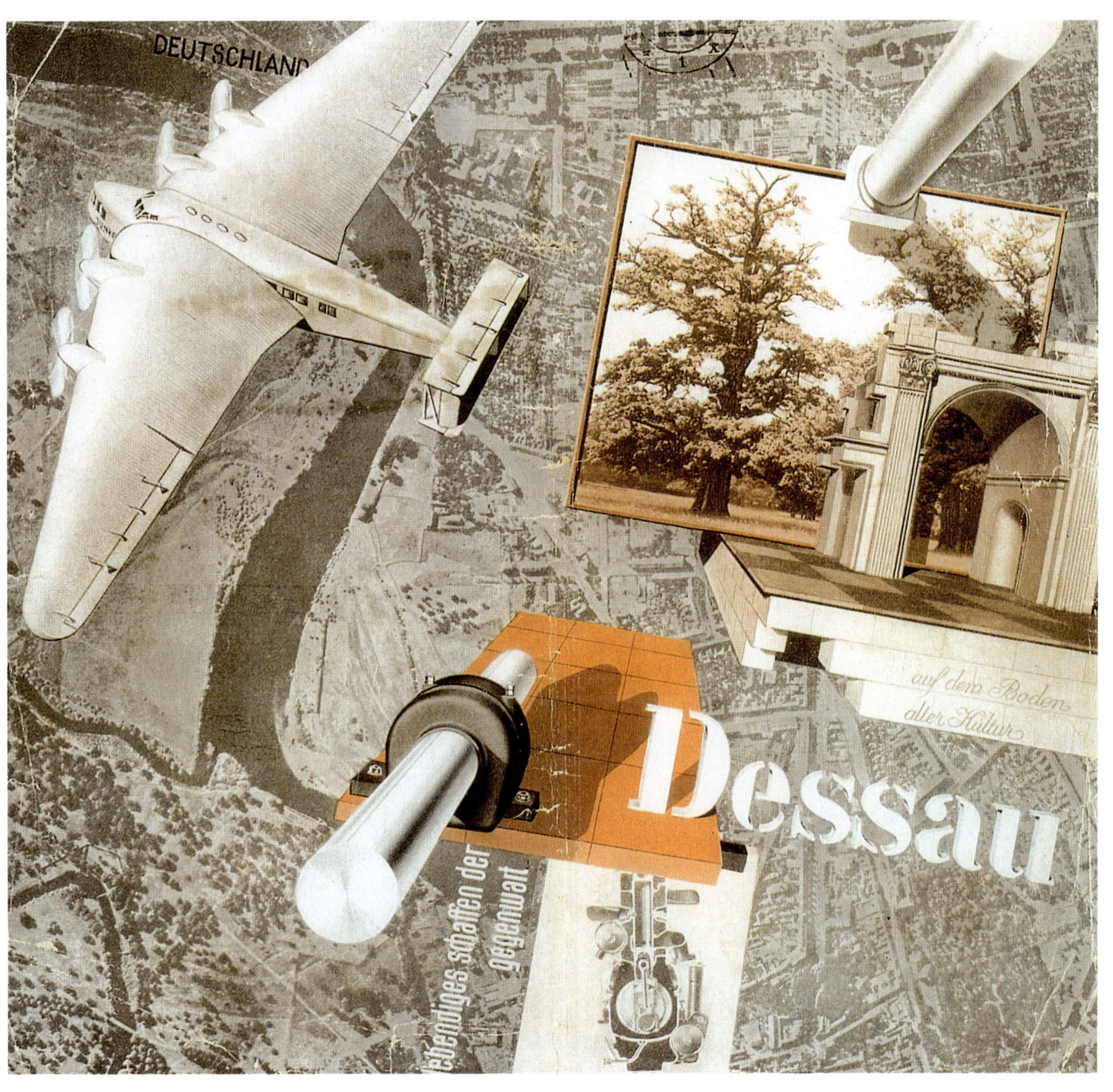

Titelblatt Prospekt für das Verkehrsbüro der Stadt Dessau, 1930/31, Buchdruck, 23 x 23 cm, Bauhaus-Archiv, Berlin

48

JOOST SCHMIDT

Katalog für Bauhaustapeten

Die Tapete ist sicherlich das erfolgreichste Produkt, das in den Bauhaus-Werkstätten entstand. »sie gab uns die möglichkeit, eine uns eigentümliche farbigkeit und eine von uns entwickelte textur der getönten fläche vom putz auf das papier zu übertragen.« Hinnerk Scheper, 1955

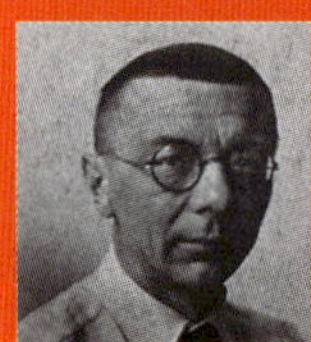

1893 am 5. Januar in Wunstorf/Hannover geboren
1910 Beginn des Studiums an der Großherzoglich Sächsischen Hochschule für Bildende Kunst in Weimar
1914–18 Kriegsdienst
1919 Beginn des Studiums am Bauhaus; Werkstatt für Holzbildhauerei
1922 Gesellenprüfung
1925–32 Lehrer am Bauhaus
1925 Heirat mit der Bauhausstudentin Helene Nonne
1928–30 Leiter der plastischen Werkstatt
1928–32 Leiter der Reklameabteilung und der Druckerei
1933 Übersiedelung nach Berlin
1935 Lehrer an der privaten Kunstschule Kunst und Werk
1944/45 Kriegsdienst
1945 Berufung als Professor an die Hochschule für bildende Künste in Berlin
1948 am 2. Dezember in Nürnberg gestorben

Die Geschichte begann 1928 zunächst mit Anlaufschwierigkeiten. Der Vorschlag des Tapetenherstellers Emil Rasch, am Bauhaus Tapetenmuster zu entwerfen, stieß bei dem neu ernannten Direktor des Bauhauses, Hannes Meyer, erst einmal auf Vorbehalte. Er sah die Tapete als unzulässiges Surrogat im »Neuen Bauen« an. Andererseits beabsichtigte er den Ausbau der Werkstätten des Bauhauses als »Produktions- und Forschungszellen für Volksbedarf«.

Rasch konnte Meyer von der Zweckmäßigkeit und Preiswürdigkeit der modernen Tapete im Siedlungsbau überzeugen, so dass es im März 1929 zu einem Vertrag zwischen der Hannoverschen Tapetenfabrik Gebr. Rasch & Co. in Bramsche und dem Bauhaus in Dessau kam. Das Bauhaus erhielt nicht nur eine Beteiligung am Umsatz, sondern sollte auch die Reklamearbeiten wie Entwurf und Herstellung der Plakate, Musterbücher und Anzeigen übernehmen.

Da Joost Schmidt bereits 1930 einen Werbeprospekt für die Tapetenfirma gestaltet hatte, entwarf er 1931 den Katalog *der bauhaustapete gehört die zukunft*, der genauso gut als Musterbuch der Reklamewerkstatt des Bauhauses angesehen werden könnte. Schmidt zeigt hier die gesamte Bandbreite seiner Möglichkeiten und seines Könnens.

›Foto-graphische‹ Gestaltung

Die Umschlagseiten sind beidseitig ›foto-graphisch‹ gestaltet. Schmidt greift hier das durch zahlreiche Bauhausfotografien bekannte Motiv der Spiegelkugel auf. Zwei erhaltene Entwürfe zeigen die Genese seiner Idee, bei der er ursprünglich die Schrift mit der einen Innenraum widerspiegelnden Kugel verbinden wollte. Im realisierten Entwurf trennt er wieder Schrift und Kugel, gibt der sich entrollenden Tapete mehr Platz und fügt noch ein Maßband hinzu.

Im Innern des Kataloges setzte Schmidt eine Vielfalt an verschiedenen Schriften ein und präsentierte bei jedem Umblättern ein neues Gestaltungsmuster. Einem allgemeinen Einführungstext über »Neues Bauen« und die Bauhaustapete folgen Urteile der Presse und Fachwelt. Den Abschluss bilden neun Tapetenmuster.

Die Bauhaustapete

Die ersten, bereits 1929 vorgestellten Bauhaustapeten fanden zunächst nur wenig Zustimmung. Zu andersartig war diese Kollektion, kaum ein Tapetenhändler wollte sie führen. Statt großformatiger, illusionistischer Blumenranken gab es nun kleinformatig strukturierte abstrakte Muster in zurückhaltenden Farben. Es dauerte seine Zeit, bis die damit verbundenen Vorteile erkannt wurden. Verschnitt und Kosten verringerten sich, außerdem eigneten sich die Farben und Muster besser für kleine Räume – und kleine Räume waren schließlich das Thema des modernen Siedlungsbaus.

Die Auflösung des Bauhauses hat diese Entwicklung unterbrochen, doch da Emil Rasch 1933 den Namen »Bauhaus-Tapete« von Mies van der Rohe offiziell erwarb, konnte Rasch die Bauhaustapete bis heute weiterführen.

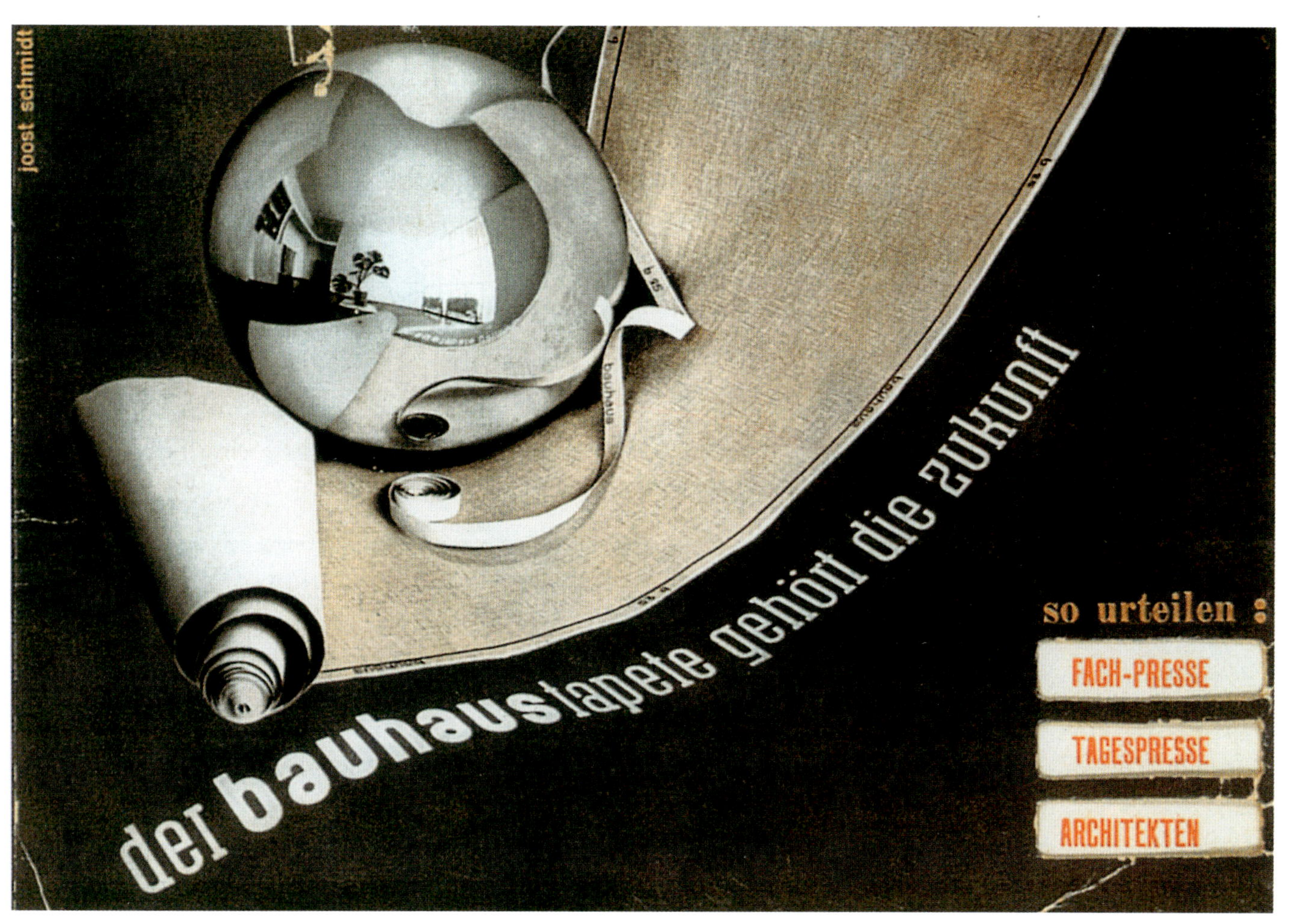

Katalog für Bauhaustapeten *der bauhaustapete gehört die zukunft,* 1931,
Offset auf Kunstdruckpapier, DIN A5 quer, Bauhaus-Archiv, Berlin

49

OSKAR SCHLEMMER

Die Bauhaustreppe

Die *Bauhaustreppe* ist Ausdruck einer ungebrochenen Moderne und Verkörperung des Bauhauses in der Kunst. Obwohl untrennbar mit dem Bauhaus verbunden, ist das Werk nicht am Bauhaus selbst, sondern während Schlemmers Zeit als Lehrer an der Breslauer Kunstakademie entstanden.

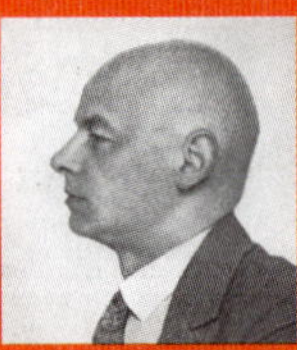

1888 am 4. September in Stuttgart geboren

1903–05 Lehre in einer Intarsienwerkstatt

1906–10 Studium an der Kunstakademie Stuttgart

1912–14 und 1918–20 Schüler von Adolf Hölzel an der Kunstakademie Stuttgart

1921 im Januar Beginn der Lehrtätigkeit am Bauhaus; Formmeister in verschiedenen Werkstätten

1923–29 Leiter der Bühnenwerkstatt

1929–32 Professor an der Staatlichen Akademie für Kunst und Kunstgewerbe in Breslau

1933 Professor an den Vereinigten Staatsschulen für Kunst und Kunstgewerbe in Berlin

1940 Arbeit für die Lackfabrik Herberts in Wuppertal

1943 am 4. April in Baden-Baden gestorben

Das Gemälde stellt eine künstlerische Reaktion auf die Schließung des Dessauer Bauhauses dar, die am 22. August 1932 vom Dessauer Stadtrat aufgrund des politischen Drucks der NSDAP erfolgt war. Schlemmer muss unmittelbar, nachdem er davon erfahren hatte mit seiner Arbeit begonnen haben, denn auf der Rückseite der maßidentischen Werkzeichnung im Berliner Bauhaus-Archiv befindet sich die Datierung »4. Sept. 32«.

Den Ausgangspunkt für Schlemmers Werk bildete eine Fotografie von Lux Feininger, die neben Gunta Stölzl eine Gruppe von Studierenden der Weberei auf einer Treppe des Bauhauses zeigt. In mehreren Skizzen entwickelte Schlemmer aus dieser Momentaufnahme die Komposition des Gemäldes. Er verlegte die Szenerie vom dunklen Nebentreppenhaus, wie es das Foto wiedergibt, in das lichtdurchflutete Treppenhaus des Hauptgebäudes. Gleichzeitig veränderte er dessen reale architektonische Situation zu einer idealen Räumlichkeit. Auch von den abgebildeten Personen übernahm er kaum welche. Ihre Aktion ist umgedeutet, sie halten nicht mehr inne und blicken auch nicht mehr aus dem Bild bzw. in die Kamera, sondern bewegen sich kontinuierlich nach oben. Fast alle Bewegungen sind dem Diagonalzug der beiden Treppenläufe untergeordnet. Nur in den drei Rückenfiguren des Vordergrundes erscheint zusätzlich das Motiv der senkrechten Staffelung. Schlemmer bindet seine Figuren in eine strenge Flächentektonik ein.

Treppen- und Geländermotive

Die *Bauhaustreppe* gehört zu einer ab 1931 entstandenen Gruppe von Gemälden, die sich mit Treppen und Geländermotiven auseinandersetzen. Neben künstlerischen Aspekten spielen dabei auch psychologische eine wichtige Rolle. In einem tieferen Sinne symbolisiert das Geländer eine Art Stütze, einen festen Halt vor den unkontrollierbaren Mächten des Irrationalen, die angesichts der politischen Krisensituation zu Beginn der Dreißigerjahre das vorherrschende Zeitgefühl bestimmten, aber auch ganz real zur Schließung des Bauhauses in Dessau geführt hatten.

Die *Bauhaustreppe* lässt sich aber auch in eine andere Richtung hin interpretieren: Die in einer lichten Architektur aufwärts strebenden Rückenfiguren werden zum Wahrzeichen der Jugendkult-Bewegung des 20. Jahrhunderts, zum Symbol aufstrebender Jugendlichkeit in eine leuchtende Zukunft. Die *Bauhaustreppe* formuliert die Befreiung des Menschen selbst, ist Leitbild und Ausdruck einer ungebrochenen Moderne. Zugleich ist die *Bauhaustreppe* aber auch die ›malerische Schlussapotheose‹ des Bauhauses – und nach Schlemmers eigenen Worten sein »vielleicht bestes Bild«.

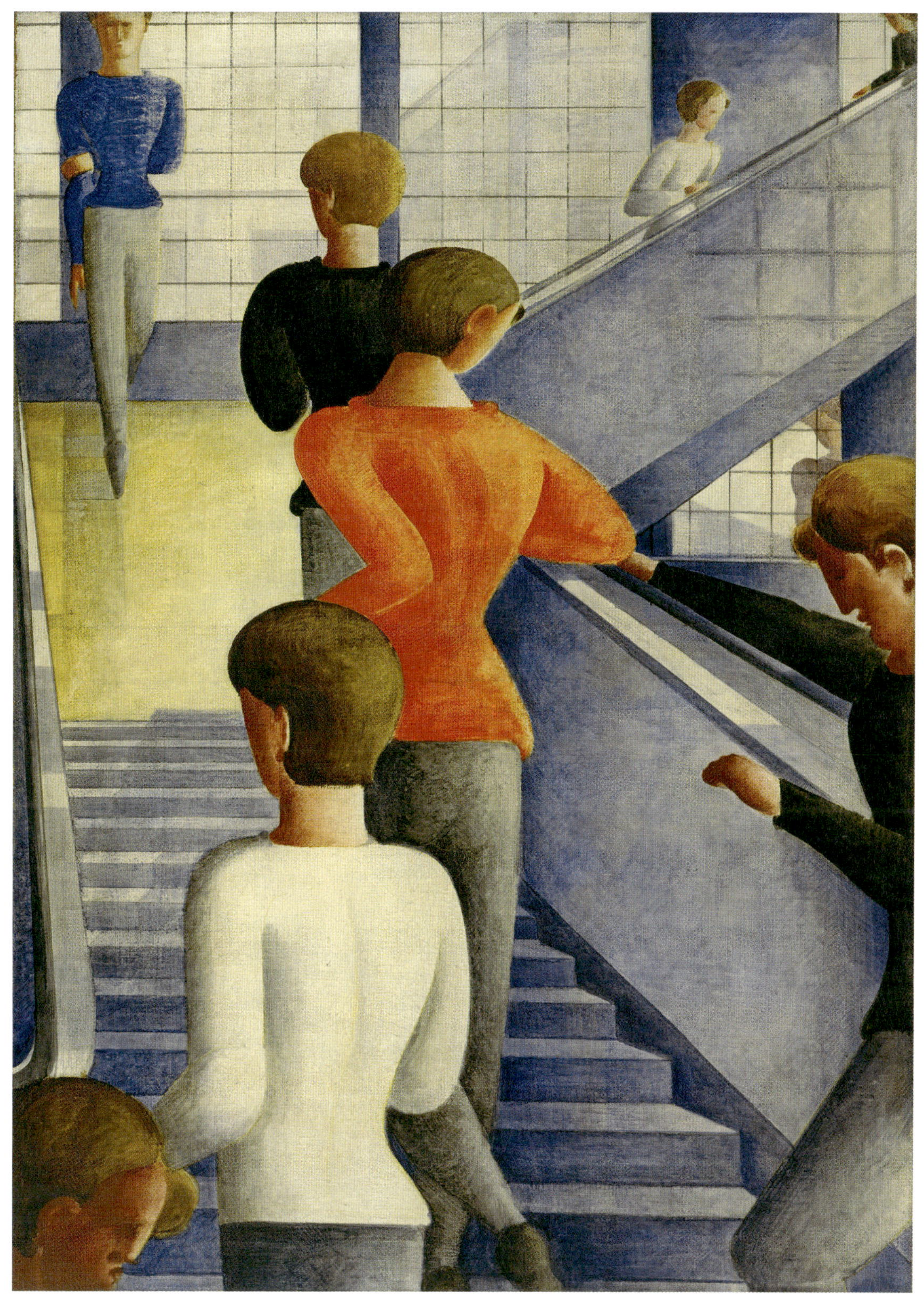

Oskar Schlemmer, *Bauhaustreppe*, 1932, Öl auf Leinwand, 162,3 x 114,3 cm, New York, Museum of Modern Art

50

OSKAR SCHLEMMER

Triadisches Ballett

Gemeinsam mit dem Stuttgarter Tänzerpaar Albert Burger und Elsa Hötzel arbeitete Oskar Schlemmer mehrere Jahre an seiner bedeutendsten Theaterproduktion: ein handlungsloses Kostümballett mit starren, aus der Abstraktion menschlicher Körperformen entwickelten Kostümteilen.

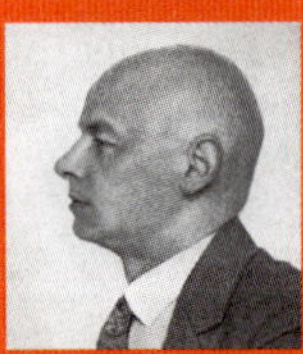

1888 am 4. September in Stuttgart geboren
1903–05 Lehre in einer Intarsienwerkstatt
1906–10 Studium an der Kunstakademie Stuttgart
1912–14 und 1918–20 Schüler von Adolf Hölzel an der Kunstakademie Stuttgart
1921 im Januar Beginn der Lehrtätigkeit am Bauhaus; Formmeister in verschiedenen Werkstätten
1923–29 Leiter der Bühnenwerkstatt
1929–32 Professor an der Staatlichen Akademie für Kunst und Kunstgewerbe in Breslau
1933 Professor an den Vereinigten Staatsschulen für Kunst und Kunstgewerbe in Berlin
1940 Arbeit für die Lackfabrik Herberts in Wuppertal
1943 am 4. April in Baden-Baden gestorben

Das *Triadische Ballett* war kein Ballett im herkömmlichen Sinne, sondern eine Kombination aus Tanz, Kostüm, Pantomime und Musik. Die Bezeichnung »Triadisch«, abgeleitet von der griechischen Bezeichnung für »Dreiklang«, steht für den Aufbau des Balletts aus drei Tanzfolgen oder Abteilungen. Drei Akteure, eine Tänzerin und zwei Tänzer, tanzen in insgesamt 18 Kostümen zwölf Tänze – allein, zu zweit, zu dritt. Jede der drei Tanzfolgen besitzt ihren eigenen Kostümbestand und ist zudem einer bestimmten Farbigkeit des Hintergrunds zugeordnet, die der Stimmung des jeweiligen Tanzes entspricht. Der erste Teil soll bei zitronengelber Bühne »heiter-burlesk« wirken, der zweite »festlich-getragen«, hier ist die Bühne rosa, und der dritte vor schwarzem Hintergrund »mystisch-fantastisch«.

Raumplastische Kostüme

Die Kostüme, farbige oder metallische raumplastische Gebilde aus wattierten Stoffteilen und aus starren, kaschierten Formen, baute Schlemmers Bruder Carl. Diese bewegungshemmenden Umkleidungen des menschlichen Körpers wirkten revolutionär in einer Zeit, die gegen die strengen Regeln des klassischen Balletts den tänzerisch frei bewegten Körper propagierte.

Die einzelnen Tänze wurden mit Musikstücken aus drei Jahrhunderten unterlegt – eine Art Notbehelf, um die Dreiteilung im Aufbau zum Ausdruck zu bringen. Schlemmers spätere Versuche, zusammen mit Komponisten eine neue Begleitmusik zu erarbeiten, konnten nicht realisiert werden. Die Choreographie wurde in ihrer formalen Eigenart weitgehend durch die starren Kostüme bestimmt und letztlich auf der Bühne selbst entwickelt.

Die Uraufführung

Die Uraufführung fand am 30. September 1922 im kleinen Haus des Landestheaters in Stuttgart statt. Walter Gropius und über 20 Bauhäusler nahmen daran Teil. Danach wurde das *Triadische Ballett* zu Lebzeiten Schlemmers nur noch wenige Male aufgeführt: dreimal vollständig – 1923 in Weimar und Dresden – und in verkürzten Fassungen ebenfalls dreimal – 1926 zweimal in Donaueschingen zu Musik von Paul Hindemith und 1932 beim Tanzfestival in Paris. Zu sehen waren die Kostüme außerdem 1926 bei der »Großen Frankfurter Brückenrevue« und bei einer Revue im Berliner Metropol-Theater sowie bei einzelnen Tänzen auf der Dessauer Bauhausbühne 1927.

Schlemmers *Triadisches Ballett* ist eigentlich ein ›Antitanz‹, ein ›getanzter Konstruktivismus‹, wie ihn nur ein Maler oder Plastiker erfinden konnte. Innerhalb der vielfältigen und zum Teil bahnbrechenden Tanzbestrebungen im Deutschland der Zwanzigerjahre nimmt Schlemmers Werk eine einzigartige Stellung ein. Es ist neben seiner Arbeit am Bauhaus sein gewichtigster Beitrag zur Erneuerung des Theaters in Deutschland und zur Wiederentdeckung des Kostümtanzes als Fest in Form und Farbe.

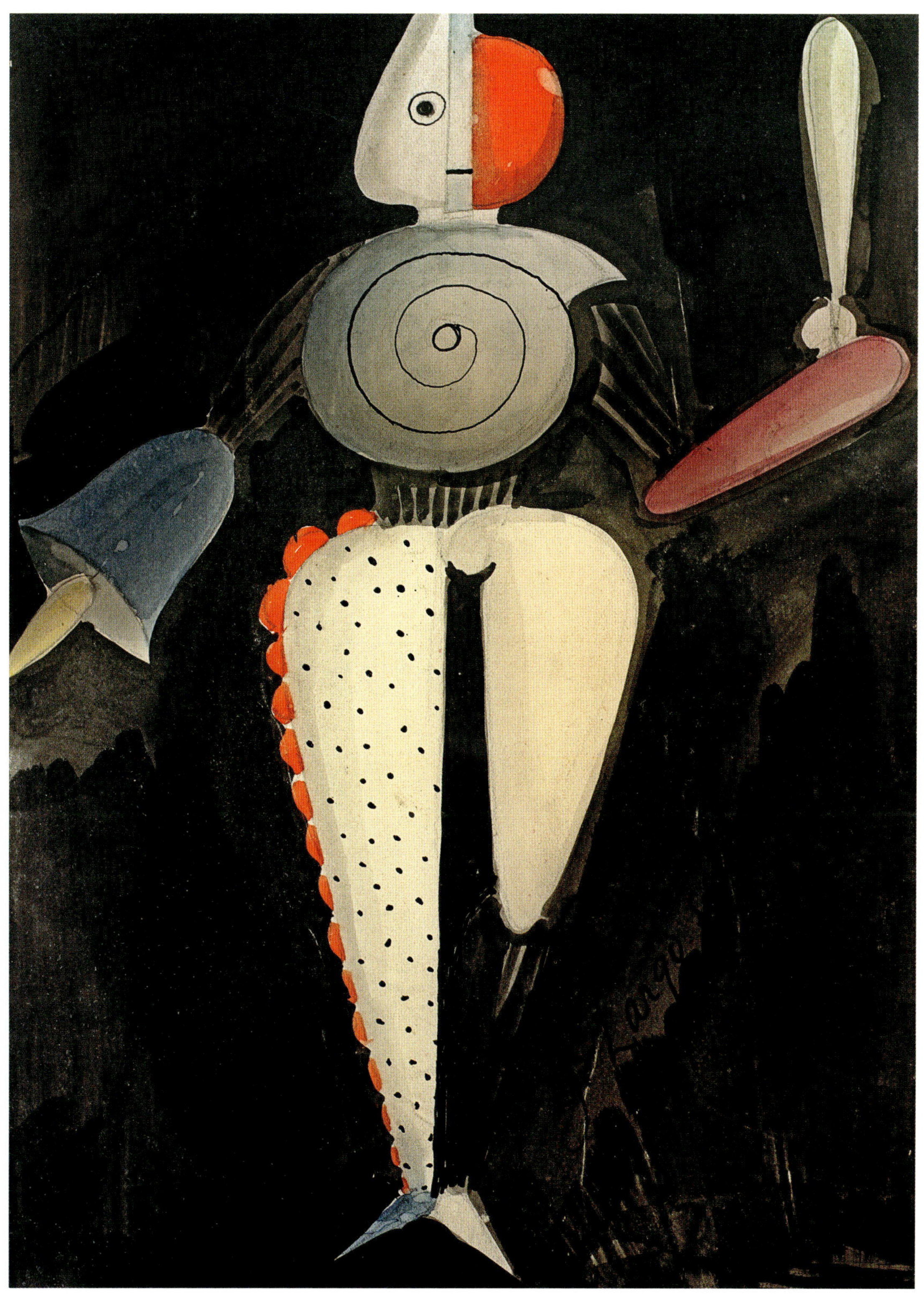

Oskar Schlemmer, *Der Abstrakte*, um 1920, (Figurine für das Triadische Ballett; 1920/22; Uraufführung Stuttgart 1922), Bleistift, Aquarell und Tusche, 29,2 x 19,7 cm, Berlin, SMB, Kunstbibliothek

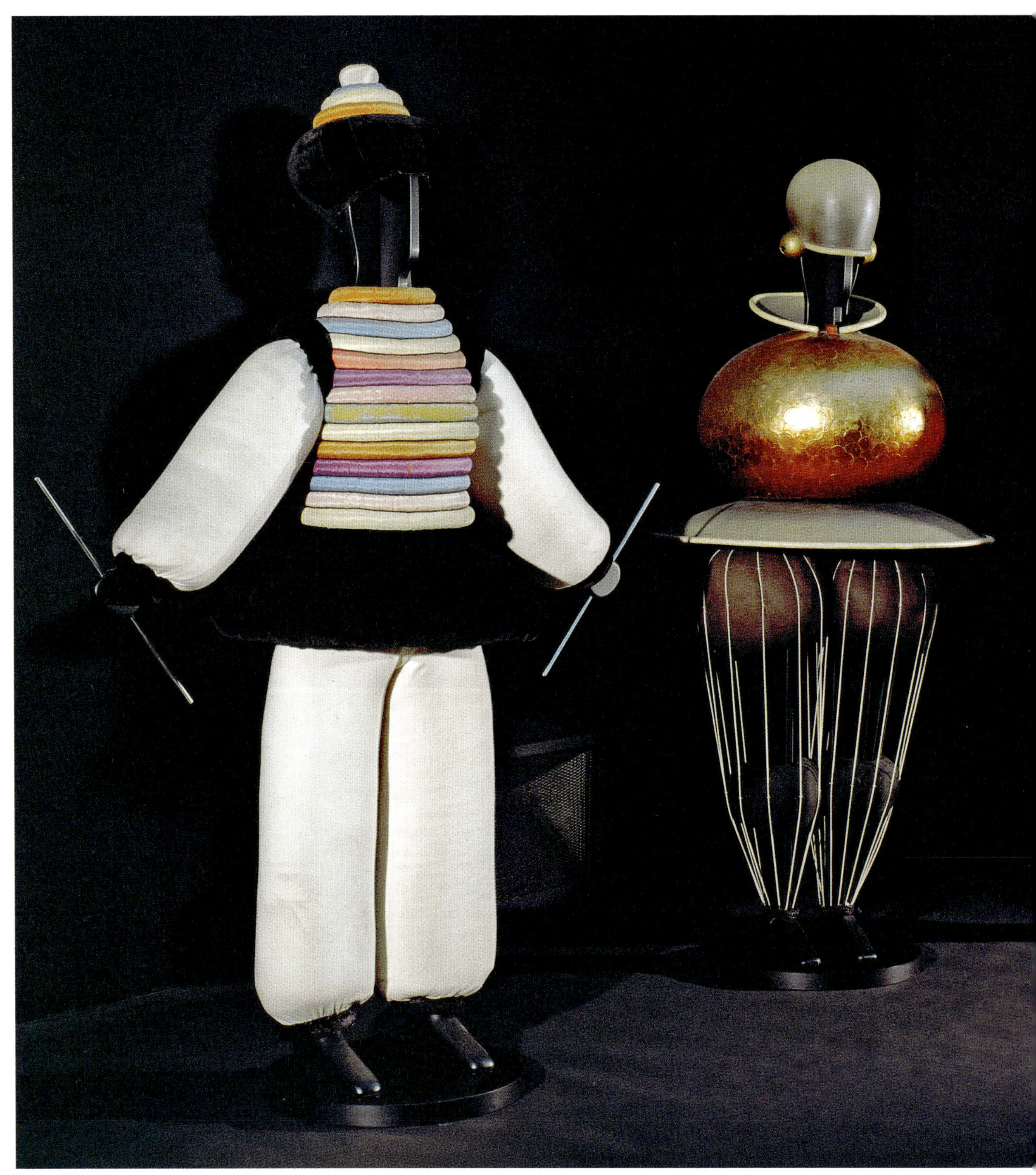

Oskar Schlemmer, *Drei Figurinen des Triadischen Balletts*, (Uraufführung 1922 in Stuttgart, 1923 in Weimar) Stuttgart, Staatsgalerie

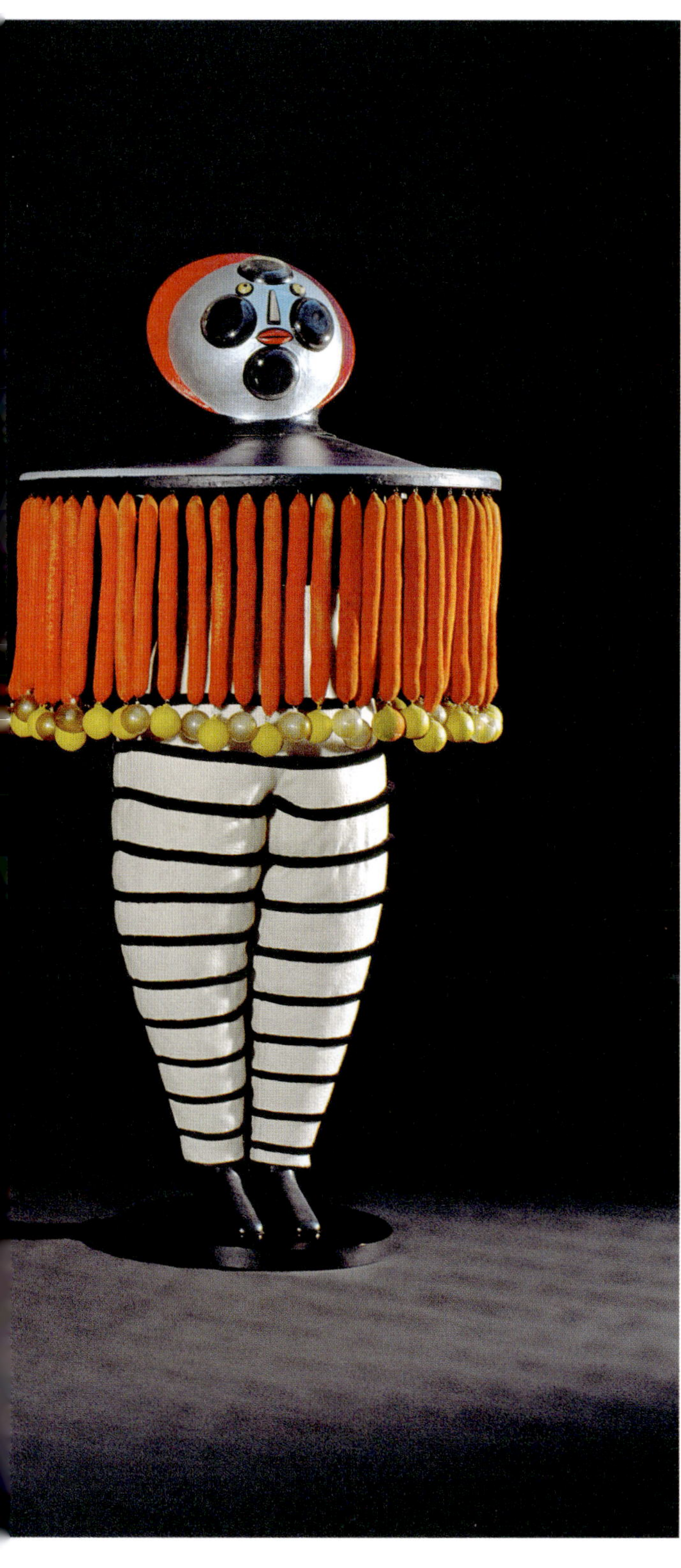

REGISTER

BILDNACHWEIS/IMPRESSUM

akg-images, Berlin: S. 153/154
Artothek, Weilheim: S. 151
Bauhaus-Archiv, Berlin: S. 16, 19, 23, 29, 57, 73, 89–91, 93, 97, 99, 103, 123, 129, 137, 145 (Foto: Fotostudio Bartsch), 147
Itten-Archiv, Zürich: S. 20, 21
Klassik Stiftung Weimar: S. 25, 27, 33, 67, 130
Die Neue Sammlung. The International Design Museum Munich (Fotos: A. Laurenzo): S. 35, 36/37, 39, 43, 44 (oben), 49, 74, 81-83, 85, 87, 105, 111–113, 127
© Dirk Scheper, Berlin: S. 33
Quittenbaum Kunstauktionen GmbH: S. 45 (unten), 95
Tecnolumen GmbH & Co. KG, Bremen: 53, 55, 64–65
Hans Engels: Frontispiz, S. 10/11, 59–61, 75, 108, 109, 119–121
© The Museum of Modern Art/Scala, Florence: S. 143
Grete Reichardt: S. 30, 146, 148
Klaus Thiele: S. 107
Wilhelm Wagenfeld Stiftung, Bremen (Foto: Joachim Fliegner, Bremen): S. 77

Umschlag-Vorderseite: Marcel Breuer, Clubsessel B 3 *Wassily*, 1925, siehe S. 111
Frontispiz: Bauhaus-Gebäude, Dessau
Seite 10/11: Georg Muche, Haus am Horn, vgl. S. 58 ff.

Für die uns zur Verfügung gestellten Abbildungen danken wir folgenden Firmen:
QUITTENBAUM Kunstauktionen GmbH, Theresienstraße 60, 80333 München, www.quittenbaum.de
TECNOLUMEN GmbH & Co. KG, Lötzener Str. 2–4, 28207 Bremen, www.tecnolumen.de

Neumarkter Straße 28 · 81673 München
3. Auflage 2019
Die Originalausgabe erschien 2009

Projektleitung Verlag: Claudia Stäuble, Kira Uthoff
Lektorat: Stephan Thomas
Bildredaktion: Andrea Weißenbach
Coverdesign: Sofarobotnik
Gestaltung: normal industries, München
Satz: Hilde Knauer
Herstellung: Andrea Cobré
Druck und Bindung: DZS Grafik, d.o.o., Ljubljana

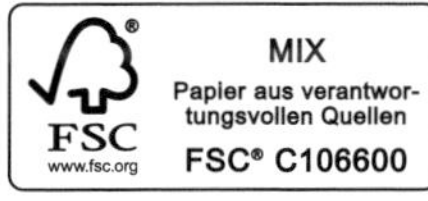

Verlagsgruppe Random House FSC® N001967

Printed in Slovenia

ISBN 978-3-7913-8455-9

www.prestel.de

LYONEL FEININGER:
BAUHAUS-MANIFEST 1919

JOHANNES ITTEN:
FARBENKUGEL 1921

IDA KERKOVIUS:
WANDBEHANG 1921

CHRISTIAN DELL:
WEINKANNE 1922

OSKAR SCHLEMMER:
TRIADISCHES BALLETT 1922

JOOST SCHMIDT:
PLAKAT ZUR BAUHAUSAUSSTELLUNG 1922/23

PETER KELER:
WIEGE 1923

MARCEL BREUER:
LATTENSTUHL TI 1A 1922/24

ALMA BUSCHER:
SCHIFFBAUSPIEL 1923

HERBERT BAYER:
WANDGESTALTUNG 1923

THEODOR BOGLER:
KOMBINATIONSTEEKANNE 1923

HERBERT BAYER, LÁSZLÓ MOHOLY-NAGY:
KATALOGBUCH STAATLICHES BAUHAUS 1923

WALTER GROPIUS, ADOLF MEYER:
TÜRDRÜCKER 1923

GYULA PAP:
STEHLEUCHTE 1923

OTTO LINDIG:
KAKAOKANNE 1923

GEORG MUCHE:
HAUS AM HORN 1923

KURT SCHMIDT:
MECHANISCHES BALLETT 1923

WASSILY KANDINSKY:
FRÖHLICHER AUFSTIEG 1923

WALTER GROPIUS:
DIREKTORENZIMMER 1923

JOSEF ALBERS:
FRUCHTSCHALE 1923/24

JOSEF HARTWIG:
BAUHAUS-SCHACHSPIEL 1923/24

ERICH DIECKMANN:
RUNDER TISCH 1923/24

WILHELM WAGENFELD:
TISCHLEUCHTE MT8 1924

LUDWIG HIRSCHFELD-MACK:
FARBKREISEL 1924

WOLFGANG TÜMPEL, OTTO RITTWEGER:
TEEKUGELN 1924

LÁSZLÓ MOHOLY-NAGY:
BLATT AUS DER MAPPE FÜR WALTER GROPIUS 1924

MARIANNE BRANDT:
TEE-EXTRAKTKÄNNCHEN 1924

WILHELM WAGENFELD:
TEEDOSE 1924

KURT SCHMIDT:
MANN AM SCHALTBRETT 1924

LUCIA MOHOLY:
BAUHAUS-FOTOGRAFIE 1924

HERBERT BAYER:
ENTWURF EINES KIOSKS 1924

1915–1920 **1920–1925**

TIMELINE